闘争の場としての古代史

李 成 市

闘争の場としての古代史
東アジア史のゆくえ

岩波書店

はじめに

本書は、この二〇年間余りにわたって私が発表してきた古代史、東アジア史に関わる史学史の論文を集成したものである。ここで言う史学史について本格的に論じたのは、石母田正《いしもだしょう》「日本史学史序論」(『日本歴史講座』八、東京大学出版会、一九五七年)である。それによれば、史学史とは、学説史・研究史的な側面に止まらず、史学思想・歴史観・歴史意識の側面とが統一され、さらに歴史叙述の歴史もふくまれたとき、史学史がはじめて歴史学の一部として成立するという。

本書に収めた諸論文がそのような史学史になっているかは甚《はなは》だ心許《こころもと》ないが、少なくとも石母田の次のような指摘に深く共感をもち、そのような史学史を意識してきた。すなわち、

学説史においては、ある問題について、だれがどのような説を提出し、証明してきたかという研究の歴史が関心の中心であって、個々の学者の立場・世界観・方法・体系等々は主たる問題になってこないのが普通である。しかし、どのような学説であっても、その学者の立場・世界観・方法と無関係ではあり得ない。このことは学者が意識していようがいまいが、またいわゆる実証主義歴史学のように故意にその関係を無視しようが、それらのこととかかわりなく動かしがたい事実として存在する。客観的真実を追求する科学者も、具体的にはつねに特定の世界観やイデオロギーと結びついている。このイデオロギーは時代・階級その他の諸条件によって歴史的に制約

されているから、そのことを通じて学説史・研究史もイデオロギー一般の歴史の一環となり、同時に社会や政治の歴史と不可分の関係をもって展開されてくる。(石母田前掲論文)

私が従事してきた研究は、東アジア史とりわけ朝鮮半島に深く関わる古代史研究であるが、この分野では同一の史料を用いながらも、国家・民族その他の諸条件によって著しく拘束され、ときには諸説間には神学論的な論争のごとき様相を呈することがある。まさに諸説には、各々に立場や世界観、方法などが深く刻印されている。一九七〇年代に歴史研究の道を歩み始めた頃、学会での発表をめぐって甲論乙駁が激しく繰り広げられていた。各々が真理と信じて疑わない学説を力説し、学術的な議論は困難なようにさえ見うけられた。

おりしも、一九八〇年代に入り、東アジア諸国間では、近代の歴史教科書叙述を中心とする歴史認識論争が展開され、九〇年代に入った冷戦後には、共通の歴史認識なるものは歴史学の問題というよりは、政治上の問題であるかのような面貌を有するようになった。実際に、二〇〇〇年代に入り、日韓、その後、日中間で、各々日本政府が主導して各国間の歴史研究者を当事国が組織し歴史家会議が開催された。また同じ頃、中国における「東北工程」*によって、高句麗・渤海史の帰属をめぐり韓国と中国との間で激しい論争が繰り広げられ、外交上の問題にまで至った。

*東北工程　中国東北辺境の歴史と現状に対する研究分野の展開を促進させ、東北アジア辺境地域の安定を強化することを目的に、中国社会科学院と東北三省(遼寧省・吉林省・黒龍江省)が連合して推進した大型プロジェクト。正式プロジェクト名は「東北辺境の歴史と現状系列研究工程」で、二〇〇二年二月に発足し五年間継続された。その重要研究課題の中に、東北地方史研究、東北民族史研究、古朝鮮・高句麗・渤海史研究、

中朝関係史研究などが含まれていた。とりわけ高句麗研究では、高句麗史を中国史の一部とすることが目指されたため、韓国との間で二〇〇三年に政治問題化し、中国・韓国の間で外交問題にまで至り、国際的にも古代史についての国家間紛争として注目されることとなった。

このような研究を取り巻く環境のなかで、論争的な諸問題に向き合う際に、私がいつも留意したのは、どの学説が正しいのかということではなく、各々の論者は何故そのような学説を導き出そうとするのか、その論者の立場や歴史観、方法など、その所説の拠り所を内在的に検討してみるということであった。

カール・マンハイムが教えるように、いかなる思想も、つねに特定の時代の世界観やイデオロギーから自由にはなれない(「存在被拘束性」『イデオロギーとユートピア』)。むしろ、認識主体は、どのような時代の、いかなる諸条件に拘束されているのかを自覚することから同時代の思想的な拘束から自由になれるという考え方にならって、論争的な諸問題を検討することに努めた。

第Ⅰ部「国民国家の物語」に収録した四篇の論文は、東アジア諸国の古代史研究が国民国家形成期のイデオロギーに深く根ざしていることを論じたものである。古代日本の朝鮮半島支配を中心とする日朝関係史、古代日本の隋・唐との関係を論じる古代日中関係史、さらに東アジア諸国の学界で取り上げられている渤海史が主題になっている。それらが帯びている国民国家のイデオロギーは各々の主題にどのように関わっているのか、それらの研究がいかなる状況の中で発生したのか、といった学説史上の由来を追究している。まずは各々の問題に即して、それらの歴史研究がどのような時代にどのような要請によって論じられたかを歴史的に明らかにすることが前提となる。「任那《みまな》日本府」の存否問題をはじめ、日朝関係史に関わる古代史上の論争は、日本の学界では当初、隣国の学説を学術的とはいえないナショナリズムの産物とみなしていた。しかしながら、それらの学説の起源に遡れば、東アジア諸国の古代史には、近代日本の古代史研究が範型(パラダイム)になっていることが改めて問われているのである。

第Ⅱ部「出土文字資料と境界」は、広開土王碑文を中心に、古代史研究にとって重要な同時代史料ともいうべき出土文字資料をめぐる論文を扱っている。朝鮮半島に関わる編纂史料は、中国や日本に比較すると尠少《せんしょう》たる状況にある。それゆえ、石碑や金属に記された金石文や、木や竹に記された木簡や竹簡は、重要な資料として活用されている。それらは、近代国家とは異なる時代の資料であるだけに、編纂史料に見られるような政治的な目的や近代国家のイデオロギーの拘束から自由になれる可能性があるはずであるが、近代の歴史学は、このような出土文字資料を、むしろ徹底的に「国民国家の物語」に活用してきたとすら言えるのではないだろうか。そのような研究状況がありながらも、木簡を中心とする出土文字資料研究の研究動向を論じたのが第五章「出土史料は境界を越えることができるのか」である。

古代の日朝関係史における「国民国家の物語」を象徴するのが広開土王碑文をめぐる論争である。一九七二年に提起された広開土王碑文の改竄問題を端緒に、大きな社会的な反響をもたらし、やがて東アジア規模での論争となった。出口の見えない論争のような状況を呈したが、第六章「表象としての広開土王碑文」は、この論争を史料論として読み直すことを提起した試論であり、研究上の隘路を克服する方途を史学史的方法を意識しつつ試みたものである。研究史の新たな展開を踏まえて、補遺として論じたのが第七章「石刻文書としての広開土王碑文」である。私の眼には、この論争はいまだに大きな後遺症を残しているように見えるが、それは二〇一二年に発見された集安高句麗碑の研究の進展とともに改善されるのではないかと期待している。

第Ⅲ部「植民地と歴史学」は、第Ⅰ部・第Ⅱ部で論じた戦後の古代史研究が孕んでいる問題点の遠因には、植民地主義と歴史学に対する本格的な取組みの欠如があり、植民地支配・被支配を超えた内なる植民地主義の自覚と反省がない限り、現在の古代史研究が抱えている本質的な問題は克服できないことを論じたものである。

近代日本は、朝鮮を植民地にすると、歴史編纂事業と古蹟調査事業を展開したが、それらは、近代日本の歴史学と深い関わりがあった。それゆえ、二つの事業は日本が誇るべき事業として戦後も賞賛の対象ともなった。近代の歴史学とは異民族支配と彼らの臣民化をめざす「国民教化」の歴史学であった。国民教化の歴史学は、この時代が終わった後にも、東アジア諸国において批判の対象となりえないまま、残り続けている深刻な問題でもある。第八章「コロニアリズムと近代歴史学」は、近代日本の歴史学が植民地支配と密接に関わっていたことを黒板勝美《くろいたかつみ》の植民地朝鮮での研究活動を通して明らかにしようとした。そのような意味で、研究主体の無意識のうちにある植民地主義の克服は、戦後日本および東アジア諸国の解放後の歴史学にとって、共通の問題であり課題である。こうした問題意識から第九章「朝鮮王朝の象徴空間と博物館」は、近代朝鮮の博物館が植民地主義と歴史学を東アジア規模で顕在化させるためにも重要な対象になりうることを論じた。

ところで、植民地期に朝鮮においては、朝鮮総督府の展開する朝鮮史研究に対抗した民族主義史学が存在したが、第一〇章「植民地期朝鮮におけるマルクス主義史学」は、そのような日本の支配に抵抗するための民族主義史学をあえて全否定し、真に植民地からの解放を目指すための歴史学として提起された白南雲《ペンナムン》の『朝鮮社会経済史』を中心に、日本から受容された朝鮮の初期マルクス主義歴史学を論じたものである。植民地主義への対抗として、一九二〇年代の日本経由のマルクス主義を対置させた動向に注目した。

さらに第一一章において津田左右吉《つだそうきち》を事例に「近代日本のアジア認識」をとりあげたのは、「東洋史学の発達と反比例するような形で、日清戦争時代から日本人のアジアことに中国・朝鮮にたいする認識がいちじるしく不具となり低下した事実が、いかに日本人のその後の能力の開花をおさえ、その精神構造を歪めてしまったか、過去のこの痛々しい事実を史学の歴史についてあきらかにすること、これが近代史学史に要請したい一側面である」(「近代史学史の必要について」『歴史評論』一五〇、一九六三年)という石母田の指摘に応えようとしたものである。諸民族への蔑視と学問の成果は別個の世界なのか、植民地主義と歴史学を検討する上で必須の課題と思われる。

第Ⅳ部「東アジア世界論の行方」は、西嶋定生《にしじまさだお》によって理論化され、戦後の歴史学界に大きな影響をおよぼした「東アジア世界論」を検討したものである。そもそも日本の古代史の分野で東アジアという視点は、一九六一―六二年の間に、松本新八郎、藤間《とうま》生大《せいた》、西嶋定生、旗田巍《はただたかし》の四氏によって、集中して発表された。これらの研究に共通するのは、たんに国際関係を重視するとか、東アジアの歴史の一部として日本古代史を理解するといったものではなく、戦後の東アジアの独立した諸民族の共存と連帯の秩序が現実的な可能性として、それ以前の学問の批判のなかから生まれてきた新しい試みとして捉えられている。やがて、西嶋の所説は、東アジア世界論として結実するが、戦後日本の歴史学、歴史教育を論じる際に今なお大きな位置を占めている。

一九九〇年代末、西嶋の東アジア世界論を学説史として一書にまとめている際に、韓国の学会や講演会で報告すると、決まって、日本歴史学界の東アジア論は、戦前の他律性史観と同様に韓国史を東アジアに埋没させる学説であるといった断定をされ、「東アジア世界論」については、まずは戦前のイデオロギーである大東亜共栄圏との違いを述べるべきであるといった指摘をしばしば受けた。今なお、日本における東アジアという歴史の枠組に対する疑念は中国の学界からも出されている（葛兆光『中国再考』岩波現代文庫）。国境を超えた生産的な議論のために、第一二章「東アジア世界論と日本史」は、これまでの東アジア世界論批判の検証を通じて、東アジア世界論の今日的な意義と有効性、さらには今後の批判的な検討に供するための論考である。

最終章の「「東アジア」という歴史観」は、東アジア世界論が今なお有効性を有している理論としての射程を、文化史上の問題を主たる対象として批判的に検討している。東アジア世界論に対しては、これまでも多くの批判が出されたが、東アジア世界論に替わる理論はいまだ提示されたことはない。そのために今後も批判的な検証が求められているが、東アジア世界論が豊かな史実を掘り当てる優れた史観であることも併せて検討する必要を痛感している。

以上の構成を通して本書でめざすのは、端的に国民国家の物語としての古代史からの解放である。

本書で示したように、歴史研究はどうしても認識主体の置かれている現実から自由になれない宿命がある。とりわけ、古代史は私たちの想像以上に、現実の政治状況に深く根ざしている。そのような事実を自覚してこそ、逃れがたい拘束からの脱却がはじまるのではないだろうか。それによって、これまで看過されてきた古代史研究の多くの主題が新たに発見されることに期待している。

また、本書では、一見すると東アジア諸国において共有が困難に見える古代史認識ではあるが、いかにすれば相互理解が可能なのか、古代史の共通理解にいたる道筋としてどのような方法がありえるのか、といった歴史認識の共有の可能性を追究することを大きな目的としている。すでに指摘したように、東アジア地域の歴史研究が抱えている問題の一つに、国民教化を目的とした一国史観があるが、そのような史観からの解放には、まずは古代史研究から着手すべきことを、第Ⅳ部で取り上げた「東アジア世界論」は教えているように思われてならない。そのような意味で、東アジア世界論の深化と、それに替わりうる、一国史を克服しうるようなパラダイムの追究は、今後も引き続き課題として残されているといえよう。

目　次

第Ⅰ部

国民国家の物語

第一章　古代史にみる国民国家の物語
――日本とアジアを隔てるもの――

現代における国家の起源の物語

戦後五〇年を迎えるにあたって、今年（一九九五年）も政府主催の式典と反対派の集会とをセットで報道する建国記念の日のニュースに接し、例年と変わらぬ情景だと思いながら、ふといつにない感慨にとらわれた。昨年、日本のマスコミは、北朝鮮の檀君《だんくん》墓をめぐるニュースを伝えたばかりであったが、それは四千数百年前に朝鮮を建国したとされる檀君王倹の遺骨が発見され、金日成の指示により壮大な墳墓を造営中であるという内容であって、そのトーンは、今なぜ朝鮮民族の始祖が甦らなければならないのかといった困惑と不可解さを表明するものであったように記憶する。

造営を時代錯誤として捉えたあの報道と建国記念の日の報道とが一瞬、二重写しになったのである。それは、ただ単にこの日本においても考えてみれば同じような位相で民族や国家の起源が語られているということだけではなかった。われわれは、それが遠い過去のことであり、現在とは無縁と思われがちな古代に、実は深く関わり続けているのではないかと、この時あらためて思い知らされたのである。

毎年二月一一日に決まって報道される建国記念の日をめぐる賛否について、最近は一九五〇、六〇年代の祝日改正法案上程の頃に比べれば、国民の反応は乏しくなってきているように思われる。いま「建国記念の日」についてふりかえってみると、神武天皇が即位したとされる(辛酉年)春正月庚辰朔を紀元節と名づけ、さらに太陽暦によって算出された二月一一日を国祭日と定めたのは明治六年のことであった。建国二千六百年を国家を挙げて盛大に祝ったのは今から五五年前(一九四〇年)である。また戦後の出版物の一部には皇紀が用いられることもあった。そして建国記念の日が祝日と定められたのは、一九六六年のことである。

戦前に定められた紀元節を、戦後においても「建国記念の日」として祝日にすることの是非をここで問題にしようというのではない。明治以来、今日まで一貫して国家の起源を公的に定めることが国民意識の涵養にとって重要であると、為政者に考えられてきた事実についてである。それが現在、国民のレベルでどのように受けとめられているかは、また別のことであろう。しかし、その一方で、外国の歴史意識に対しての違和感には、とくに鋭敏なところがあるのも否定できない事実であって、そこに国家の物語が秘めている問題を解く鍵がありそうだ。

古代の日朝関係と近代日本

多くの日本の歴史家によって戦前の歴史研究のありかたが深く反省され、戦後五〇年にわたって新たな歴史学が模索されてきたことは、いまさら言うまでもない。いわゆる皇国史観の克服は戦後の歴史学界における最大の課題であった。しかしながら、巨視的にみると、戦前に構築された歴史の枠組が今日も日本国民を捉えて放さないところがあるように思われる。

たとえば私が歴史教育を受けていた一九六〇年代には日本史年表に、「六六三年　白村江で日本軍が敗戦し半島の権益を失う」となっていた。こうした理解は決して特異ではなく、当時はごく普通に受けとめられていたのである。

というのも研究書、教科書を問わず、日本古代史の一般的な記述では、まず大和朝廷（倭王権）が四世紀後半に朝鮮半島へ進出してその地を支配し、それ以後、半島南部の支配・経営をめぐって朝鮮諸国との葛藤がくりかえされ、古代日本の対中国外交もこのような半島情勢に関わって展開されたことになっていた。つまり、通説的な理解によれば、四世紀から七世紀までの日本の対外関係は、まず初めに朝鮮半島の支配があり、それを喪失（六六三年）するまでのプロセスといってよいのである。

こうした古代日本における対外関係史の理解を支える根拠は、四世紀に日本軍が朝鮮半島に軍事進出し、そこを支配したのは動かしがたい事実であるという認識であって、ここを起点として白村江の戦いにいたる過程の意味づけが問題になるのである。それゆえ、従前の権益を遺憾にも喪失してしまったという評価が年表に記されるのは当然のなりゆきでもある。

ところで、古代日本の朝鮮半島支配といえば、大和朝廷が四世紀頃より、高句麗、百済、新羅の三国に割って入るかのように半島南部に進出し、その地を経営するために設置したという「任那《みまな》日本府」をまず思い浮かべるだろう。しかしながら、これをかつてのように朝鮮南部地域に対する二百年におよぶ支配・経営のための統治機構と捉える研究者は日本でも少数派になってきた。近年の加耶《かや》（加羅《から》）史に対する文献・考古学研究の飛躍的な成果によって、「任那日本府」の解釈は微妙なものに

なっているのである。(1)

いま加耶史に関する研究状況を詳説するいとまはないが、たとえば半島南部の洛東江《ナクトンガン》流域に散在していた二〇前後の小国(加耶諸国)には、各々に独自の歴史と文化があったこと、百済・新羅・倭のはざまで二、三の盟主的な諸国が戦略的外交を展開し、加耶諸国の統合ないしは保全を企図しながらも結局は五六二年に新羅に併呑されてしまったこと、任那とは加耶諸国に対して古代日本においてのみ特殊に用いられた総称であって、元来、一盟主国の別名にすぎないこと等、これらは古代史研究者の共通認識となりつつある。(2) したがって「任那日本府」なる機構の統治対象やその機構の名称自体も、そのままでは成りたちようがないのである。

周知のように「任那日本府」を中心とした古代日本の朝鮮支配についての解釈を強力に支えてきたのは、あの広開土王碑文であった。碑文の墨本が一八八三年に日本にもたらされると、陸軍参謀本部で解読と解釈が試みられ、「辛卯年(三九一)に倭が海をわたって百済・新羅を破り臣民とした」と記された箇所が一躍脚光を浴びるようになる。これによって『日本書紀』の神功《じんぐう》皇后による「三韓征伐」は傍証されたとみなされたのである。

碑文はその後ながく「不動の史実」を裏づける史料として注目され続けるが、このような碑文の位置づけがなされた歴史的背景を端的に示すものとして興味深いのは、東洋史学の第一人者であった白《しら》鳥庫吉《とりくらきち》の次のような言葉である。

此《この》碑文は当時に於て最も信用すべき歴史上の遺物である。これによつて日本が朝鮮の南部を支配したことを確実に知ることが出来る。……当時日本は三韓半島の南部を支配したのであるが、北

> 部の高句麗とは反対の地位に立て居たのである。高句麗といふは恰度《ちょうど》今の露国のやうな関係であつて日本が半島の南部に勢力を得んとすれば高句麗が之を挫《くじ》かうとする、……南部の三国を支配し、且《か》つ持続するにはどうしても北部の高句麗を挫かなければならぬ。其関係は恰《あた》かも日本が今の朝鮮を充分に制するには北の露国を伐《う》たなければならぬと少しも違はぬのである。日本は朝鮮に勢力を得たいといふ希望の為に先きには支那と戦ひ、今は露国と戦うたが如く、政治上の関係より日本は高句麗と戦を開いたのである。(3)

みられるように、一九〇〇年前後の東アジア情勢が何のためらいもなく碑文のなかに投影されている。古代における対外関係の解釈図式にとって日露戦争当時の時代認識が決定的なのである。しかも白鳥は、碑文中の倭は結局のところ高句麗に敗れていることを読みとり、日露戦争後に国民規模で備えうる心情を喚起するのに役立てようと、碑石そのものを日本に搬入する計画までも立案していたのである。

これまで広開土王碑文は古代日本の朝鮮支配を裏づける第一級の史料とされてきたが、碑文の内容理解は、あくまで近代日本が生みだした解釈の産物であった。あらためて碑文の立碑目的や碑文の読者を検討してみると、碑文は必ずしもそのような事実を記したものとは言いがたいのである。少なくとも高句麗人のコンテクストにたちかえって解釈してみれば、その内容はそれほど単純でないことが判るはずである。(4)

要するに、広開土王碑文に基づいて立論された古代日本の朝鮮支配は、日清、日露戦争期の歴史過程の表象化でよみがえった過去ともいうべき性格をもっている。当時の東アジア情勢が古代に投影され、その文脈のなかで読み込まれた古代史像とみてよい。しかしながら、いつしか日本古代史上の定点的な事実として疑われることなく、「国家の物語」として定着し今日に至っているのである。

渤海をめぐる国家の物語

古代の歴史が国家の物語となっているのは、なにも日本に限ったことではない。たとえば、古代の東北アジアに興起した渤海《ぼっかい》国をめぐる問題は、南北朝鮮や中国における国家の物語を考える上で参考になる。渤海とは、高句麗滅亡後、三〇年を経て建国され、その版図は朝鮮半島北部から中国東北地方さらに沿海州にまたがり、七世紀末から一〇世紀初めにかけて約二三〇年間この地域に存続した国家である。渤海については、渤海人自身による記録が消失してほとんど伝存せず、交渉相手国である中国や日本に断片的に史料が残されるだけなので、その全容は必ずしも明らかでない。

北朝鮮で渤海が公的に朝鮮史のなかに位置づけられたのは、一九六二年に刊行された『朝鮮全史』(5)においてであった。渤海を積極的に朝鮮史の一部とみなすのは、高句麗→渤海→高麗と北部から勃興した国家に正統的な系譜を見いだそうとする試みでもあるが、注目されるのは、渤海が朝鮮史の不可欠の一部であることを主張するための根拠である。そこでは渤海の血統と文化が問題とされ、それは今日の朝鮮民族の血統と文化的伝統の構成部分であると断定されている。渤海の王族や支配層は高句麗人であり、民族構成においても高句麗時代の延長にあるとの認識がこうした解釈の前提となっている。

また、その根拠を補強するために、あらたな民族観が創出された。すなわち、それまでは少なくとも朝鮮民族の形成は、スターリンの民族理論にしたがって、ナロードノスチ（準民族）からナーツィア（民族）へと段階的に構想されていたのであるが、渤海が朝鮮史に位置づけられた頃を境にして、朝鮮民族が古代以来「厳然たる単一民族」であったことが主張されるようになった。その後に出版された体系的な通史においても「朝鮮人は数千年を単一民族として生きて」きたのであって、「わが人民は昔から一つの血筋をひく単一民族である」ことがくりかえし強調されている。(6)

これは渤海を朝鮮史に編入する際に要請された論理上の問題とみてよいだろう。つまり、渤海を朝鮮史の体系に組み入れれば、朝鮮史上の国家統合は必然的に一〇世紀の高麗に至って果たされたとみなさざるをえなくなる。しかしかつて統一新羅（七世紀後半）に「単一的な朝鮮準民族（ナロードノスチ）の急速な形成と発展」をみいだしていたのであるから、このままでは民族の成立も遅延してしまう。そこで、くだんの民族理論を放棄し、逆に朝鮮民族の成立を古くに遡らせることによって、複数の国家対立が同一民族の間でくり広げられたことにし、古代の国家形成と民族の問題をそれなりに解決させたのである。(7)

韓国においても同様に、渤海を朝鮮史の体系のなかに積極的に位置づける努力がなされている。従来、「統一新羅」とよばれていたこの時代も、新羅と渤海の同一民族による二国家が半島の南北に並存していたとの認識によって「統一」にまつわる歴史的評価は覆されつつあり、「南北国時代」と呼称することが定着した観がある。

このように南北朝鮮においては、渤海を朝鮮民族の国家とみなすことで、今日の分断状況を克服するという現実的課題を、新羅・渤海並立時代に投影して、同一民族が南北で並立している不自然さと不全感を喚起し、統合への展望を切り開こうとしているのである。ここでも現在を過去に投影する所業を明確にみてとることができるであろう。

古代(渤海)に現代が読み込まれるという点は中国においても事情は変わらない。南北朝鮮が渤海の支配層としての高句麗族を重視するのに対して、中国では、渤海領域内の大多数を占めていた靺鞨《まっかつ》族に比重を置きながら、渤海は唐代の少数民族・靺鞨人の地方政権であるという公式見解が支配している。あくまで渤海が中国史の一部であることが前提である。そして、中国史の主体的役割をはたしてきたのは常に漢民族であるとの立場から、非漢民族である靺鞨人の国家であった渤海は、独立した民族・国家とは認められず、それは唐代の地方民族の建国した国家であって、唐朝の地方政権であるという位置づけがなされている。

あらためて指摘するまでもなく、中華人民共和国の現実的課題が古代に仮託されているというほかあるまい。すなわち、中国において、少数民族の国家である渤海の政治的・文化的自立性を認めず、ともかく中国史に位置づけようとするのは、今日の五〇以上におよぶ諸民族の団結をかち取り、なおかつ一割にもみたない少数民族が占める全国土の六〇パーセントの地域を中華人民共和国の正統なる、歴史的根拠のある領土として位置づけようとする現実的課題に関わっている。(8) 中国政府の一貫した立場は、中国が秦漢以後ずっと統一した中央集権的国家であり、漢族を主体に少数民族を包含した多民族国家であり続けた、というものである。(9) 多民族国家の現状を過去に投影して解釈する遠近法的倒立といわれる所以である。

今日、中国の国家領域内に朝鮮族を抱え、朝鮮民族の国家と隣接するがゆえに、国際的にも朝鮮史の範疇で語られる高句麗の痕跡を消去しようとするのは、南北朝鮮における靺鞨族に対する極端に低い評価と通底するものである。東アジア諸国間には、現在を過去に投影し、過去を排他的に占有しようとする表象をめぐる闘争がくり広げられているのであり、相異なる二つの物語がぶつかりあうなかで、二つの物語が相互に強化されてゆく関係をここにみてとることができる。

遣唐使と近代日本

このような文脈のもとに説けば、南北朝鮮や中国の渤海をめぐる諸説に対して、即座にその解釈の恣意性に気づくであろう。それでは、今日の日本で説かれている古代史には前述した日朝関係以外に、そうした問題は皆無なのであろうか。ここであえて取りあげてみたいのは、小学校の歴史教育に始まりその後も歴史教育の場でくりかえし説かれる「遣唐使」についてである。日本史のなかで古代の対外関係というと、必ず遣唐使がもちだされるが、これは一体いかなる時期に、いかにして創出された歴史理解なのかと、あえて問うてみると、意外な背景が浮かび上がってくる。

遣唐使といえば、六三〇年から八九四年まで二六四年間にもわたって存続した超長期的かつ壮大な国家的事業との評価すらあり、これによって日本は高度な中国文明を積極的に摂取受容し、その移植に成功するのであって、律令国家のもとで栄えた唐風文化はまさに遣唐使によるものであったといわれている。そして唐の高度な文明をただ輸入するに努めるだけでなく、それを我がものとすると、やがて国風文化を生みだすにいたり、遣唐使の必要も低下し廃されたと理解されている。

ひるがえって、広く日本列島と周辺諸地域との文化交流という視点からみれば、古代日本の対外交流は、中国との二国間に限られるものでなく、朝鮮半島の諸国や中国東北地方や南は南西諸島、北はオホーツク海域の諸島との間に、人やモノの交流があったことは明白であり、そのような事実は近年の考古学の発掘成果が裏づけている。しかし、遣唐使を重視する立場は、先験的に日本と中国との間に文化交流の主要なルートを定め、そのほかの交流ルートは、それを補完するもの、付随的なものであるとして軽視する。たとえば、日本と新羅や渤海との公的交流は、回数のレベルでは日本と隋・唐との相互交渉の回数を凌駕するが、それは日本と中国との交流を中継するものに過ぎないとみなしてきた。

そのような解釈が生まれる背景として留意しなければならないのは、奈良時代が近代に見いだされたということである。たとえば、一九四〇年に出版された栗田元次の『奈良時代の特性』[10]は、大化改新以後の奈良時代が「現代」と最もよく似た時代であることを強調し、外来法の継受、外交の進展、異種族の服属、海外への出戦、外来文化の摂取などをその類似点としてあげている。とくに外来文化の摂取については、奈良時代に唐の文化を盛んに入れたのは、「現代に於ける西洋文化と全く同様」であり、これにより日本の「文化が世界性を有するに至つたことも共通して居る」という。「更に外来文化の受容の著しいと同時に、これに屈従せず、よく肇国の精神に基き、固有の長所を発揮した自主的態度も一層著しい類似点」として重視されている。

また、次のくだりは奈良時代がどのような表象化でよみがえったかをよく示している。

奈良時代の文化の、大きい特色の一つは、世界性の著しいことであります。我が国の文化は、もはや島国に孤立した文化ではなく、広く世界の文化を摂取して、これを世界的水準に達せしめ、当時の最大文化国たる唐と対立し、世界文化の一翼を成すに至つたのであります。かゝる意味に於ける世界性に於て、奈良時代に匹敵し得る時代は、我が国史上、唯明治維新以後の現代があるのみであります[11]。

こうした認識のもとに、奈良時代における中国文化の受容と明治以降の西洋文化の採用とがパラレルに説かれるのである。つまり、われわれが抱いている遣唐使のイメージは、明治以降の「現代」に引きつけられた奈良時代の解釈と評価がその前提となっているのである。しかし、そのような遠近法的解釈は、様々な技法によって気づきにくくなっている。

たとえば、手元にある遣唐使を多角的に解説したある書物の中に「近代西洋文明への『遣唐使』＝岩倉遣米欧使節団」[12]というコラムが挿入されている。一八七一年に岩倉具視を特命全権大使として欧米に派遣した使節団がとりあげられているのであるが、その趣旨は、遣唐使の延長線上に明治の遣米欧使節団があると言いたいのであろう。しかし、これは明らかに倒立した議論である。そこには岩倉の『携帯手帳』から「遣隋唐使並学生之事」の一節が別な意味づけをもって引用されているものの、むしろ「遣隋唐使」なる言葉に示されているように、いわゆる遣隋使や遣唐使は、まさに岩倉具視によって見いだされたと言うべきなのである。

また、今日の遣唐使に対する解釈図式は、栗田元次の主張にあるごとく、維新後の政策が一定の成果をおさめたと自負しうる頃に形成されたとみなければならない。つまり、遣唐使に力点を置く古代の対外関係史は、近代における欧米との接触によって想起された歴史であり、それ以前に遣唐使が客観的な過去として人々に認識されていたわけでは決してない。それゆえ、遣唐使の意義が見いだされた背景もまた開国以来の欧米列強との社会心理的な葛藤にあったといえる。

これに関連して注目されてよいのは、日本古代の対外関係史に頻出するタームに「対等外交」なる用語があって、遣隋使、遣唐使は現在も一部の研究者にとって「対等」であったか否かが執拗に問題にされており、古代史上の大きなテーマにもなっていることである。[13]そもそも相互に「対等」であることなどありえない前近代の王朝国家間の関係に、「対等」なる概念をもちこもうとする背景は、開国以後の対外関係を念頭に置かなければ到底理解できるものではない。そのような構図は、はしなくも栗田の次の文章にも現れている。

〔日本の国民性と異なる律令を採用したことは矛盾であるが、〕何故かゝる矛盾を冒してまでこれを採用したかと申しまするに、当時の唐がその勢力・その文化共に世界に冠たる世界的帝国でありまして、その制度を採用することが、我が国の国際的地位を高め、唐と対立して行くに欠くべからざる所であつたことが、明治時代、殊に条約改正前に西洋法制の継受の必要であつたと同様であつたためと思はれます。[14]

つまり、こうした叙述から、古代の対中国関係史が構築される過程において条約改正=不平等条約撤廃が国民的課題として強く意識されていた事実に思い至るのである。

そこで留意したいのは、条約改正の見返りに、欧米列強が日本国内の居留地撤廃と外国人の旅行、居住、営業の自由の承認を要求し、これによって招来された「内地雑居問題」が決着するまでの経緯であって、この過程で「日本人」と「外国人」を峻別する必要から、国籍法や外国人の在留管理に関する法律が一九〇〇年前後に公布されたことである。あたかも、これと符合するかのように、明治の前半期にはほとんど使用されていなかった「民族」なる言葉が、ネーションの訳語として用いられ、やがて同祖同族を含意する用語として急速に普及するのが日清、日露戦争を経る時期なのである。[15]「現代」と酷似する奈良時代の発見とは、まさに、こうした歴史過程なくしてはありえなかったのであり、遣唐使は、「日本文化」「日本民族」「国際的地位」が国民的関心事となりはじめる時代につむぎだされた国家の物語なのである。

物語の相克がもたらすもの

上述してきた事例からも、古代日本の対外関係、文化交流、民族間交流などの領域において語られる言説は、その原像が百年前に遡ってあることを認めてもよいであろう。古代の歴史を構想する思考の枠組は、日本における近代国家の形成過程と不可分の関係にあったのであり、そこから産出された物語は、国民(民族)意識の形成に多大な役割を果たしただけでなく、現在のわれわれの意識をもいまだに強く拘束しつづけている。

しかも、そうした現象が日本のみならず、南北朝鮮や中国など東アジア諸国にも同様にみられ、諸国民の相互理解を著しく阻害している。東アジア諸国においては、古代の歴史が国民創出の物語となり、あたかも共同体の同一性を確認するための「イデオロギーとしての文化論」になってしまっているかのようである。そのような文化論とは、「伝統」「国民性」「境界」「アイデンティティ」といったタームと概念がしばしば用いられる古典的な静的モデルに基づく文化論であって、民族相互の偏見を助長していることが特徴的である。[16] もっとも、古代に国民のアイデンティティの拠り所を求めているのであるから、ある意味では当然のことかもしれない。

今日の東アジア諸国の古代史には、そうした文化論と同様のいわば固定的な歴史観がみてとれる。また、その固定化を助長している要因の一つには、渤海史にみられるように、東アジア諸国間に物語を強化しあう相互依存の関係があるのではないかと思われてならない。たとえば、古代の朝鮮支配以来、常に日本が政治的に優位にあったことを説き（日鮮同祖論）、くわえて近代の植民地支配を合理化し、日本は朝鮮の近代化に寄与したのであり、朝鮮を文明化させたとの言説が一方にあるからこそ、それに対して、朝鮮にこそ有史以来、日本の文明化の光源があるとの主張がなされる。王仁《わに》博士の渡来をはじめとして、朝鮮半島からの人やモノの移動を重視し、朝鮮から渡来した人々こそ日本に文明をもたらしたというのである。さらには、日本の古代国家形成は、渡来人が列島内に形成した分国間の抗争の過程であったとの主張すらなされている。

交流の物語は、往々にして自己については競って語るが、他者については自己の延長か操作の対象でしかない。かつての日鮮同祖論は、朝鮮を古来、日本の延長で捉えようとしたが、それと現今の南北朝鮮における渡来人の過大な歴史的評価は対応関係にあるといえよう。

また、総じて南北朝鮮や中国の歴史学界では、古代における日本像はネガティブなものにしろポジティブなものにしろ、近代日本が「現在」を投影し過去のなかに読み込んで造りあげた日本像（自画像）の拘束を受けている。自己との関係で日本をどのように位置づけるかという際に、近代日本の解釈図式や評価規準が前提になってしまうのである。そのような意味で、東アジア諸国における国家の物語は近代日本の胎内で育まれたといえよう。

こうした事態は不幸なことに悪循環に入りこむ構造になっている。岸田秀が指摘したように、近代日本にとっての朝鮮とは、欧米と自己同一化しようとする自己にとっての恥ずべき自己、否定すべき自己であった[17]。それゆえ近代日本の侮蔑に満ちた朝鮮観は、欧米列強への劣等感の裏返しであるだけに、陰惨なものにならざるをえなかった。近代日本人の手になる歴史のなかの朝鮮もまた、そのような心象風景のなかで形成されていったのであるから、元来、日本型オリエンタリズムが刻印され、埋めこまれた物語なのである[18]。

先に述べた解放後の朝鮮人による古代の日朝関係史が、そのような物語への対抗として生み出されているとすれば、同一の地平における循環の輪にまきこまれざるをえないであろう。

国家の物語とは、国家間の垣根を高くするものであり、国家の物語の相克は、相互理解を隔て、そうした垣根を益々高くせざるをえない。そもそも、それは、自己と他者とを隔てる内部の言説だからである。国民国家はすでに耐用年数を越えていると言われて久しいが、一九世紀に創出された国民国家の物語は依然として生き延び、むしろ東アジア諸国間では物語の相克のなかで強化されている感なしとしない。

後世、東アジアの史学史において二〇世紀とは、国民国家の鋳型のなかで想像の共同体創出のための物語を再生産した「国史の時代」として位置づけられるにちがいない。それにしても、一体われわれは「国史の時代」に編まれた物語からいつになったら解放されるのであろうか。

第二章　近代国家の形成と「日本史」「日本文化」の発生
——新たな東アジア論のために——

1　「日本史」の発生

われわれは、日本画と聞くと、当然のことのように平安時代のやまと絵や江戸時代の琳派であるとか狩野派の絵を思い浮かべる。また、日本画といえば、大多数の人がこの日本でずっと描き続けられてきた固有の絵画であると信じて疑わない。

しかし「日本画」は、明治時代に作られたジャンルであって、西洋画に対するものとして一九世紀末に急速に定着していった概念であることが指摘されて久しい(1)。要するに、日本画は、西洋の画法が近代日本に急激に押し寄せてきたことによって、それまでの伝来の絵画が西洋画との対抗関係の中で自覚させられて、そこではじめて意識化されたのである。

したがって日本画は、そもそもが西洋絵画の色濃い影響を受け、それとの葛藤によって形成されたといってよい。ところが、そうした日本画の生い立ちは忘れ去られて、いつしか古代以来、連綿とした日本画の伝統があったかのように語られてきた。いうまでもなく日本画は、れっきとした近代の歴史的な産物であったのである。

このことに関わって興味深いのは、日本で最初に活字になった日本美術史である『稿本日本帝国美術略史』が、明治三三(一九〇〇)年のパリ万国博覧会にむけて編纂された"Histoire de L'art du Japon"の和文への翻訳であったという事実である(2)。つまり、近代になって最初にまとめられた日本美術史は、そもそも日本人の読者を対象にして書かれたものではなかったのである。こうした事実から、日本美術史なるものが、何よりも西洋人に対する日本美術史として、新たに創り出されなければならなかったという経緯がみてとれるであろう。

要するに、「日本画」「日本美術史」が最初からあったわけではなく、西洋の眼差しを強烈に意識しながら、懸命に「日本」を語らなければならなかったのである。

近代国家日本が西洋列強諸国に互していくためには、文化的伝統があったことを示さなければならず、そこではまずもって、日本も独自の伝統、独自の日本美術史をもつことが不可欠とされた(3)。しかも、その語り口は、西洋の美術と共通するものでなければならなかったのである。こうしたところに、日本近代の在り方そのものが現れているのだろう。つまり、西洋近代に追随しつつ、しかも日本であることに過剰な自意識を用いてきた近代日本の在り方がである(4)。

このような日本画、日本美術史の発生の由来は、「日本史」の発生の由来を考える際にも多くの示唆をあたえてくれるように思う。

周知のように、近代日本の最初の本格的な通史である『国史眼』は、重野《しげの》安繹《やすつぐ》、久米《くめ》邦武《くにたけ》、星野恒《ひさし》の三人の執筆になるが、この『国史眼』を紐解いてみると、凡例の冒頭には次のように記されている。

此《こ》ノ書ハ明治十年仏国巴里万国博覧会事務局ノ嘱ニ因《よ》リ、太政官修史館ニ於テ、国史中ヨリ制度・学芸・民業・風俗・物産等事物ノ起原沿革ヲ標挙シ、天皇世次ニ繋ケ四冊ヲ成ス。名《なづ》ケテ日本史略ト曰《い》フ。是《これ》ヲ初稿トス。（中略）十八年内閣修史局ニ於テ編纂ノ体ヲ改メ、二十一紀ヲ立テ天皇世次ニ代フ。是ヲ第二稿トス。是ニ於テ錯雑ノ事物ハ条貫ニ就キ、疵謬随《したが》テ見ユ。因《よっ》テ又補正ヲ加ヘ、二十一年帝国大学編年史編纂掛ニ於テ、更ニ章ヲ分チ項ヲ別チ、改テ国史眼ト名ヅク。是ヲ第三稿トス。猶《なお》完全ナラズト雖《いえども》、大学新ニ国史科ヲ置キ、応用ノ史編ナキヲ以《もっ》テ、稿本ヲ活版ニ付シテ授業ノ資トナス。

これによれば、『国史眼』として成立するまでには三段階を経ていたことがわかる。まず第一に、そもそもの編纂の契機は、明治一〇（一八七七）年にパリ万国博覧会事務局からの要請があり、そこで太政官修史館において編集されたのが『日本史略』であった。ついで第二に、明治一八年に内閣修史局において『日本史略』が天皇世次に繋げていた叙述を、神代から明治までを二一紀に区分する叙述に改めたという。そして第三に、明治二一年に東京帝国大学の編年史編纂掛において編別構成を整え『国史眼』となり、国史学科の教科書になったというのである。

これによって、近代日本における最初の通史が『日本史略』であり、その編纂の契機がパリ万国博覧会事務局からの要請であったことが判明する。とすると、さきにみた『稿本日本帝国美術略史』と同様の経緯を『日本史略』にあてはめてみることも可能であろう。否、正確には、『稿本日本帝国美術略史』が『日本史略』に倣って編纂されたというべきであろう。ともあれ重要なことは、「日本史」

「日本美術史」のいずれも、その編纂の契機は外部にあって、当初より日本人の読者を対象にして書かれたものではなく、西洋人に提示すべき日本史、日本美術史として新たに創出されなければならなかったという事情があったことである。言い換えれば、西洋の眼差しがなければ、それらはもとより成立しなかったのである。そうした眼差しの中で、日本の歴史や美術の淵源が問題にされたのであった。

ところで、『国史眼』について興味深いことは、「初稿」である『日本史略』の段階では天皇世次に繋げて「制度・学芸・民業・風俗・物産等事物ノ起原沿革ヲ標挙」するという叙述のスタイルがとられたことである。また「第三稿」である『国史眼』の劈頭を飾っているのは、神武天皇以来、今上天皇(明治天皇)に至る歴代天皇の諱《いみな》、称号、宮号、在位年数、年号、享年、山陵、母親、后妃を列挙した「歴朝一覧」であった。つまり「万世一系」は、日本国民ではなく、まずもって西洋にこそ示されなければならなかったのである。

また、そうした姿勢の一端は、伊藤博文が全ての天皇陵を確定しようとした経緯を語っている次の文章がよく伝えている。

条約改正の議起るに際し、伯爵伊藤博文以為《おもえ》らく、万世一系の皇統を奉戴する帝国にして、歴代山陵の所在の未だ明かならざるものあるが如きは、外交上信を列国に失ふの甚しきものなれば、速かに之れを検覈《けんかく》し、以て国体の精華を中外に発揚せざるべからず(『明治天皇紀』明治二二年六月三日条)。

すなわち、「万世一系の皇統を奉戴する帝国」としては「歴代山陵の所在」に一点のくもりもあってはならず、伊藤にとって、その不備はとりもなおさず、「条約改正の議起るに際し」、外交上の信を西洋列国に失うことと認識されていたのである。

2 「日本史」の創出

不平等条約改正のためには、「万世一系の皇統を奉戴する帝国」としての外観を整えなければならないと伊藤博文に強く意識されたことをみたが、そこで注目されるのは、伊藤と同様に、明治初期に立憲国家として出発するに際して、いかにして皇室制度を整えてゆくかに腐心した岩倉具視についてである。

岩倉は、皇室制度の立案に比類なき政治力を発揮したといわれる。すなわち、皇室儀礼構想、とりわけ「旧慣」保存策は、国際社会の中で西欧に比肩する先進国となるため不可欠であるとする柳原前《やなぎわらさき》光《みつ》の議論をうけ、岩倉は一八八三年には「京都皇宮保存ニ関シ意見書」をもって「旧慣」保存策を展開した[5]。ここでいう「旧慣」とは言うまでもなく、幕末まで行われていた儀礼をそのまま復活させることではなかった。というのも、柳原の儀制とは[6]、

固有ノ礼ヲ採リ我帝室慣例素アルヲ表シ、而シテ《しこう》外国就中《なかんずく》墺魯ノ如キ帝国ノ例ヲ参酌シ外交ニ便ナラシメ時勢ニ随ヒ変通スヘシ（「岩倉具視文書」）。

というように、なによりも「外交ニ便ナラシメ時勢ニ随ヒ変通」することが求められたのである[7]。ホブズボウムのいう、全く新たな目的のために、古い材料を用いて斬新な形式の「伝統」の創出がめざ

されたというべきであろう。そうした材料は「神武創業以来の歴史を有する皇室」には十分に蓄積され貯えられており、入手は容易であった。

さて、これまでみてきたところをふりかえれば、『国史眼』の執筆者の一人である久米邦武、歴代天皇陵の所在を「速やかに検覈」するよう提言した伊藤博文、「旧慣」保存策に尽力した岩倉具視の三人に共通するものは、西洋の眼差しにたえうる近代国家の外観をいかに整えるかにあったといえるであろう。では、彼らをして、こうした行動に駆り立てたものは何であったのであろうか。

そこで想起されるのは、彼らがともに加わった明治四(一八七一)年の遣米欧使節団についてである。岩倉具視を特命全権大使とし、当時の政府中枢の半ばを占める四六名と留学生・随員からなる百余名の使節団は、一八七一年一二月二三日横浜港を出発し、一年一〇カ月にわたってアメリカ・ヨーロッパの一二カ国を歴訪した。使節団の主要な目的は、すでに国交のある諸国を歴訪して各国の元首に国書を捧呈し、聘問《へいもん》の礼を修めるとともに、条約改正の予備交渉に入ることであった。また、その事由書からも、条約改正という切実な課題をかかえ、文明化された国民国家のあらゆる外観を整えることが先決であった事情がうかがえる(8)。

そうしてみると、岩倉具視、伊藤博文、久米邦武の三人に、米欧回覧という共通の体験があったことは無視できない事実といわざるをえない。こうした経験こそがその後の日本史、日本文化の創造にかかわったと推量されるからである。

遣米欧使節団に関わった彼らの使命感はさまざまな表象を産みだすことになるが、その例として、まず挙げたいのは、岩倉具視が見いだした「遣隋使」「遣唐使」である。岩倉は彼の『携帯手帳』の

中の一節(「遣隋唐使並学生之事」)に、

推古十五年、初テ遣隋使ヲ立テラレシヨリ、今ニ至ルマテ、千二百六十五年ナリ(宮内庁書陵部所蔵文書)。

と記している。つまり、自らの遣米欧使節団を古代における隋・唐への遣使にさかのぼって位置づけているのである。[9] 今日、日本古代の対外関係史といえば、遣隋使、遣唐使をおいて語ることはできない。しかもそれは「対等外交」というタームと密接に結び付けて論じられるのであるが、そのような対外関係史の解釈図式は、岩倉の西洋列強諸国に対する条約改正に向けての使命感が、古代の日本と中国との関係にずらして投影させることによってもたらされた歴史的産物であった。[10] 遣唐使を偏重する古代日本の対外関係史とは、こうした背景をもって創出されたのである。

次に挙げるべきは、徳川幕府の崩壊とともにいったん断絶したかに見えた「能」を久米邦武が国家の文化財として再生させたことである。久米は、後に岩倉具視のサロンで能楽復興事業の事務方を担当することになるが、米欧回覧以前には、能には興味もなく、定見すらもっていなかったという。[11] その久米が、ヨーロッパの宮殿にある壮麗なオペラ堂を見たことにより、痛切に国民娯楽の必要を感じ、そこで能楽の芸術的価値に気づいたと言い、また後年に、米欧回覧の旅における見聞が能楽保存運動の動機であると繰り返し述べるようになる。[12] 久米のような眼差しの転換があって初めて、能は再生し、日本文化の中枢に位置する芸能として、能楽が日本で最も高尚な演芸へと変身していったのである。[13] それゆえ、現在の能に対する評価は明治初期における西洋との接触なくしてはありえなかったといえよう。

不平等条約改正という国家的使命は、まず、西洋の先進国に比肩すべく皇室の権威を伸張しなければならないという欲望をかきたてた。それと同時にすべては、西洋の外観に似せて創出されなければならないと強迫的に意識されたのである。仮想された西洋なるものとの落差によって自国の同一性を設定し、西洋への模倣と反発の力学から自国の歴史を作りだそうとする企て[14]が一挙に始動した。そこでは徹底して西洋の語り口が参照され、模倣や対照化の中から日本史や伝統文化の創出が行われたのである。

3 「日本史」の定着

西洋の眼差しから表象された伝統は、いったん創出されれば、国民の間に定着するのも意外と早かった。そして「伝統」はそれ以後、人々には古来、連綿と続くものとして疑われることはなくなっていった。

ここでは、そのように創造された伝統が急速に共有されていく一九〇〇年前後の時代状況に留意したい。とくに重要なのは、条約改正が一段落するこの頃に、「日本人」という法的根拠が整備されたり、「われわれ日本人」意識が高揚したりしていることである。たとえば、一九世紀の末に西洋列強諸国が日本に対して、条約改正の見返りに、日本国内の居留地撤廃と外国人の旅行、居住、営業の自由の承認を要求したことが契機となり、「内地雑居問題」が国を挙げての関心事になる。「内地雑居」とは、この内地つまり日本列島内に、日本人だけでなく、外国人が自由に居住したり旅行したりすることであって、これによって引き起こされるであろう諸問題をいかに解決していくかが議論の的となった。彼らと雑居するという事態が間近に迫って、「われわれ」と「彼ら」とを区別する必要に迫られたのである。

要するに、「内地雑居問題」を現実的な課題として検討する過程で、「日本人」と「外国人」とを峻別する必要から、国籍法や外国人の在留管理に関する法律が一九〇〇年前後に公布されたのであって、われわれ日本人などという言い方は、厳密に言えば、いまだ百年ほどの歴史しかないということになる。

それはともかく、さらに重要なことは、あたかも、これと符合するかのように、明治の前半期には、ほとんど使用されていなかった「民族」なる言葉が、ネーションの翻訳語として用いられ、やがて同祖同族を含意する用語として急速に普及するのが日清、日露戦争を経る時期であったという事実である。(15)

しかも、「民族」という言葉が広まっていく上で見逃すことができない大きな社会変化は、新聞、雑誌の急激な普及であった。(16)たとえば、いわゆる新聞の宅配制度は世界に類をみない近代日本が産んだ独自のシステムであるが、それは日露戦争のなかで確立されたのであった。(17)これによって新聞というメディアが国民の意識を広範に捉えるようになるが、出版資本主義が、ますます多くの人々をして、まったく新しいやり方で、自らについて考え、かつ自己と他者を関係づけることを可能にさせたのである。(18)われわれ日本人という想像の共同体を創出するうえで日清・日露戦争時期の新聞のはたした役割を軽視してはならない。

死の情報を商品化した新聞が、国民の間にこれまでにない形で入り込んでいき、やがてさらなる展開をみせることになる。象徴的には、それは日露戦争終結後の一九〇七年に、夏目漱石が東大の教師から朝日新聞社へスカウトされるというかたちで現れる。そのような出来事の背景にあったのは、大量発行のために設備投資をし続けた新聞社が日露戦争終結後に、商品としての戦争情報を失ってしまったために、生き残りをかけて、今度は小説を戦後の新聞経営の主力商品にしようとした、まさに新聞社の戦略であった(19)。

こうした当時における西欧列強との様々なレベルでの接触や対外戦争という過程なくしては、創出されて間もない「伝統」の共有はありえなかったはずである。「われわれ」意識が高揚するなかで、「日本民族」の歴史や「日本文化」の伝統が国民の間で広く語られながら定着し、それらの発生の由来を問われるようなことは全くなくなっていったのである。

4 「日本史」の残影

第二次世界大戦後の日本の歴史学研究において、それまでの皇国史観に代表されるような、日本史を日本列島内に孤立化させ、自己完結性を強調する歴史観が深く反省された。そのような中で、日本史を世界史に位置づけるべく提唱されたのが西嶋定生の「東アジア世界論」である(20)。西嶋は、前近代の日本史を世界史的に理解する方途として、日本国家の形成が東アジア世界の中で実現したことを示し(21)、日本史を東アジアの歴史のなかで構想すべく東アジア世界論を提唱した(22)。

西嶋によれば、日本史は東アジア世界の中で構想されなければならず、独自の日本文化と考えられる諸文化は、この東アジア世界の推移と関連して発生したものであって、それは日本文化のみに限られず、東アジア世界に包含された諸民族文化がいずれもそうであったという。とりわけ、東アジア世界の中での日本文化の位置づけを論じた次の文章には西嶋の基本的な考えが示されていて興味をひく。すなわち、

いうなれば日本の歴史にとって、中国は文化の供給源ではあったが、日本はそれを吸収しながらも中国の歴史の動きとは直接にかかわることなく自己の歴史を展開したということである。いうまでもなくわが国の文化は、そのときおりに朝鮮、あるいは中国からもたらされながらも、招来された文化がそのまま定着したものではなく、在来の文化と融合して独自の文化を創成した。なかんずく一〇世紀以後において大陸との正式な交渉が杜絶すると、それにともなって国風文化が成立したことは周知のところである。また鎌倉仏教の成立にせよ、あるいは室町時代以降の能・狂言や茶道・華道、さらには江戸時代の俳句・歌舞伎にせよ、それらは日本独自の文化として成立したものであることには贅言を要しないであろう(23)。

こうした言説をみるにつけ、このような語りが今日のわれわれにもたらすものは一体何であろうか、という問いを発せずにはいられない。西嶋がめざしたのは、日本史、日本文化を孤立化して自己完結的にみるのではなく、東アジア世界という広域の世界の中で、その展開をとらえようとするものであった。しかし、前に掲げた文章をみる限り、そうした試みは、必ずしも成功しているとはみなしがたい。

まず第一に、西嶋の著作のなかにおいても古代から現代にわたって縦横無尽に使用される「わが国の文化」「日本独自の文化」「日本固有の文化」「独自の民族文化」「日本文化の個性的性格」「日本独自の創造物」などといった用語に戸惑いを覚えざるをえない。すでにみたように、「わが国の文化」「日本独自の文化」とは、明治初期に西洋の眼差しの中で発見され、創出されたものであった。

たしかに西嶋は、それらを東アジア世界の中で位置づけるべく力説しているが、それによってもたらされるのは、むしろ明治初期に創出された伝統文化を、東アジア世界という新たな舞台に再登場させることによって生じる、新たな差異の創出という事態にほかならない。それは日本史、日本文化の独自性と固有性の再生産というべきであろう。

第二に、東アジア世界の中の日本文化の独自性として、「国風文化」「鎌倉仏教」「能」「狂言」「茶道」「華道」「俳句」「歌舞伎」などが列挙されている点についてである。たとえば、この中にみられる「能」については、すでに述べたように、久米邦武が西洋の眼差しから改めて発見、再生したものであった。それ以外についても能と同様に、西洋の眼差しと無縁のまま現在にいたるまで「独自性」を帯びているものはほとんどないはずである。にもかかわらず、それらを東アジア世界における日本の独自性の表象として、あらためて持ち出し、東アジア世界の中で日本の特異性を強調することにどのような意味があるのだろうか。

これに関わって、第三に留意されるべきは、西嶋の東アジア世界論においては、東アジア諸地域の歴史と日本史との新たな関係づけは決して問われないという特異な視点についてである。たとえば、中国史を何のために学ぶのかという問いに対して、西嶋は、中国の前近代のもつ意味を次のように限定する。

日本民族の形成とその展開とが、いかに中国史と関連するかというかぎりにおいて中国史を学ぶことの意味を考えることとし、したがってそのばあいの中国史とはその前近代史についてのことであり、しかもそのうちで、それが日本史にとってどのような意味をもつものであったかということについて考えてみたい(24)。

さきに引用した文章と同様に、日本史、日本文化なるものが先験的に成立しており、それとの対照として中国史、中国文化が想定されている。既述のように、日本史も日本文化もまた、その生い立ちは、西洋の眼差しの中で西洋との対抗の中で創出されたものであった。そうした日本史、日本文化の発生の由来を省みることなく、日本史と中国史が、日本文化と中国文化が無前提に対比されるところでは、東アジア世界なるものが設定されようとも、そこにたち現れるのは、日本史の固有性、日本文化の独自性であり、結局、日本は日本であるという自己の反復があるのみではなかろうか(25)。

東アジア世界論のなかの日本史は、近代日本が西洋の眼差しによって創出した「日本」という残影を色濃く内在させている。西嶋の指摘するように、歴史を学ぶということは、未来を志向するわれわれが、そのことゆえに過去に眼を向ける実践的行為であるとするならば(26)、日本における国民国家形成の画期となった一九世紀末、二〇世紀初頭から百年になろうとする現在は、当然のことながら百年前とは異なる未来が志向されなければならないはずである。したがって、東アジア世界の中の日本史に内在する残影にもはっきりと別れを告げなければならないのではあるまいか(27)。

第三章　三韓征伐——古代朝鮮支配の言説——

はじめに

今日でも日本と韓国では、古代の日朝関係史について、近現代史と同じくらいに関心をもつ者が多い。たとえば、日本では古代日本の朝鮮半島支配がまずあって、それ以来、古代朝鮮半島の諸国は朝貢を重ねてきたことが強調され、それが近代以降は「国民的」な常識となってきた。ところが、古代日本の朝鮮支配を学問的に裏づけるとされてきた広開土王碑（四一四年建立）について、日本陸軍によって改竄されたとする説が一九七二年に学界で提起されると、(1)大手新聞各社は一面で取り上げ報道した。その後、碑文に描かれた四世紀から五世紀初頭の時期に、倭の勢力が朝鮮半島でどのような活動を行ったのかは長く「国民的」な関心となり、新聞、テレビはその動向を報道し続けた。

一方、それとは逆に、韓国では、古代に朝鮮半島から日本列島に渡っていった人々が先進的な技術や文化を伝えたというに止まらず、支配者集団が朝鮮半島から渡り、日本の支配者集団を形成したと信じている人々は少なくない。韓国のテレビ局各社は毎年のように日本列島の渡来人遺跡の取材をくり返し行い、それを祖先たちの足跡として放映している。日本と韓国では、古代の日朝関係において、どちらが優勢であったかが大衆の大きな関心の対象となってきたのである。

ここで注目すべきは、日本の場合、古代の朝鮮支配の言説が近代以降になって突然に現れたことではないという事実である。八世紀初頭に『古事記』や『日本書紀』が編纂されて以来、日本列島の支配者集団のみならず多くの人々によって遠い過去に神功皇后《じんぐう》が三韓(朝鮮半島南部)を「征伐」し、新羅、百済、高句麗の三国が服属を誓ったことを起点にして、時々の日本と朝鮮半島の間に起こっている現実を捉えようとする言説が時々の情勢によって浮き沈みしながらも、千二百年以上にわたってくり返し語られ続けてきている。そのような長い前史の上に、近代日本の歴史学は、神功皇后が征伐した三韓の地には、任那《みまな》日本府なる統治機関が置かれ、二百年にわたる統治を行ってきたことを史実として認定し、これを歴史教育を通じて流布させ「国民的」な常識としてきた。神功皇后の「三韓征伐」と「任那日本府」による古代の朝鮮半島支配は、日本の国民的なアイデンティティの中核的要素となり、朝鮮に対する優位性を物語る歴史として大きな役割を果たしてきた。そのイメージは日本近代の国民意識の形成に決定的な影響を及ぼしてきたと言っても過言でない。

ところが、一九四五年に朝鮮が植民地支配から解放されると、日本および韓国、北朝鮮の学者によって、古代日本の朝鮮支配が否定されただけでなく、かつての古代における日本列島から朝鮮半島に及ぼされた政治的支配のベクトルは逆転され、それとは反対に朝鮮半島から日本列島にわたってきた集団が古代日本の支配者となったことが強調されるようになる。それが解放後における韓国、北朝鮮の国民的ないし民族的なアイデンティティ形成に大きな影響を及ぼすことになった。

古代の日本と朝鮮の関係史は古代の問題に止まることなく、近現代においても「国民」の記憶として反復され、その認識をめぐり日本国内で、そして同時に日本、韓国、北朝鮮の研究者らが長期にわたって論争を繰り広げてきた。そのような論争の起点は「神功皇后の三韓征伐」であり、とりわけ注意を引くのは、三韓征伐をめぐる歴史研究とイデオロギーの闘争である。

1　神功皇后の三韓征伐説話とその変奏

いわゆる神功皇后の三韓征伐の説話は『日本書紀』に、おおよそ次のように伝えられている。

仲哀天皇が即位九年（紀元一九九）に熊襲《くまそ》の一族を討つために筑紫にあった折りに急死し、翌年に神功皇后が摂政となった。皇后は仲哀天皇の生前に神がかり、熊襲を討つ前に新羅を討てば熊襲も自然に降伏するとの神託を授かっていたので、財国《たからのくに》を求めて新羅を討つことにした。諸国の船舶を集め戦争の準備をして自ら斧《おの》と鉞《まさかり》を取って三軍に自ら命令して新羅をめざすと、風、波、海中の大魚の助けを得てたちまち新羅に至った。船を乗せた波が新羅に満ちおよぶと、新羅王は恐れをなして降伏し、新羅王はこれ以後、飼部《かいべ》（厩馬の調教、飼養にあたるような卑賤な役を負う）となって、船の舵を乾かすことなく馬梳（馬の毛を洗うはけ）と馬鞭（むち）を献上して男女を貢ぎ奉り、臣下の礼をとることを誓った。そこで新羅王は財物を八〇艘の船に乗せて日本の軍に従わせた。後に新羅の王がつねに八〇艘の貢ぎ物を日本に献上するのはこの故事によるものである。この時、高句麗王と百済王は、新羅が日本に服属したのを聞いて、自ら日本の陣営にやってきて額づき、臣下となり朝貢を絶やさないことを誓った。そこで、この地に内官家屯倉《うちつみやけ》（朝廷直轄領）を定めて、これを三韓と言った。

こうした内容をもつ三韓征伐の説話は現在では、史実とは無縁であり説話の大部分は七世紀以降に形成されたものと考えられている。神功皇后そのものの実在性すらも否定されている。その理由は、まず神功皇后が仲哀天皇の死後、政治・軍事の実権を握り、新羅討伐中に身ごもって帰国後に生まれた応神天皇の摂政としても長らく政治を執り女帝のように描かれているが、このような現象は推古天皇即位以前にはない。また推古以下の女帝（皇極、斉明、持統）が夫の死後、皇太子の成長するまで皇位についていた場合が多いので、これらをモデルに構想された人物であろうといわれている。(2)

説話において皇后自身が遠征軍の指揮に当たっているのは、斉明天皇が七世紀の中葉に百済の救援と新羅攻撃のために北九州に出征したのが唯一の例であり、それゆえ斉明天皇の事例が神功皇后の軍事行動に投影されていると見るのである。

さらに和風諡号や系譜に対する疑問などから、七世紀以降の女帝をモデルにして次第に形成され、最終的には『古事記』『日本書紀』編纂者の手で潤色、造作が加えられて完成されたと見られている。その骨格が固まってくる背景には天武・持統期（六七二―六九七）前後の新羅と日本の関係があったとされる。(3)

実際に、天武・持統期に該当する時期には、新羅と日本との間に三五回の公的使節の往来があっただけでなく、百済、高句麗滅亡後の混乱と唐との交戦を抱えていた新羅にとって、日本との外交交渉は低姿勢でなされなければならず、滅亡した高句麗の後裔をともなっての朝貢もなされている。

やがて八世紀に至ると新羅は唐との外交関係を緊密に結び、かつてのような低姿勢の外交関係を改めようとするが、日本側は執拗に上述のような『日本書紀』に記された神功皇后の故事を出しては、それに倣った外交を新羅に求めている。

たとえば、七五二年に新羅使節の王子・金泰廉《キムテリョム》一行が平城京を訪れた際にも、孝謙天皇は、金泰廉に対して、「新羅が日本に供奉するのは気長足姫《おきながたらしひめ》皇太后(神功皇后)が新羅を平定して以来のことで、今に至るまで、ずっと我が国を守る藩塀の国となっている。ところが新羅の前王たちは言行が怠慢で常に守るべき礼儀を欠いている。使者を派遣してその罪をとがめようと思っている間に、新羅王は以前の過ちを悔いて自分から来朝してきたいと願った」云々と述べたとなっている(『続日本紀』巻一八)。

このように『古事記』『日本書紀』によって完成された三韓征伐説話は、八世紀には日本の支配層で広く受容されていた。上記の事件と同時代の『懐風藻』や、『万葉集』にも神功皇后の新羅征伐にまつわる伝承が歌の中に読み込まれている。(4)

神功皇后の三韓征伐の記憶は、九世紀の平安期になると、新羅による日本への朝貢がなくなり、日本の国力衰微の状況を背景にして変化する。すなわち、三韓征伐を恨む「敵国」新羅の侵攻を危惧しつつ、その不安を払拭するものとして、三韓の神功皇后への帰服を保障した天地神祇の霊威に帰依するという危機意識の中で、新羅像が思い描かれることになる。つまりは神功皇后から「恩義」をこうむりながらも、逆恨みしているという新羅観である。この頃に顕著となった朝貢しない新羅の現実の外交姿勢は、日本の支配層には、神功皇后の「恩義」を蔑ろにする態度として映ったのである。ここには武力発動の主客を逆転させ、あくまで神功皇后の故事に基づきながら、現実を言説化しようとしているところに平安期以降の特徴があるとの指摘がある。(5)

さらに時代が降り一三世紀末の元寇、いわゆる蒙古襲来によって日本は元軍による二度の攻撃を受けると、三韓征伐の新たな変奏の記憶が紡ぎ出されたことになる。すなわち、元寇を撃退した後に、石清水八幡社の神官が異国撃退にはたした神徳を強調し幕府の恩賞をえる目的で作成した『八幡愚童訓』によれば、仲哀天皇の時代に異形の身体の「塵輪《じんりん》」という者が日本に来襲したので、仲哀天皇は神功皇后と五万の兵をもって迎撃したが、仲哀天皇は流れ矢で死ぬ。三韓の大軍来襲が近いことを知った神功皇后は、海を渡り三韓の敵を滅ぼす。この異国の王臣は以後、日本国の「犬」となり日本を守護して毎年年貢を上納することを約束すると、皇后は弓で「新羅国の大王は日本の犬なり」と書き付けて帰国する。(6)

元軍からの攻撃という対外的な危機の中で、神功皇后伝説は、最初に異国の攻撃があって、その復讐のための出征として編み直されており、ここには『日本書紀』では三韓征伐の目的であった「財国」を求めて獲得した経緯には全く触れられていない。しかも新羅王は「犬」として扱われるようになる。また神功皇后は、出兵時に応神天皇を胎内に宿していたとされるが、応神天皇を祀る八幡神社は八幡信仰の浸透とともに全国各地に建立され、これらの神社で作成された縁起の多くに神功皇后説話が含まれている。その内容は大まかな構成は『八幡愚童訓』を踏襲しているといわれている。(7)

元寇から三世紀を経て、一六世紀末の豊臣秀吉による二度の朝鮮出兵(文禄・慶長の役)の際には、秀吉の軍勢自体が神功皇后の説話を強く意識していたと伝わる。たとえば、秀吉の一行は京都から九州の名護屋《なごや》へ向かう途中、長門国府で神功皇后及び仲哀天皇の社祠を拝している。さらに秀吉のみならず彼の配下の鍋島、松浦、加藤、長曽我部、島津の各大名に従軍した家臣等が編纂した記録には、共通して神功皇后説話が記されている。神功皇后の征服を前例に、皇后以来の日本に送られるべき朝貢物が近年中断していることを遺憾として、その復活を掲げながら、この時の出兵を正当化している。また、武士団への伝説の浸透は秀吉から一方的に注入されたものではなく、九州各地を中心に、武士団の土着信仰、精神的な紐帯として八幡神への信仰があり、軍神八幡大菩薩への信仰は神功皇后説話を伴っていたことによるという[8]。秀吉の軍勢の意識に神功皇后説話は大きな影を落とし、朝鮮を侵略の対象とする認識を強化していたということになろう。

秀吉の朝鮮出兵以後、神功皇后説話が大衆にまで共有される契機として見逃せないのは、江戸時代の浄瑠璃や歌舞伎である。なかでも浄瑠璃作家・紀海音《きのかいおん》（一六六三―一七四二）の「神功皇后三韓責《じんぐうこうごうさんかんぜめ》」は脚本が残されており、近世民衆の間に様々な形を取って広まった要因がみてとれる。享保四年（一七一九）に大坂豊竹座で初演されたが、物語の前半部分は、神功皇后が主要な武人を従えて三韓征伐のため留守にしている隙に、忍熊皇子《おしくまのみこ》（仲哀天皇の子）らが謀叛を企て、これを武内宿禰《たけのうちのすくね》が阻止する内容になっており、後半は三韓征伐が登場する。

とりわけ注目されるのは武内宿禰に焦点が当てられていることである。武内宿禰とは、『日本書紀』によれば、景行、成務、仲哀、応神、仁徳の各天皇に二百年以上にわたって仕え、天皇の政治を支える大臣の範として称えられている。しかしながら、『日本書紀』の三韓征伐には武内宿禰は直接関与する記事はない。むしろ武内宿禰の軍功とは、三韓征伐で皇后の不在中に犯した忍熊皇子の謀反を平定した功であり、このことが皇后摂政時代に武内宿禰が軍事的に仕えたと特筆されるようになった所以であろう。

ところで、江戸時代の日本と朝鮮の関係は、朝鮮通信使を通して幕府の将軍と朝鮮国王との間に、対等で平和的な関係が維持されていたと近年では強調されている。実際に朝鮮通信使に対して知識人や民衆が敬意の眼差しをもって迎えていたことが様々なエピソードをもって語られている。そのような一面がなかったわけではないが、しかしその一方で、当時の為政者や国学者など知識人たちにとっての朝鮮観は、それとは異なる面貌もあった。神功皇后の三韓征伐は、しばしば彼らの議論の対象となっており、『日本書紀』に記された朝鮮諸国の日本への朝貢を前提に、朝鮮を朝貢すべき属国と見なす考え方が実在していた。

庶民もまた通信使が来日するたびに、それを見物するために、絵入りで行列を解説する書物が出版されており、それによって全く異なる記憶を共有していた。一万部以上の発行があったと推定される行列記[9]には、神功皇后伝説の解説から始まり、皇后の三韓征伐以来、朝鮮半島から日本への朝貢が行われ途中に中断があったものの、秀吉の出兵によって再開されるようになったとして、そのような延長上に通信使を位置づけている。通信使の行列は、そうした知識を身につけた庶民にとって三韓以来の朝貢使であったことになる[10]。

浄瑠璃や歌舞伎を鑑賞し、通信使の行列を見物していた江戸や大阪の民衆もまた、上述した紀海音や、近松門左衛門、並木正三などが描いた、神国日本の神功皇后による三韓征伐に喝采を送っていたという事実と重ね合わせれば、神功皇后の三韓征伐は、一八世紀以降、歌舞伎、浄瑠璃など当時のメディアを通して庶民にも広く共有されていたとみなければならない。武威で朝鮮を圧倒したという遠い古代に由来する神功皇后説話の記憶は、近代以前にも広範な規模で存在したことがわかる[11]。

2　三韓征伐の表象——錦絵・紙幣

一九世紀前半から明治時代には神功皇后の三韓征伐を題材として描かれた錦絵《にしきえ》(多色刷りの木版画)が残っている。それらの錦絵には、神功皇后と皇后を補佐した武内宿禰を大書した図像が少なくない。錦絵に限らず二人の肖像は、後に述べるように明治から大正期の紙幣にも登場する。

武内宿禰は前述のとおり、紀海音の「神功皇后三韓責」以来、皇后の摂政時代に軍事的に仕えた忠誠の臣として特筆されていたが、神功皇后と武内宿禰の錦絵は幕末から明治期に描かれ続けた。三韓征伐に関わる錦絵の中でも、描かれた年代が特定できるものや推測可能なものには次のようなものがある。(12)

①「神功皇后　三漢退治図」(歌川国安、一八一五—三〇年頃)
②「高砂　尾上相生松之由来」(歌川広重、一八四二—四七年頃)
③「神功皇后三韓退治図会」(葛飾北斎、一八四三年頃)
④「名高百勇伝　神功皇后」(歌川国芳、一八四四年)
⑤「神功皇后」(三代歌川豊国、一八五二年)
⑥「武内宿禰」(歌川国芳、一八五〇年頃)
⑦「神功皇后三韓征伐之図」(歌川国芳、一八五〇—六〇年頃)
⑧「神功皇后三韓伐随就給之図」(歌川貞秀、一八五六年)

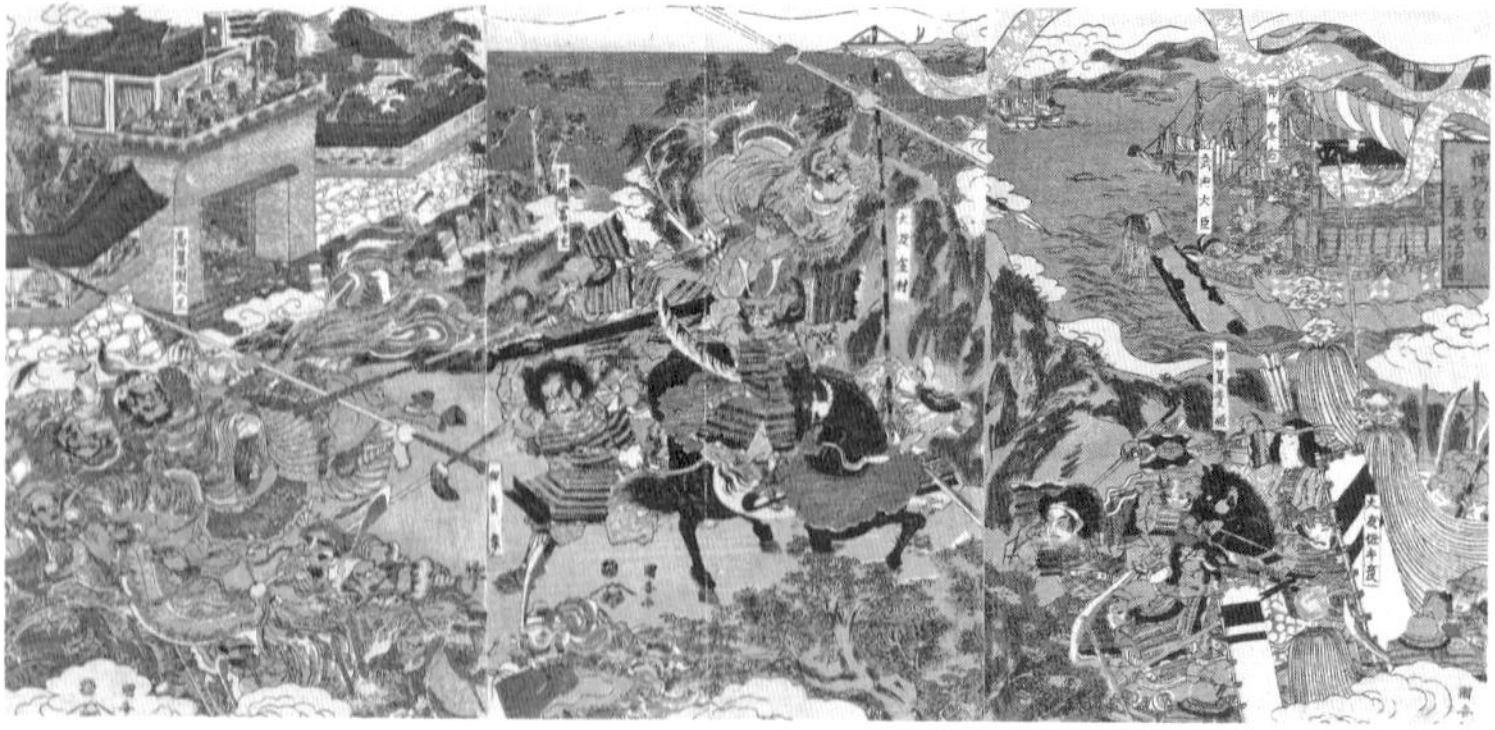

図 1　歌川国安「神功皇后　三漢退治図」(①)

図 2　歌川広重「高砂　尾上相生松之由来」(②)

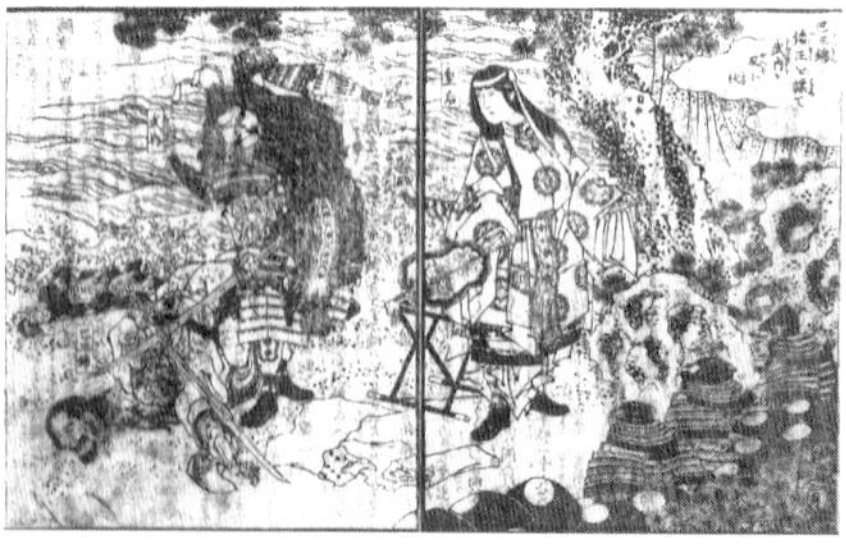

図 3　葛飾北斎「神功皇后三韓退治図会」(③)

図 4　歌川国芳「名高百勇伝　神功皇后」(④)

図 **6**　歌川国芳「武内宿禰」(⑥)

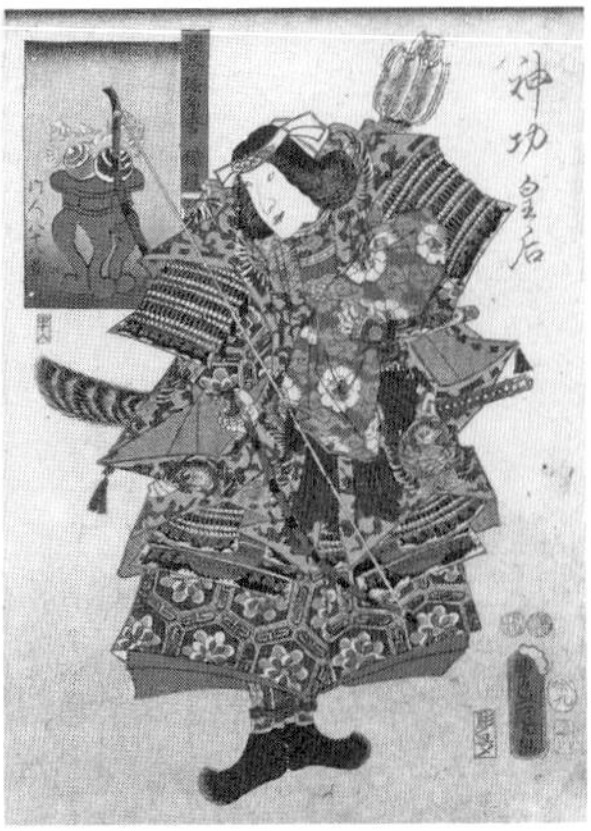

図 **5**　三代歌川豊国「神功皇后」(⑤)

図 **7**　歌川国芳「神功皇后三韓征伐之図」(⑦)

図 **8**　歌川貞秀「神功皇后三韓伐随就給之図」(⑧)

図 **9**　大蘇芳年「大日本史略図会」(⑨)

図 **10**　水野年方「日本略史図解　人皇十五代」(⑩)

図 **11**　神功皇后の肖像画を使った日本最初の紙幣

図 **12**　武内宿禰の肖像画を使った朝鮮銀行券

⑨「大日本史略図会」（大蘇芳年、一八七九年）
⑩「日本略史図解　人皇十五代」（水野年方、一八八四年）
もっとも早期の三韓征伐図である①は、右手の海上では、船上で神功皇后と武内宿禰が上陸した先陣の戦況を見ている。左手には王城が描かれ城門には「高麗国大王」と描かれ、題辞は「三韓」を「三漢」と誤って記している。こうした神功皇后の三韓征伐を最初に画題にしたのは、役者絵、美人画に技量を発揮した初代豊国の門人である歌川国安と言われている(13)。

②は、錦絵の中央に、凱旋した神功皇后を、現在の兵庫県相生《あいおい》の浦で武内宿禰が跪《ひざまず》いて迎えたかのような光景を描いており、③は一六連作で、その一枚には武内宿禰が神功皇后の前で敵兵の首を刎《は》ねている姿を描いている。大臣であり三韓征伐で皇后を補佐した武内宿禰の役割の大きさが示されている。

神功皇后の単独の姿を描いた④は、刀を差し、右手に矢を持った神功皇后の姿を、⑤は鎧《よろい》姿で一人たたずみ右手に弓を持つ神功皇后の姿を描いているが、顔立ちは浮世絵にみられる江戸時代の女性である。

⑥の図像は海に浮かぶ船に鎧をまとった武将たちを描いた「加藤清正の朝鮮侵攻図」であるが、舳先に立つ鎧甲《よろいかぶと》姿の武将の脇に立てられた旗には「武内宿禰」と記されている。⑦⑧は海辺で鎧甲の出で立ちで馬にまたがる武内宿禰や馬上の神功皇后が描かれ、周囲には勇猛に戦う軍勢があたかも近世の合戦図のように描写されている。

以上は江戸時代末期の錦絵であるが、明治に入って描かれたもののうち、⑨は岸壁に弓をもって文字を刻む神功皇后の姿を描き、その左には武内宿禰が皇后を見守る姿を、⑩は新羅が献上した宝物を中央に置いて、その右には神功皇后と武内宿禰を描き、左には跪拝《きはい》する新羅王をはじめ高句麗、百済人の三人の姿が描かれている。絵の右上には、

日本略史図解　人皇十五代　神功皇后神教ヲ奉ジテ大臣武内ト謀リ新羅ヲ征ス。新羅王降リテ金、銀、絹、帛ヲ船八十艘ニ乗セテ献ズ。之ヲ朝貢ノ定額トス。是ニ於テ高麗、百済ノ二国モ降ル。之ヲ三韓トス。今ノ朝鮮国是ナリ。（句読点は引用者による）

とあって、いわば『日本書紀』神功皇后紀の挿絵の趣を醸しだしている。

錦絵の構図には、神功皇后が一人で描かれている④⑤を除けば、皇后に近侍する武内宿禰が必ず一緒に描かれている。広重②や北斎③によっても描かれているように、三韓征伐図は歌舞伎や浄瑠璃による視覚化の産物と見ることができる。これらの錦絵が同時代の思想的産物であることは、①⑦⑧などが近世の合戦図のように、鎧甲の出で立ちの武将が馬上で武器を持って戦っている姿で描かれていることからもわかる。

また、⑥のように加藤清正の朝鮮侵攻図に武内宿禰の旗幟を描いたり、一方、「神功皇后三漢征伐御調煉之図」（長谷川貞信、年代不詳）では、フランス国旗や日の丸を掲げた黒船を描いたりしているのは時代錯誤というよりは、むしろ三韓征伐の意匠が時代を超えて時々の対外関係の表象として広く流通していたとみるべきであろう。

さらに明治に入ると、⑨⑩のように絵の片隅に歴史的な由来を書き込むものが出てくる。江戸時代に歌舞伎や浄瑠璃によって可視化されていた神功皇后説話が錦絵に写され、これに『日本書紀』の記

述の挿絵のような錦絵⑩が現れるに至る。まずは歌舞伎、浄瑠璃の空想的な舞台装置とともに三韓征伐が図像化されたのだが、それは史実として新たな記憶の生産に寄与しはじめるのである。

ところで、近代に入り三韓征伐のもう一つの図像化に紙幣がある。明治新政府は、新紙幣をドイツに注文し一八七二年(明治五)から洋式紙幣を初めて発行したが、国産の改造紙幣は一八八一年に一円券、八三年に十円券が発行される。その紙幣の表に描かれた肖像画はともに神功皇后であった。さらに興味深いのは、日本銀行は一八八五年に銀兌換《だかん》の銀行券を発行するが、一八八九年の改造一円券の肖像画は武内宿禰であったという事実であり、その図案は先の神功皇后の肖像画とともにイタリア人銅版画彫刻師エドアルド・キョッソーネが製作した。

キョッソーネは、これに先立って一八七八年に発行された起業公債の図案製作をしており、そこに描かれたのも神功皇后であった。なぜ、起業公債や最初の紙幣に神功皇后の肖像が選ばれたのかについては、神功皇后が維新政府にとって「「国権拡張」のシンボルとなりえた」との指摘がある[14]。さらに踏み込んで推測すれば、その背景として、古代以来、現実的な対外関係のなかで、現在を過去との関係でとらえ直す際に、神功皇后が繰り返し蘇ったことを想起すべきではあるまいか。たとえば、吉田松陰にみられるように、米英仏の圧力の中で、『日本書紀』に取り組み、三韓征伐を対朝鮮外交に蘇らせた事実は軽視できない[15]。

さらに明治政府の朝鮮政策と紙幣に関わって留意すべきは次の事例である。すなわち、日本政府は韓国併合(一九一〇年)後、日本国内の「内地経済圏」を擁護するために、障壁として本国から朝鮮を切り離し、朝鮮銀行法によって朝鮮には別個に朝鮮銀行券を発行する[16]。いわば「円為替本位制」のもとに一九一四年に新百円券を発行し、翌年には長い髭の老人像を印刷した一円、五円、十円券の三種を発行している。

これら三種の紙幣に描かれた老人像は、一般には武内宿禰といわれているものの[17]、これを否定する見解もある。その理由として一八八九年、九九年に国内で発行された日本銀行兌換券の図案となった武内宿禰像と図像が異なることが挙げられている[18]。しかしながら、上述した一九世紀前半から明治時代に頻繁に描かれた錦絵の神功皇后三韓征伐図に馴染んできた多くの人々にとって、その肖像が誰を指すのかは同時代の文脈からみれば一目瞭然、反射的に了解できる肖像画であったに違いない。

このように判断した上で興味深いのは、神功皇后と武内宿禰が紙幣の肖像として描かれ発行された時期である。神功皇后の肖像が描かれた紙幣の発行は、上述のように国内では一八八一年、八三年であるが、これは日朝修好条規(一八七六年)後に条約の実施を巡り両国の対立が生じて釜山《プサン》に続く新規二港の開港が遅れていたという事態のもと、一八八〇年に元山《ウォンサン》、一八八三年に仁川《インチョン》が開港した直後にあたる。両港の開港によって日朝貿易の拡大がはかられるたびに神功皇后の肖像画が大量に流通したのである。

また、武内宿禰の肖像画が国内の一円札として登場する一八八九年前後は、朝鮮から日本へ穀物輸出が増大した時期に当たる。すなわち、日本は一八八五年に内地通商権を獲得し、朝鮮穀物の域外搬出が増大することによって朝鮮国内では米価高騰を招き、朝鮮地方官から穀物の域外搬出の禁止令(防穀令)がしばしば発布された。大豆は八七年から、米は九〇年から輸出が急増し、そのために八九、九〇年には、朝鮮側地方官の防穀令によって事件が頻発し、一八九三年には日本公使は日本商人が損害を受けたと賠償金を要求し最後通牒を発するまでの強硬手段をとって、多額の賠償金を獲得した防穀令事件が起きている。要するに、神功皇后と武内宿禰の肖像のある紙幣発行は朝鮮との貿易通商によって日本経済が活性化した時期に符合する。

朝鮮銀行法については前述したが、朝鮮銀行の営業方針とは、「国外的任務は、国勢の対外的発展に緊要なる金融上の後援を云う。換言せば朝鮮の経済的勢力の満州方面に北進すると共に当行の営業範囲を此方面に拡張するにあり」（朝鮮銀行『朝鮮銀行の過去及将来』一九一二年一二月）とされ、満州への営業範囲の拡張を基本方針としていた。実際に、一九一三年五月に、寺内正毅朝鮮総督は朝鮮銀行に満州進出を命じ、七月に奉天、八月に大連、九月に長春に各々朝鮮銀行の出張所を開設し、朝鮮銀行券の満州での流通も事実上公認されている。このような使命を帯びた朝鮮銀行の銀行券が一九一五年に武内宿禰の肖像とともに発行されたのである。

その後、一九一七年一二月からは朝鮮銀行券は勅令によって関東州と満鉄付属地での強制通用力を付与されている。朝鮮銀行券の営業範囲は、満州からモンゴル、シベリア、華北へと積極的に拡大されてゆくのであるが、こうした地域の通貨を朝鮮銀行券で統一して東アジアの事実上の中央銀行にしようとする構想は大蔵大臣・勝田主計《しょうだかずえ》の構想に基づくといわれる[19]。朝鮮のみならず、満州、モンゴル、シベリアへと武内宿禰の描かれた紙幣の流通が期待されていたのである。朝鮮銀行券の百円札の図案も間もなく武内宿禰の肖像に統一されるが、この肖像はやがて中国人の間では、「老頭児票《ロートル》」と親しみを込めて呼ばれるようになったという[20]。日本人の脳裏に刻み込まれた神功皇后説話の記憶とともに朝鮮銀行券は半島から大陸へと拡大していったのである。

3　近代歴史学と三韓征伐説話

八世紀初頭に『古事記』『日本書紀』に古代日本と朝鮮諸国との交渉の起点として一つのストーリーとしてまとめられた神功皇后説話は、その後、各々の時代に新たな解釈を加えられながら、同時代の状況を説明する言説として変容をくり返し、一九世紀まで継承されていく。その神功皇后説話は一九世紀末、新たな局面を迎えるが、それは一九世紀末から二〇世紀初頭における二つの対外戦争と一九一〇年の韓国併合である。

そのことを象徴的に物語るのは、韓国併合のあった年の一一月に刊行された雑誌『歴史地理』の臨時増刊号「朝鮮号」である。(21)巻頭に「韓国併合の詔書」「李王冊封の証書」「懿親優遇の証書」「大赦及免租の証書」を収め、続いて東京大学史料編纂所などからの資料提供を受けた朝鮮使節来朝の絵巻や朝鮮の宮殿、史跡の写真が配され、その後に当時の日本を代表する歴史研究者二一名の論文が掲載されている。

この『歴史地理』の刊行主体である日本歴史地理学会は一八九九年に設立され、全国に開かれた民間的な学会として太平洋戦争が激しくなるまで、八二巻(半年一巻)月刊体制を維持し、多大な役割を果たした。(22)また、設立者である喜田貞吉《きたさだきち》ほか吉田東伍、大森金五郎、岡部精一らを中心に近代史学の普及に貢献したことでも著名である。

この「朝鮮号」の刊行の趣旨については岡部精一による「『朝鮮号』発刊の辞」に次のようにある。

（傍線は引用者による。以下同様）

彼我の史に徴するに、両国の交通は早く既に素戔嗚尊《すさのおのみこと》の曽尸茂梨に序幕を開き（中略）神后征韓の大役あり、（中略）明治維新の偉業成るに及んでや、我は再び扶助誘掖の方針を採り、前後二大外戦を経て局面の発展を促し、遂に今回の併合を見るに至る。人は是を以て旧状態に復せりといはんも、我は必ずしも復旧といはず、是れ実に二千余年国史の精華の発揚にあらずして何ぞや。

吾人は茲《ここ》に此《この》一大史実に関し、現代に於ける史界の碩学大家に請ひ、純乎たる史学の見地上に成立せる真摯にして卓抜なる論説を網羅し、根柢的に日韓関係の過去を解説し、以て此現在を生じたる所以《ゆえん》を明《あきらか》にし、更に将来を料理するに必要なる大智識を江湖に供給せんとす。是れ我が会の学界に対する職責の遂行にして、是に由て世を益するの大ならんは吾人の信じて疑はざる所なり。(23)

日清、日露の二つの戦争を経て韓国併合したのは、「神后征韓の大役」があった時代への単なる復旧でなく、「二千余年の精華」であることが強調されている。こうした趣意の下に、史界の碩学大家に依頼した二二篇からなる各論文が韓国併合という一大事件に関わって、史学の見地から「真摯にして卓抜なる論説を網羅し」根本的に日韓の過去を解説して、この現在を生みだした由来を明らかにし、将来に必要となる知識を国民に供給しようとするものであった。

実際に執筆者の中には、幣原坦《しではらたいら》、星野恒、坪井九馬三《くまぞう》、久米邦武、関野貞《ただし》、吉田東伍、萩野由之、喜田貞吉、那珂通世《なかみちよ》（故人）、黒板勝美、金沢庄三郎、三浦周行《ひろゆき》、今西龍、辻善之助といった当時を代表する歴史研究者が名を連ねている。注目すべきは、これらの執筆者二二人のうち一二人が上掲の

「発刊の辞」を受けるかのように、古代の朝鮮支配に言及し、古代以来の日韓関係の歴史を説きながら、韓国併合を言祝《ことほ》ぐという内容になっていることである。

それゆえ、神功皇后の三韓征伐には多くの論者の言及があり、史実としての性格が強調されている。たとえば、朝鮮史研究者であり、東京帝国大学の教授や台湾大学総長などを歴任し、さらに官僚としても知られる幣原坦は、巻頭論文の「日韓交通の概要」において、

> 神功皇后の三韓征伐は韓史之に該当する史実を逸し、只《ただ》相前後して日本人の新羅を侵せることを載す。日本の史書に云ふ所と違へり(中略)さて皇后の三韓征伐の結果として、日韓の交通上に一新面目を開き、新羅より八十船貢《ヤソフネノミツギ》を献ずるの例始まり、高麗・百済、亦《また》西蕃と称して朝貢を絶たざることゝなり、韓地には内官家《ウチツミヤケ》を定め、新羅には戍兵《じゅうへい》を置き、我国の勢力頓《とみ》に韓地に拡張せられたり。[24]

とあって、朝鮮側の史書には「三韓征伐」に対応する記録がないものの、神功皇后の三韓征伐が日朝関係の画期となって日本の勢力が朝鮮に拡大されたのは、『日本書紀』に記すとおりであることを強調している。

また、東京帝国大学文科大学史学科卒業の後、文部省の教科書編修官を勤め、「官学アカデミズム歴史学の枠を越え、自由な発想に基づく広い関心をもつ個性豊かな学者」[25]と評される喜田貞吉は、朝鮮側に史書がないことを指摘した幣原とは違って神功皇后の三韓征伐について、

> 崇神天皇の御代に任那が内附し神功皇后の御時に新羅のみならず、百済・高麗も服属した事の如きは、殆《ほとん》ど疑ふ余地はない。朝鮮の歴史には見えぬけれども、右述べた好太王の碑には明かに任

> 那の事も新羅・百済を臣民とした事も書いてある。但《ただ》し此の碑に高麗の事の無いのは、高麗が他の国とは幾分か服属関係が違つて居つたのであらうが、ともかくも我が国の勢力が高麗にまで及んで居た事は確である。[26]

と記し、神功皇后の時代の新羅、百済、高句麗の服属は疑う余地のない出来事として捉えるだけでなく、十数年前に日本に伝えられたばかりの広開土王碑文を持ち出すことによって、神功皇后の三韓征伐は、高句麗までを含めた勢力圏が歴史的な事実であることを強調している。

『歴史地理』に寄稿した論者たちは三韓征伐を歴史的な事件として捉える点にほとんど差異はないが、この特集の編集に従事した岡部精一は「神功皇后の三韓退治」と題する論文で、三韓征伐の歴史性を次のように説き起こしている。

> 皇后の三韓征伐は事余りに偉大にして、当時の我国文化の程度を以てしては兎《と》てもあれだけの大挙は出来なかつたではあるまいかとて、或は誇大的伝説ではなからうかとの疑をさへ挟さむ議論もある。然《しか》し我国が韓国のあるのを知つたのは此時が初ではなく、彼我の交通は神代から行はれて居つたし、又外征とても其時代相当の程度で行はる、は勿論の事で(中略)今から千年の後になつて(明治)三十七八年の日露戦争を考へたら、或は事実ではなかつたかと思ふ節も随分沢山あるに相違ない。それで皇后征韓の顚末を論ずるには[27](下略)

みられるように、神話と現代の出来事を直結させながら神功皇后の三韓征伐の史実性について、日清、日露戦争が千年後に疑われるに等しいと譬えてその考証を試みている。岡部は陸軍編集官となり、日清戦争の編集に従事し、後に維新史料編纂官になっているが、明治末から大正期にかけての史学の普

及に功績があったといわれている。(28)

また岡部は東洋史の創始者ともいうべき那珂通世が二年前に他界したために編輯人として松井等の力を借りて那珂通世の『外交繹史』の一部を抄出し「新羅古記の倭人」と題して、この特集に掲載することに努めた。それは那珂通世が朝鮮側の史料（『三国史記』新羅本紀）に記された倭人関係記事二十余条を掲げ解説を加えたに過ぎないものであったが、その抄出された那珂の論文の書き出しは、

> 神功皇后征韓以前の世に当りて皇国に関せる事跡の韓史に見えたる者二十余条あり、其の事大抵《たいてい》虚誕《きょたん》にして信を考ふるに足らざれども一概に擯棄《ひんき》し難き所もあれば参考の為に左に列挙す。(29)

となっており、その末尾は、

> 此の後十六年奈勿尼師今《なこつにしきん》七年に至りて、神功皇后の親征あり。此より両国交渉の局面大に変じたり。(30)

という句で締めくくられている。岡部があえて、神功皇后の三韓征伐と直接は結びつかない那珂の文章を「朝鮮号」に掲載したのは、文頭と末尾に神功皇后の三韓征伐との関係がわずかでも論及されていたがゆえであり、近代史学の鼻祖・那珂通世の遺文をもちだしてでも神功皇后の史実性を浮き彫りにさせたいという強い意志がみてとれる。『歴史地理』朝鮮号は、神功皇后の三韓征伐を援用することで近代歴史学の立場から、韓国併合の意義を高唱する役割を果したといえる。

神功皇后の三韓征伐に始まる古代の朝鮮支配を日清・日露戦争との関わりで論じようとする論文が散見されるのも、この臨時増刊号に掲載された諸論文の特徴である。いわば千年以上に及ぶ神功皇后言説の伝統に忠実に従っているのである。永原慶二によれば、「どこまでも「実証主義歴史学」」、「オ

ーソドックスな歴史家」[31]と形容される三浦周行は、「日韓の同化と文化」において、神武天皇の御東遷以来皇化が段々と大八洲《おおやしま》に遍《あまね》くなつて来たもの丶地理上・政治上の関係から韓国は漸《ようや》く疎遠になつて来た。神功皇后の征韓は此状態を刷新せられたもので、後世に至る迄、三韓退治としいへば児童走卒も快とせぬものはない程、深き印象を与へられて居るから、爾来日韓の関係に幾変遷があらうとも、我国民の対韓思想は三韓退治の範疇を脱して居らぬのである。(中略)それから明治維新後の日韓関係にも弥々《いよいよ》の変遷はあつたが、要するに従来の歴史を繰返したやうなもので、其間朝鮮が或時は日本に、或時は清や露に傾いたのも畢竟《ひっきょう》独立の出来兼ねる国情であるからである。併《しか》し是等の諸国の中で歴史的に最も古く親密の関係を重ねて来たのは日本の外《ほか》あるまい。殊に清国や露国の圧迫が是迄になく手強く加はつて来てからといふものは、我国の識者の間に於て朝鮮を日本の上古時代の最も親密なる状態に引戻す事が国防上の最大急務であると感ぜられて、幾多の努力の後、高い犠牲を払つて、漸く併韓の成立を見るに至つた次第である。されば韓国の併合は全く避くべからざる歴史的国縁に基いて居ると謂《い》つて宜しからう[32]。

と述べている。明治維新後の日韓関係は、三韓征伐の歴史を「繰返したやうなもの」と現実の日朝関係を神功皇后説話に結びつけて論じている。三浦は「過去と現代とのアナロジカルな状況・着想から新しいテーマに次々に取り組んでいった」[33]と言われているが、ここで現代と対照されている「三韓退治」は三浦にとって現代を説明する格好の言説だったのである。

これと同様の趣向は、ほかの論者にも散見される。たとえば、喜田貞吉はさらに踏み込んで次のように述べる。

朝鮮半島に起つた諸国は、常に東洋の厄介物であつた。それ故に、我が邦は東洋の平和の為に、且《かつ》は我が国民の安寧を図らんが為に、又進んでは半島の住民に幸福を享けしめようと云ふ意味を以て、已《や》むことを得ず屢《しばしば》兵を用ひた。之が為に多くの犠牲を供しても顧みず、一意正義の為に事を挙げたのであつた。神功皇后の征韓、日清・日露の両役の如き是《これ》である。(34)

みられるように、日清・日露の体験が、神功皇后の説話を呼び起こし現実と過去に新たな意味を付与しているところがある。神功皇后の三韓征伐と日清・日露戦争とは、同様に東洋平和のため、日本の安寧のため、半島の住民の幸福のため、犠牲をかえりみずなされた正義の戦争であるという。日清・日露を経る頃に「民族」なる言葉が、日本国民の間で広くもちいられるようになるが、そのような中で、あたかも古代の朝鮮支配は神功皇后伝説を媒介に国民の記憶に刻み込まれていく。

これは決してひとり喜田貞吉の措辞というわけではなかった。近代日本史学史においてアカデミズム実証主義歴史学の象徴的な人物として知られる久米邦武もまた、同時代と古代を重ね合わせながら次のように述べている。

韓国併合は明治の初めより漸次に歩を進め、既に二十七八年の役(日清戦争)に根本は解決せり。三十七八年の役(日露戦争)に多大の犠牲を供して終結し、而《しか》も尚《なお》五年間を寛仮して時期を熟成したる後の事なれば、我輩の歴史的思想よりしては甚だ遅しとしてもどかしく思ひゐたり、今更余人の如くに喜び騒ぐ程の事に非ず。されど両地の隔離したること既に一千二百四十年の久しきに及び、其由て然る所以を繹《たず》ぬれば韓地の久しき内乱によりて支那よりの干渉加はり、竟《つい》に兄弟の如き血肉の縁を断ちて他人よりも浅ましく成行き、其結果により韓地の受けたる禍害は実に言語に絶へたる潰破を極め今より蘇息するにも短き年月には恢復の期には届かざるならん。[35]

ここでは韓国併合という現実と、古代の朝鮮支配は、日清・日露戦争における争奪の過程の延長におかれている。「一千二百四十年の久しき」とは、六六〇年代以来のことであり、久米邦武は白村江での日本軍敗北に思いを致していることになる。

そのような現実との関連で、古代の朝鮮支配の実態にも言及されるところとなる。大森金五郎は「任那日本府の興廃」の中で、次のように韓国併合と任那日本府による支配の対比を試みている。

神功皇后征韓の記事は甚だ愉快なる書き方であるが、実は浮文が多いであらう。(中略)今日の併合に於ては韓国皇帝は単に李王と云つて朝鮮国王とも言はないのである。兵馬財政外交等の事には一切関係せられぬのである。それ等のことは悉く《ことごと》、朝鮮総督府で行うのである。さらば其前の統監政治に似て居るかと云ふに、任那に日本府を置き、宰臣を遣はして治めさせた所は少々似て居るやうであるが、統治区域の大小はもとよりのこと、権限其他に於ても雲泥の相違である。(中略)今や韓国併合の事行はれ一万四千余方里の土地と、一千万の人口とが日本に加へられたのは、古今に類ないことで、御国の栄これに過ぎたるはない。ついては之れを統治し、之れを同化して行くことについては、充分の注意を払はねばならぬ。之れを任那日本府統治時代のことに比するは、雲泥の相違ではあるが、又前車の覆轍も後車の戒となることであるから、任那日本府の興廃を陳べると共に、聊か《いささ》意を用ひたる所があるのである。[36]

かつて末松保和は、任那問題の最も体系的な学術書である『任那興亡史』(一九四九年)の中で、「任那日本府」の実態が朝鮮総督府のごとき支配とは大きく異なることを強調したが、大森の上掲した文からは、併合当時に任那日本府と朝鮮総督府を同一視する言辞が広く唱えられていたことが読み取れる。大森の立場は、遠い過去の歴史を眼前の現実に対する教訓とするには、古代における支配の事実を冷徹に見極めなければならないというものである。

古代日本の朝鮮支配は、神功皇后の三韓征伐後、天智天皇の白村江への百済救援軍出兵の失敗によって「朝鮮経営」をあきらめざるをえなくなったというのが当時の日本歴史学界の一般的な理解であった。大森の「前車の覆轍も後車の戒め」とは、神功皇后の三韓征伐を起点にした歴史認識である。「朝鮮号」の所載の諸論文には、上述のように韓国併合が天智天皇の恨みを晴らしたとする論旨がくり返し登場する。

重野安繹、久米邦武と共に『国史眼』を執筆した東大史学科教授であった星野恒もまたその一人であり、「歴史上より観たる日韓同域の復古と確定」と題する一文において、

> 欽明天皇の二十三年に新羅遂に任那を滅ぼし、我が官府を壊ちし故、歴朝任那興復を図らせ給ふた。けれども成功せず、（中略）斉明天皇の朝に至り、新羅唐の兵を借り、百済を亡ぼした。天智天皇時に皇太子でゐらせられたが、九州に御進発ありて、兵を遣して百済を助け、唐の兵と屢《しばしば》交戦があつた。然るに勝利なく、王師終《つい》に引き帰つた。（中略）時に天智天皇の称制二年で、神功皇后の征韓より四百六十余年、終に韓地と分離するの不幸に至つた、誠に慨歎すべき事である。天智天皇も定めて非常に御無念に思召されたことでありませう。（中略）本年八月二十九日韓国を挙げて日本帝国に併合し、公共の安寧を維持し、民衆の福利を増進せん事を計り給ふたのである、是に於て日韓の同域は確定して、万世永く治平の慶に頼ること、なつた。祖宗在天の神霊も定め

て御満足に思し召すのみならず、天智天皇の神霊も定めて宿憤を消散し給ひたる御事ならんと恐察し奉る[37]（傍点は原文どおり）。

と述べている。古代の日朝関係史の基調をなしているのは、日清・日露戦争と韓国併合が呼び起こした神功皇后の三韓征伐の記憶であって、その文脈の中で、この十数年の経験と記憶が古代に投写されている。まさに『歴史地理』朝鮮号は三韓征伐の記憶の場の役割を果たしている。

4　戦後における任那日本府と三韓征伐の呪縛からの解放

戦後日本では、皇国史観の反省から、神功皇后の三韓征伐は歴史叙述から抹消されていく。しかしながら、広開土王碑という四、五世紀の同時代史料を有力な拠り所として、大和王権による朝鮮半島支配を認定し、それゆえに四世紀には日本列島内は倭王権（大和朝廷）によって統一されていたとみなしてきた。「半島の支配」は、「列島の統一」を裏づけるものとして、日本古代国家の形成の不可欠の事実として強調されてきた。そのような思考方式から構築された古代日本の対外関係史は、一九六〇年代の大学受験のための学習参考書には次のように記されている[38]。

『魏志』には三世紀前半に倭人が朝鮮南部に進出していたと伝えている。その後四世紀の中ごろまでにほぼ日本を統一した大和朝廷は、四世紀後半に朝鮮南部の弁韓地方に勢力をのばした。三九一～四〇八年には南朝鮮の百済・新羅・任那を従え、北朝鮮の高句麗としばしば交戦していたことは好太王碑文に明記され、『日本書紀』にも神功皇后の新羅征伐として伝説化されている。

四一三年〜五〇二年の間に讃・珍・済・興・武の倭の五王がしばしば遣使・朝貢し、南朝鮮の支配権を中国王朝に認めさせるとともに、北朝鮮の高句麗と交戦を続けた。

六世紀になると大和朝廷の豪族たちが朝鮮経営でも対立したが、その間に新羅・百済の勢力が強大となり、しだいに任那諸国を併合した。五六二年には残った任那諸国もすべて併合され、任那日本府も滅んだ。欽明天皇より孝徳天皇まで七代約八〇年間任那復興をはかったが、いずれも失敗し、六六〇年日本に親しかった百済が唐と新羅とに滅ぼされた。六六三年百済復興軍を助けた天智天皇の救援軍が唐・新羅の連合軍に白村江で敗れたので、大和朝廷は朝鮮経営を全くあきらめることになった。

神功皇后の三韓征伐は「伝説化されている」と言うものの、広開土王碑文と同列の根拠のように、古代日本による朝鮮支配を裏づけるものとして持ち出されている。その他にも随所に『歴史地理』「朝鮮号」がもちいた神功皇后伝説にまつわる歴史理解の痕跡をみとめることができる。

ところで、上述のような「古代日本の朝鮮半島支配」は、戦後の知識人の間で共有され、さまざまな場で通念として補強されていく。「列島の統一」と「半島の支配」が一体となって論じられていると述べたが、秀吉の侵略も征韓論もまた古代の反復のように捉えられるのである。たとえば、上野千鶴子は帝国主義の象徴論理について次のように述べている。

統一国家の成立と、外征とは、なぜかいつも歩調をともにする——たとえば七世紀ヤマトのクニの成立と任那進攻、秀吉の国土統一と朝鮮派兵、十九世紀明治国民国家の成立と征韓論との組み合わせには、みごとな符合が見られる。脆弱な幼年期にある統一国家が、その力をも顧みずに無謀な外征を試みるのは、理解に苦しむ愚挙に見える。事実西郷隆盛の征韓論に、大久保利通はそう唱えて反対した。だが、ここでも、功利主義的な歴史実証主義よりも、象徴論理の方が、私たちを一つの解に導いていく。——〈中心〉が成立したとき、それは〈外部〉を否認しなければならなかったから、〈外部〉の存在を容認できなかったのだ、と。「帝国主義」の象徴論理とはこのようなものである。[39]

みられるように、「「帝国主義」の象徴論理」の事例として古代の朝鮮支配を当然の史実であるかのように説いている。ついでながら、上野の「「帝国主義」の象徴論理」に関わらせるならば、戦後の代表的な歴史家・石母田正もまた、四世紀から六世紀の古代における日本の朝鮮支配を前提に、古代の帝国主義について論じたことがある。そこでは個別具体的な古代の事実のみに力点があるのではなく、むしろ帝国主義の論理そのものが石母田正の主要な関心の対象であった。すなわち、倭国が南朝・宋に朝貢し、支配の承認を得たことを日米安保条約にたとえ、冷戦下の戦後日本がアメリカの傘下で韓国、台湾、東南アジアに対する小帝国的活動に及ぶことを警告することに目的があったのである。[40]それゆえ、古代日本の国家構造は石母田正によって「小帝国」と名づけられた。東夷の小帝国論は、現在も日本古代史研究者の主要なパラダイムである。

改めて断るまでもないが、両氏にとって古代日本の朝鮮支配は決して肯定すべきものとしてではなく、象徴論理の明証性や帝国主義批判に用いられているのである。しかし、重要なのは、古代の朝鮮支配は全く疑われる対象ではないという事実である。むしろ、それが自明なものとして様々な議論が展開される構造に組み込まれている。こうした思考方式を規定する古代の朝鮮支配とは、既述のように長い年月の中で三韓征伐説話の記憶として継承され、日清、日露戦争もまた説話と重ね合わせられ、さらに近代日本の植民地支配を通じて、古代の朝鮮支配は近代歴史学によって確信にまで高められたといえよう。

神功皇后の三韓征伐と重ね合わせられながら、ヤマト王権の半島支配として論じられてきた任那史、あるいはヤマト王権の出先機関としての任那日本府についての日本史学界の最大公約数的な理解は、上掲した学習参考書の記述のとおりであった。四世紀後半から五六二年に至る二百年に及ぶ半島支配は、戦後の四半世紀までは少なくとも日本史学界で懐疑にさらされたことはなかった。

一九七〇年代になると、学界とは別なところで古代の日朝関係史に対する批判が唱えられるようになる。その契機は、高松塚古墳の発見があったり、広開土王碑改竄説が提唱されたりした一九七二年を起点とする。高松塚古墳の壁画の発見は、古代朝鮮半島の壁画古墳との関連性が耳目を引き、ほとんど学術交流が皆無に近かった時代に北朝鮮と韓国を代表する研究者が招聘されるなど、古代の日朝関係が改めて注目されることになった。また広開土王碑文の改竄問題は、古代日本の朝鮮半島支配を裏づける核心的な史料とされてきただけに、その衝撃は大きなものがあった。

二つの出来事は、それ以前から唱えられていた古代日朝関係史に対する二つの問題提起をクローズアップさせることにもなった。その一つは、江上波夫の騎馬民族征服説(『騎馬民族国家』一九六七年)であり、もう一つは金錫亨《キムソッキョン》の分国論(「三韓三国の日本列島内分国について」『古代朝日関係史』一九六九年)である。

江上の騎馬民族征服説とは、東北アジア系の騎馬民族(夫余や高句麗)が新鋭の武器と馬匹文化とをもって朝鮮半島南部に進出して辰国を建て、さらに日本列島の北九州あるいは本州西端部に侵入してきて四世紀末頃には畿内に進出し、そこに強大な勢力を持った大和朝廷を樹立して日本列島の統一国家を形成するや、さらに、かつての故国であった朝鮮半島南部の辰国をも支配する連合王国を形成したとみなす考え方である。このような征服説の原型は一九四八年に提唱され、これに対する反論批判を考慮しながら、いくたびか修正されながら上記のような説にまとめ上げられた。

一方、金錫亨の『古代朝日関係史』(勁草書房、一九六九年)は、古代における朝鮮と日本との関係は、日本列島における三韓三国から渡ってきた人々の分国(コロニー)の統合過程であったという。すなわち紀元前数世紀以来、何世紀にもわたって日本列島への大量移住が行われ、各地に朝鮮人分国が成立した。この現象は三国時代になっても継続し、諸分国は本国に対して植民地的従属関係にあったが、五世紀後半以降に次第に大和王権に包摂され統合され、七世紀前半に古代国家の統一によって分国は解体する。ただし分国を統一した大和王権の有力者は朝鮮系貴族群であったという。

「日本古代国家は朝鮮支配を基礎にして成立していたというのが疑いのない史実とされてきた」のに対し、金錫亨の分国論は、「日本における学問研究が、近代以降の日本の朝鮮支配と共に進められている点を指摘し、第二次大戦＝朝鮮の解放後も天皇中心・日本中心のいわば皇国史観、朝鮮従属史観が残存していることに非難を浴びせ、その認識を強く迫った」[41]ものであった。金錫亨の分国論が日本でも紹介されると、在日朝鮮人作家の金達寿《キムダルス》は、金錫亨が『古事記』『日本書紀』『新撰姓氏録』やいくつかの地方の風土記に見える朝鮮関係氏族の居住地、神社、神宮の所在地などを分国所在の有力な痕跡と見た手法にならい、日本全国の地名、寺社の縁起をめぐりながら、それらの由来に朝鮮半島から渡来した人々の痕跡が残されていることを掘り起こした。日本列島における古代国家の形成や先進文化の受容に、渡来人の果たした役割を強調したシリーズ『日本の中の朝鮮文化』が一九七〇年に刊行されはじめた[42]。これは大きな影響力をもち、それまで「帰化人」と呼ばれてきた古代に朝鮮半島から日本列島に渡ってきた人々を「渡来人」と言い換えるきっかけともなった。

一九七二年に高松塚古墳の発見と広開土王碑改竄説が唱えられるようになると、こうした騎馬民族説や分国論が呼応し、神功皇后の三韓征伐によって定式化されてきた「国民的」な記憶は根底から覆され、広範な市民に衝撃を与えた。騎馬民族説と分国論の両説に共通しているのは、アカデミズムの世界では全く賛同者は現れなかったが、多くの市民に圧倒的な影響を及ぼしたところにある[43]。一九七二年の「事件」を契機に、やがて一般市民が中心となって「東アジアの古代を考える会」が結成され、季刊誌『東アジアの古代文化』(一九七四—二〇〇九年)の刊行を通じて、古代の日朝関係史の再検討を学界に問う市民運動を展開した。

今日韓国の学界においては、かつての任那史に代わって加耶史という朝鮮半島南部の古代国家形成史の視角から論じられるようになって久しい。その一方で、日本において加耶史の視角から古代日朝関係史の再検討を提起したのは、「東アジアの古代を考える会」であったことは知られて良い事実である。

日本の学界でも画期的な学術書となった『伽耶はなぜほろんだか』(大和書房、一九九一年)は、日本、朝鮮古代の文献学、考古学研究の第一線の研究者が加耶史を初めて総合的に検討したシンポジウムの記録であるが、その立案、運営は「東アジアの古代を考える会」の有志たちであった[44]。

すでに『日本書紀』所載の神功皇后三韓征伐については、戦後の日本史学界でも史料批判論文が続出し、もはや学界においては問題にもならなくなっている。しかしながら「史実」としての古代日本の朝鮮支配については残り続けた。そのような「史実」としての古代日本の朝鮮支配に大きなとどめを刺したのは、加耶史研究の興隆であったともいえる(45)。いわば本場の韓国における考古学や、文献学の成果に基づく加耶史研究はともかく、日本における加耶史研究に市民権をあたえたのは上述のような一九七〇年代の動向であったことは「神功皇后三韓征伐」の記憶の問題としても銘記されるべきであろう。

おわりに

古代以来、二〇世紀に至るまで、現在を説明するためにくり返し「神功皇后の三韓征伐」の意匠をまといながら、時々の日本と朝鮮半島の関係を表象してきた言説や図像をみてきた。各時代における三韓征伐の記憶が堆積物のように蓄積されてゆき、さらに次の時代の表象資源となっていくようである。

神功皇后の三韓征伐は、二〇世紀の初頭に、近代歴史学によって国史という国民的な物語として広く共有されていったが、一九七〇年代以降の市民による歴史運動によって解体されていく。あたかも学問のパラダイム・シフトのように。では、そのようなパラダイム・シフトはなぜ引き起こされたのか。別な言い方をすれば、今後、対外的な変化の中で神功皇后の三韓征伐が蘇り、その言説を利用しながら現在を説明するなどということは起こりえないであろう。

ここでは村上陽一郎が唱える理論言語と日常言語の関係を用いて考えてみたい(46)。近代歴史学によって再編され確立された古代日本の朝鮮半島支配は、いわば日常言語、すなわち古代からの神功皇后の三韓征伐の民衆的な記憶に支えられていた。戦後に至り皇国史観の批判、克服によって理論言語においては、三韓征伐は説話ということにはなったものの、いまだ「古代日本の朝鮮半島支配」というパラダイムは残されていた。ところが、一九七〇年代になると日常言語の方で急速な変化が起こり、それにも影響されながら理論言語も変更を余儀なくされていった。要するに、多くの研究者によって、古代の朝鮮半島支配が否定された(理論言語に大きな変更が生じた)とすれば、その背景にはそれを支える日常言語に大きな変化が生じた事実があることに注目せざるをえない。神功皇后の三韓征伐は共同体の記憶であり、日常言語であったが、もはや共同体の記憶では収まりきれない相互交渉が共同体(国家)間でなされたということではないだろうか。七〇年代に盛んになる日韓間の考古学者の往来、市民レベルの往来は共同体の記憶を相対化することにもなったであろう。一国内の閉鎖的空間で紡ぎ出された三韓征伐という記憶は東アジアの記憶の場では意味をもちえなくなっていった。

ただ、神功皇后の三韓征伐は後方に退き、消滅に向かったとしても、それとの対抗関係で生まれ、強化されてきた騎馬民族征服説や分国論のように、新たな古代日朝関係史の起源の説話が韓国や北朝鮮で国民的な記憶として広まっているとすれば、その記憶をも問題としなければならない。しかし、これは次の課題とせざるをえない。

第四章　渤海史をめぐる民族と国家
——国民国家の境界をこえて——

はじめに

渤海は、西暦六九八年から九二六年にかけて、約二三〇年間、北は現在のロシア沿海州および中国黒龍江省・吉林省、南は朝鮮民主主義人民共和国（以下、北朝鮮と略す）の北部にわたる広大な地域に存続した国家である。その建国は高句麗滅亡後、遼東地方に強制移住させられていたその遺民が、契丹《きったん》族の反乱に乗じて東走し牡丹江《ぼたんこう》上流・敦化《とんか》に拠って自立したことにはじまる。以来、渤海は唐や日本とも頻繁な交流をもち、また新羅・日本と共に、唐文化の影響を受けつつ独自の文化を花開かせ、当時の中国人をして海東の盛国と言わしめた大国でもあった。

ところが渤海の歴史や文化については、近年発見された二つの墓誌を除けば、渤海人自身による記録がほとんど伝えられていないために、渤海と交流のあった中国や日本側に残存する記録に頼らざるをえず、不明な点も少なくない。それゆえ、その歴史や文化が今日の日本で問題にされることはほとんどないといってよい状況にある。しかしながら、戦前の日本においては国策の一環として、また戦後には、渤海の境域が、上述の三国家の領土に及ぶがゆえに、またそれらの諸国が抱えている現実的課題と相俟って、渤海史は各々の国家の不可欠の歴史として近年ますます積極的に研究がなされている。

現在、各国で注目されている渤海史研究は、各国に属する研究者の特色ある問題意識が顕著にみられ、各々に固有の論点がだされている。本章は、諸国家間で大きな差異をもつ渤海の族属問題を俎上にのせ、この問題を国際的な規模で検討するための共通の基盤を整えるべく、渤海の民族と国家に関する試論を述べてみようとするものである。

1 渤海史と族属問題

族属問題とは、民族の帰属といった意味で、中国、韓国の学界ではすでに多用されている概念である。時代や史書によって呼称の異なる民族が、いかなる民族系統に属するのか、といった際にしばしば用いられており、近年では日本の研究者の間でも用いられている。いま問題とする、渤海史の国際的な中心的課題は、渤海を構成した民族が、今日のどの民族に帰属するのかという族属問題にあるといってもよい。

渤海の民族が今日の「民族」にストレートに結びつくものではないとみる私は、上述のような意味での族属問題というテーマの設定それ自体を、無条件に認めるわけではないが、ここでは便宜的に問題の所在を彼らの意識に即して示すために、この用語を掲げ、その内容を検討することにする。

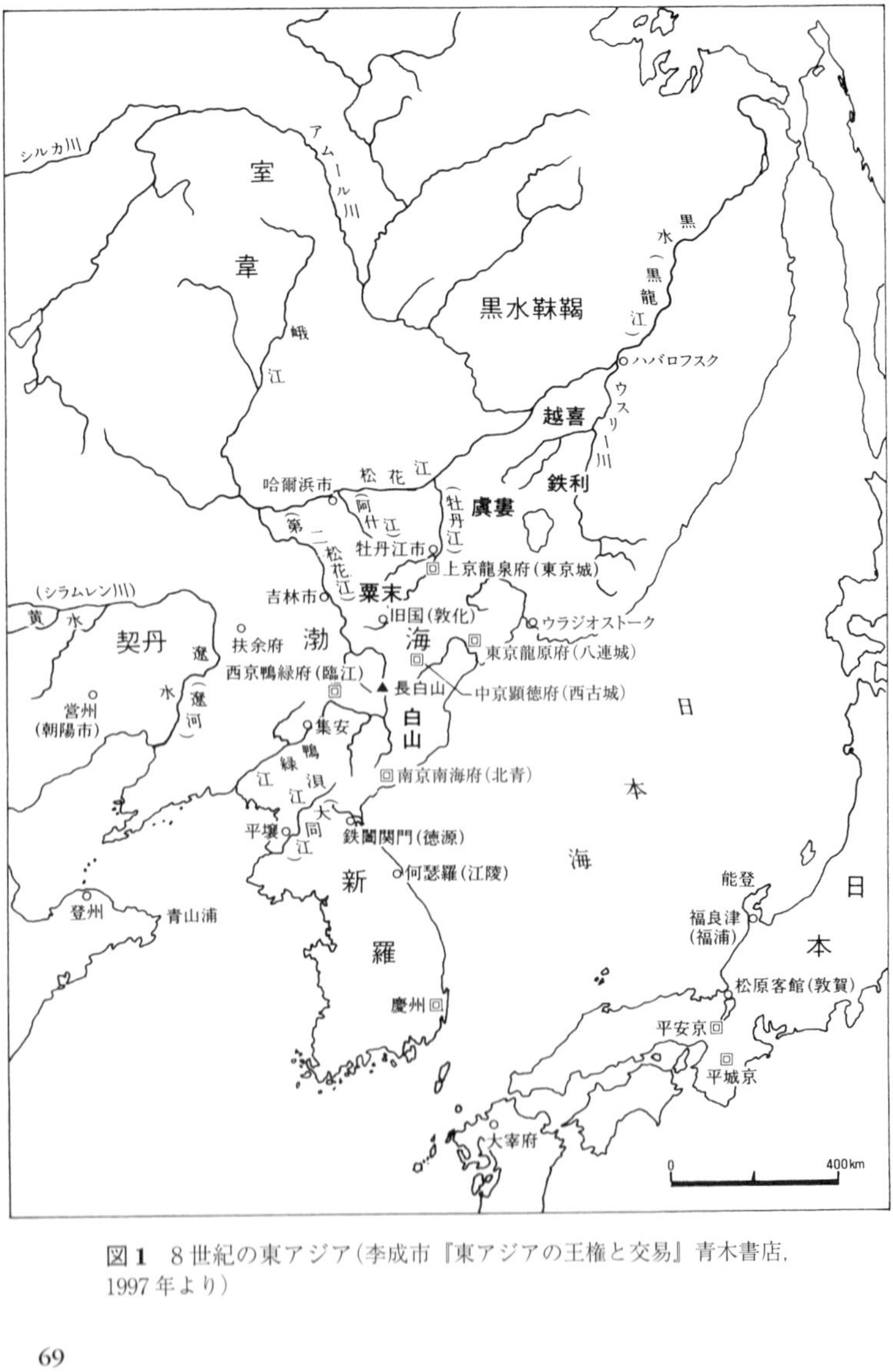

図 1　8 世紀の東アジア（李成市『東アジアの王権と交易』青木書店, 1997 年より）

さて族属問題という視角から中国における渤海史研究をみてみると、渤海は、唐代の少数民族、靺《まっ》鞨《かつ》人の地方政権という公式見解が中国の学界を支配している。中国では、常に中国史の主体的役割をはたしてきたのは漢民族であるとみなすため、非漢民族である靺鞨人の国家であった渤海は、独立した民族・国家とは認められず、それはあくまで唐代の地方民族（少数民族である粟末《ぞくまつ》靺鞨）の建国した国家であって、唐朝の地方政権であるという位置づけがなされるのである。

一方、旧ソ連の研究者たちの見解は、渤海はやはり靺鞨族の国家としながらも、その靺鞨人とは起源や言語を異にするさまざまな種族が数千年の形成過程を経て、渤海人として単一民族を形成したというものである。文化的にも唐の影響だけでなく、近隣諸民族の影響を広く認め、独自の文化を形成した点に力点がおかれている。また何よりも重要な点は、渤海史は、シベリアの諸民族・諸種族の形成、発展史の中に位置づけられていることであって、渤海は極東地方諸族の歴史における彼ら自身の最初の国家とみなされている点にある。

これに対して、韓国・北朝鮮では、渤海の王室および支配集団は高句麗人であると断定し、渤海は高句麗の継承者であり、高句麗の復活・再興であるとみている。渤海の血統自体とその文化は、今日の朝鮮民族の血統と文化的伝統の重要な構成部分になっているとして、同時代に、渤海の南に位置した新羅とは、同じ民族（朝鮮民族）による二国家が並立していたとみる学説が最も有力である。こうした認識を踏まえて、韓国ではこの時代を「南北国時代」と呼称することが定着しつつある。

これらの諸説を通覧すると、渤海史に対する見解は諸国間にかなりの隔たりがあるようにもみうけられるが、しかし注目されるのは、それにもかかわらず明らかに共通した渤海史への取り組み方がうかがえることである。すなわち、それらは今日の各国における民族と国家に対する通念を暗黙裏に分析枠組としており、くわえて各国が抱えている現実的政治課題にそって、渤海史を浮き彫りにしようとするものであるといえる。

たとえば、中国において、少数民族の国家である渤海の政治的・文化的自律性を認めず、あくまで中国史に位置づけようとするのは、今日の五〇以上におよぶ諸民族の団結をかち取り、なおかつ、一割にみたない少数民族が占める全国土の六〇パーセントの地域を、中華人民共和国の正統なる、歴史的根拠のある領土として位置づけようとする現実的課題に関わることを否定できまい(1)。

また、南北朝鮮では、渤海を朝鮮民族の国家とみなすことで、今日の南北分断状況の克服という現実的課題を、渤海・新羅並立時代に投影し、同一民族が南北で並立している不自然さと不全感を喚起することによって、統合への展望を開こうとする意図が読み取れよう。

さらに旧ソ連においても、渤海をシベリア民族形成史に位置づけ、渤海がこの地域の最初の国家であり、諸民族が渤海民族として単一の民族を形成したと主張する背景として、次のようなことが考えられる。まず一九二〇年代以来、中核的な都市も農村も少ないシベリアの少数民族をいかに社会主義国家体制に組み入れるかという課題に直面し、シベリアの少数民族の民族統一体の創設が急務であったことである(2)。さらにくわえて、一九六〇年代以降、おびただしい人口移動にともない全国のロシア化が進む中で、諸民族や諸言語の「接近と融合」をキャッチフレーズに、産業化、工業化のために連邦内の民族的、言語的境界の解消を押し進めていった動向(3)を無縁としえない。

見られるように、各国の渤海史研究は、こうした現実的課題を直接・間接的な契機としているのであるが、今それらの現実的課題の善し、悪しをここで問題にするのが目的ではない。そうした課題の重さは各々にあるにしても、現実の政治課題を無媒介に歴史に投影したり、あるいは仮託したりすることの不毛性を問題にしたいのである。それらは内部にむけてのプロパガンダになりえても、国際的な広がりのなかで学的に渤海の族属問題を解明するという点では生産的議論にはなるまい。

かつて私は、南北朝鮮における渤海史を朝鮮史に位置づけようとする試みが論拠に乏しく実証に耐えない点を逐一率直に指摘したことがある(4)。少なくとも歴史研究としての枠を超えた恣意的な解釈に対する批判は必要であり、研究上の共通の基盤を整えるためにも相互の批判は積極的になされなければならないと思う。

そこで、渤海の族属問題にたち帰ってみると、そもそも日本における本格的な渤海史研究が開始されて以来、渤海は、高句麗族の国家であったのか、靺鞨の国家であったのか、といった二者択一的な問いに終始してきたという経緯がある。そしてこの問題は今日に至るまで、渤海史研究の主要な位置を占めているといっても過言ではない。

この点については、日本および南北朝鮮では、高句麗の後裔の国家とみる説が古くからあって有力であり、中国や旧ソ連では靺鞨の国家とみることで議論の余地はない。ここでまず問題にしたいのは、中国における学説である。

既述のように、中国では渤海を、決して独立した国家とはみない。渤海は、漢民族・唐王朝の、少数民族の国家・地方政権なのである。こうした中国史に渤海を位置づけようとする論理から必然的に導かれる視角は、その論理ゆえに自ら限界を設けてしまう議論にならざるをえない。すなわち、唐と渤海の関係は、なによりも中央の漢民族国家-対-地方民族政権という関係の規定が重要なのであって、ここが規定されれば、地方政権内部の具体的な民族構成(その多様で複合的な構成)には関心がおよばず、自ずとその内的な構造にまで踏み込めないのである。

事実、中国の学界では、渤海が興起したこの地方には、古代より一貫して、粛慎《しゅくしん》→勿吉《もっきつ》→靺鞨→女真→満州族と、その時々の名称は異なるものの、ほぼ同一の民族がこの地を占めていたことになっている。

また、あえて渤海内部の複雑な民族構成を問題にしない背景としては、確かに支配層の一角を占めていたことを認めざるをえない高句麗族には触れたくないという心理が働いているようにも思われる。というのも、高句麗族および高句麗国は、今日の朝鮮民族およびその国家に連なるという国際的な暗黙の了解があるからである(5)。

こうした中国の見解と裏腹の関係にあるのが南北朝鮮の見解である。すなわち南北朝鮮では、渤海の支配集団は高句麗族であり、渤海文化は高句麗文化をそのまま継承しているのであって、民族的にも文化的にも今日の朝鮮民族・文化に連なるとみる点でほぼ一致している。このような主張を支えている古代国家と民族に対する認識は次のようなものである。まず朝鮮民族の成立を歴史上かなり早期に構想し(北朝鮮では紀元前においている)、したがって高句麗・百済・新羅の三国は朝鮮民族の国家であったのだから、高句麗の継承国である渤海は、朝鮮民族の国家となるのである。ただ渤海の被支配層に靺鞨族が存在したことは無視できないため、そこで靺鞨族を少なく見積もったり、その役割を過小評価したりする一方で、靺鞨族は、渤海の支配体制のもとで、民族的に渤海化、高句麗化したとする議論もある。総じて靺鞨族に対する関心はほとんどないに等しい。

日本と同様に、単一民族イデオロギーが蔓延し、それに対する自覚も反省もない現状にある南北朝鮮の渤海史研究について、日本の一部の研究者が親近感を覚えているという現状も見逃せない。こうした現状に鑑みて、朝鮮史と民族問題については次の二点だけ付言しておきたい。まず第一に、古代朝鮮の民族問題については、すでに紀元前から五世紀に至る時期の多民族的状況と、人口移動によってもたらされた社会変化について私見を述べたことがあり(6)、本章もこれを前提にしているということである。第二に、いわゆる朝鮮民族なるものが主観的にも客観的にも把捉されるようになったのは一九世紀に至ってからであり、今日の朝鮮民族は、文化、習俗のうえでも古代から一七、八世紀に至るまで、北部地域の諸民族との絶えざる交渉の中で歴史的に形成されたという基本的な認識についてである。この二点を前提に以後の考察を進めることにしたい。

さて、以上のような中国、南北朝鮮の学説に対して、上述した旧ソ連の見解は、これらに比すれば、この地域の諸民族の主体的発展を視点に据えているようにもみうけられる。しかし、靺鞨諸族の統合過程や、その諸民族の統合体に対する評価には、具体的な事実に基づかない、平板で単純な観念的議論といった感を拭えない。

ところで、こうした研究状況の中で、大勢論におされ、さほど注目されることはないものの、各国の近年の文献学・考古学の着実な研究成果があり、それらを点綴していけば、新たな展望が開かれるのではないかとも思われるのである。

それらによれば、すでに明らかにされた点で最も重要なのは、渤海の構成民の大多数を占めた靺鞨族は、歴史的にもその分布や構成においても単純でないことである。まずもって、高句麗滅亡により、従来の靺鞨諸族の一部は解体し、新たな部族をも生み出しているのである。つまり、かつて高句麗の従属下にあった靺鞨諸族の間で変動が起こっているのであって、しかも、同じく靺鞨と呼ばれながらも、高句麗滅亡前後に粟末部の靺鞨に包摂された南部地域の靺鞨族と、北部地域の靺鞨諸族との間には、文化的・民族的に大きな差異が認められるという事実は軽視できない[7]。

そもそも渤海は、この粟末靺鞨の居住地に建国されたのであって、その後の渤海の国家発展のプロセスとは、渤海を建国した支配集団、つまり粟末靺鞨の居住地を占拠した集団による、北部を中心とする周辺の靺鞨諸族に対する政治的統合の過程であったとみてよい。

ここで改めて留意しなければならないのは、靺鞨諸族の住地における南部と北部との文化的、民族的な差異についてである。権五重《クォノジュン》によると、南部地域の中心的な靺鞨族、すなわち粟末靺鞨は古来、高句麗に政治的に服属していた濊《ワイ》・東沃沮《ひがしよくそ》と呼ばれた民族集団に淵源をもち、高句麗時代には、百済・新羅・唐などとの対外戦争で、高句麗と軍事活動を共にした民族集団であったことになる。長く高句麗に従属したこれらの靺鞨族こそ、渤海の中核的勢力であったというのである。

権のこうした見解は、建国者・大祚《ダイソ》栄《エイ》の出自問題にも参照されるべきものである。すなわち、彼の出自を記した中国史料は、一つは「高句麗の別種」とし(『旧唐書』)、いま一つは「高句麗に附す粟末靺鞨」(『新唐書』)とあり、従来この差異がさまざまな解釈を生んできた。しかしこれを、長く高句麗に従属してきた南部地域の靺鞨族に対する視点を異にした表記とみれば無理なく解釈できよう。渤海の支配集団には、高句麗の王族の姓、高氏が諸史料に散見されるように、高句麗の王族の一部が加わっていたことは疑いないが、建国者およびその中核的な集団が、長いあいだ高句麗の支配のもとにあった靺鞨族であることは権五重の指摘どおり認めざるをえない。

一方、権五重によれば、北部には、同じく靺鞨と呼ばれながらも、粟末靺鞨とは民族や文化を異にする靺鞨諸族が存在し、彼らは、かつて三国時代に挹婁《ゆうろう》と呼ばれ、北魏の時代には勿吉と呼ばれていた民族集団と推定されている。つまり唐側から靺鞨と総称されながらも、靺鞨諸族間には文化的、民族的な差異があったのであって、渤海は国家形成の過程で、南部地域の濊系靺鞨による、北部地域の挹婁系靺鞨に対する政治的な統合を推進していったとみられるのである。

こうした点は考古学のうえからも補完できるように思われる。すなわち、旧ソ連・中国の渤海考古学の成果を踏まえ、近年、菊池俊彦は、中国で「同仁《どうじん》文化」と呼ばれている文化複合は、ソ連で「靺鞨文化」と呼ばれているものに全く一致すると指摘し、それが黒水靺鞨の文化複合に他ならないことを明らかにしている(8)。つまり、これらは、既述した北部靺鞨=挹婁系靺鞨の文化複合に相当することになる。

菊池によれば、この北部地域の遺跡の中には、同仁文化=靺鞨文化と、渤海成立後の文化とを合わせもち、渤海成立後に、従前の同仁文化が渤海文化に変容したと推定される遺跡(楊屯大海猛遺跡《ようとんだいかいもう》)がある一方で、他方、同仁文化のまま、内的発展を辿っている遺跡(同仁遺跡)があって、両者の差異が対比されている。要するに、渤海領域の北部には、渤海成立後に渤海文化の影響を受けて、従前の同仁文化を変容させていく地域と、従前の文化をそのまま発展させていった地域とが各々存在していたことを確認しうるのである。したがって、こうしたことからも、靺鞨諸族相互間には民族的・文化的差異を前提に、渤海成立後の政治的支配の浸透によって文化変容をひきおこした地域の存することが理解されるであろう。

渤海の建国者が靺鞨人か高句麗人かをめぐっては、中国と南北朝鮮の研究者間で見解の相違があるが、今ここを保留するならば、いずれにしても、渤海建国当初の支配地域は、粟末靺鞨部の居住地であって、しかもそこは、かつての高句麗の支配下に入っていた地域であることは認めざるをえないのである。したがって、この地域の高句麗遺民、つまり高句麗人を含めた、粟末靺鞨＝濊系靺鞨による、北部靺鞨族に対する政治的統合の過程があったとみる必要があろう。

こうした渤海成立前後の民族的状況を念頭におくと、たとえば、中国の学説のように、靺鞨といえば、それを一枚岩のごとき民族を想定して、直接、今日の満州族に連なる民族とみなしたり、あるいは南北朝鮮の学説のように、支配層の一部を占めた高句麗人を今日の朝鮮民族と同定し、靺鞨族の存在を無視したりするのは、あまりに一面的であり、渤海の族属問題を論じるには、不十分であることが知解できよう。

そこで、上述のような研究状況を踏まえ、つぎの三点に留意して渤海の族属問題を検討する必要があると思われる。すなわち、まず第一に、隋代から唐代にかけて、さらに渤海成立前後に、靺鞨諸族は内部に大きな変動を起こし分裂・再編があったこと、第二に、渤海は、文化的・民族的に相異なる多元的な靺鞨諸族を、次第に服属・統合させていったということ、第三に、靺鞨諸族は、いったん渤海に一元的に包摂、統合されたかのようにみえたが、しかし渤海崩壊期には各々がかつての部族名を対外的に標榜するような分裂・自立化があったこと、これらの三点である。

こうした特徴をもつ靺鞨諸族の政治統合のプロセスと、崩壊期の分裂現象を正確かつダイナミックに捉える方法上の概念として、「民族集団」(エスニック・グループ)を意識して考察していくことにしたい。その理由の第一は、従来の研究は、近代国民国家の民族概念を無自覚なまま実体化し、安易に過去に投影したために、上述のような多元的で、ダイナミックな民族状況を視野に収めることができなかったからである。それに対して、エスニシティの「民族」概念は、渤海の複合的・多元的な民族構成を客観的に把握するのにふさわしいからである。さらに、渤海の成立から崩壊にいたる過程で、渤海に吸収されたり離脱したりする靺鞨諸族の動向には、集団の客観的な属性だけでは捉えきれない集団の主観的な帰属意識に注意を払う必要があるが、この概念の使用によって、こうした点をカバーすることができるからである。

エスニシティ論は、予定調和的に民族の形成、統合を論じてきたナショナリズム論に対して、政治統合と分裂の過程を理論化しているため、上記したような有効性を発揮し、すでに日本においても優れた事例研究を生んでいる(9)。本章では、作業仮説として、靺鞨諸族を、各々「民族集団」(エスニック・グループ)に見立てて考察することによって、渤海の族属問題解明の手がかりをえたいと思う。また本章で用いる民族なる用語も特別な場合を除き、この「民族集団」を含意していることを付言しておきたい。

以上を考察の前提として、渤海の民族と国家に関する試論を述べていくことにする。

2　首領制と対外通交

渤海の族属問題を、民族の統合と分裂の具体的なプロセスのなかで浮き彫りにするために、まずはじめに渤海の地方支配体制について触れておきたい。

渤海の地方行政制度については、九世紀に渤海の地を訪れた唐人によると、渤海は五京、一五府、六二州あったとされており、研究者によって県の数は一三〇以上と推定されている。表面的には整然とした中国的な郡県制が敷かれたようにみえるが、その実体は全く異なるものであった。たとえば日本側に伝えられた記録(『類聚国史』所載)によれば、州、県といっても、館駅があるわけでなく、それらは靺鞨族の自然村落に対して、州、県という名称を冠したものに過ぎなかったのである。つまり、個々の靺鞨の村落が州であり、県なのである。渤海は、在地の諸村落の首長を、首領なる職位に任命し、それらの諸村落の中心となる村落には、都督、刺史といった地方官を中央から派遣して、これらを統括させたのであった[10]。

これまで日本学界においては、そうした在地の首長である首領に着目した渤海の支配体制に関する研究の蓄積がある。今これを首領制研究と呼ぶことにすると、この一連の首領制研究によって、渤海は、高句麗以来の在地社会を解体せず、在地の首長、諸部族の首長を、首領と名づけ、彼らを政治的に再編成した国家であったことが明らかにされている[11]。

ところでこうした首領制研究は、渤海が高句麗の支配体制や異民族支配を継承している点に注目している。そこで問題になるのが、南北朝鮮の研究者が重視する高句麗系の支配層による、異民族＝靺鞨族に対する支配という、いわば民族構成の二重性についてである。

既述のように、南北朝鮮においては、渤海の族属問題は、渤海の支配共同体を主体的に担った層はいかなる民族であったのか、これこそが渤海の族属問題を決するように言われてきた。大方の指摘どおり、高句麗系のものが渤海の支配層に少なからず参与していた可能性は、さまざまな史料によって裏づけられることである。たとえば、渤海の地方支配の実体を述べた『類聚国史』所載記事にある、中央から派遣された少数の「土人」とは高句麗人と解釈され、彼らが圧倒的多数の靺鞨の村落を支配していたとみる理解が有力である。とすれば、こうした構造は基本的には高句麗時代の異民族支配と変わらなかったのであって、それゆえ渤海は、高句麗の再興した国家であるという考えも成りたちうるのである。

事実、韓国には、民族の構成からみるとき結局、高句麗から渤海へと移行しても、その支配集団も、被支配集団も高句麗時代と変わらず、また量的にも靺鞨族は大半を占めるものではなく、むしろ漸次、支配民族に融合していったとみなす論者さえいる。

確かに、ある国家の民族を論じる際に、支配層の民族的系譜だけを問題にしても意味のないことは言うまでもないが、しかし、支配層の民族を全く無視するのも、同様に問題があろう。なぜなら、渤海では支配層と、被支配層の民族的構成の二重性は、『類聚国史』所載記事にみられるように、渤海国家の構造上の本質的な問題であって、渤海を訪れた外国人に感知された渤海の国家的特徴でもあったからである。

したがって、渤海の民族と国家は、むしろ、民族的に二重性をもった集団相互がどのような関係を結び、またどのように国家的に編成されたのかという点を追究するなかで、自ずと明らかになるものと考えられる。ただ、この民族構成の二重性を問題にするとき、事実として指摘しておかなければならないのは、二重性といっても、それほど単純化できない支配層内部の複合性と、被支配者層の民族的多元性のことであって、ここではとりあえず、こうした点を保留して議論を進めることにする。

ところで、これまでの研究成果にしたがえば、渤海の国家的発展は、高句麗系の集団を含めた粟末靺鞨を中心とする支配共同体による、靺鞨諸族の首領層に対する統合・再編の過程でもあったことになる。しかしこうしたプロセスを渤海側の視点から捉えた史料は皆無である。

ただ、その欠をいささかなりとも補うものとして、渤海の対外活動によって中国や日本側に残された通交関係の記録があり、これらが渤海の国家統合のプロセスを解明する手がかりとして注目されてきた。

そこで、これらの記録に基づいて渤海および靺鞨諸族の対外通交関係をみてみると、八世紀から一〇世紀初頭までの、渤海および靺鞨諸族の対外活動には、きわだった特徴があることに気づく。

まず第一に、八世紀初頭の対唐通交関係について、この渤海の建国初期には、渤海と共に靺鞨諸族（払涅《ふつでつ》部、越喜部、鉄利部、黒水部、その他）の各々が単独で頻繁な交渉をおこなっており、渤海と靺鞨諸族との間に、競合時代ともいうべき時期が約四〇年（七一〇―七五〇）ほどみられる点である。第二に、それに次いで八世紀半ばからは、靺鞨諸族が対唐通交から姿を消し、渤海が最後まで北方領域で対立した黒水靺鞨と渤海との二者の間に競合がみられる点である。第三に、やがて九世紀にいたると唐王

渤海および靺鞨諸部族の対唐通交回数

唐年号	西暦	渤海	払涅部	越喜部	鉄利部	黒水部	その他
開元元年	713	①					
			②	①	①		
	715						
		①	①				
5年		①	①				
		①	①		①		
		①	③	①	①		
	720						
		①	①		①		
10年		①	①	①	②	②	
			①	①	①		
		①	①	②	②	①	
	725	③	①	①	①	④	
		③				①	
15年		③			②	①	①
		②					
		④					
	730	③	①			②	①
		②					
20年							
		①					
	735		①	①	①		
		③		①			①
25年		②	①				
		②					
		②	①				
	740	①		①	①		
		②	①	①		①	
天宝元年							
		①					
	745						
5年		①					
		①				①	
						②	
		①					
	750	①				①	
10年							
						①	
		①					
		①					
	755						
至徳元年							
乾元元年							
		①					
上元元年	760						
宝応元年		①					
広徳元年							
		①					
永泰元年	765						

（『冊封元亀』『旧唐書』による）

朝に対して、渤海単独による毎年コンスタントな安定的通交がみられる点である。第四に、一〇世紀に至ると、引き続き通交関係を維持する渤海の他に、黒水靺鞨が再び対中国通交の場に姿を現す点である。

このような対唐通交のありようは、そのまま渤海の政治過程と重なることがこれまでも留意されてきた。すなわち、こうした推移は、渤海の靺鞨諸族に対する政治的統合によって、対外通交が独占されてゆく過程とみなすことができるというのである。

一方、渤海の対日通交も、きわだった特徴をもっている。まず第一に、初めての対日通交である七二七年からの約六〇年間には、新羅との対立と緊張を背景に、将軍（軍人）の大使を派遣したり、鉄利部を伴う大量の人員を派遣したりする変則的な通交の時代があることであり、第二に、次いで九世紀にはいると、以後渤海の衰亡期に至るまで、一定の人員（一〇五人）による、かなり定期的な経済目的の交渉がおこなわれることである。

ところで二〇〇年近くにおよぶこうした渤海と日本との交渉のなかで、渤海の使節団のなかに、首領層が広範に参加していた事実がこれまでも重視されてきた。その際に渤海の国家体制の末端に位置づけられた首領たちの、対日通交への参加は、まず役務としての役割が推定されてきた。しかし彼らが対外通交のために力役動員されたということでは説明しきれない問題がある。

というのも渤海の使節団の朝貢に対して、その返礼として日本側からもたらされる回賜の量は膨大であり、日本側にこれを実質的な交易とみる認識があったことは、八二六年の右大臣・藤原緒嗣《ふじわらおつぐ》の言葉にみられるとおりである。そこで、首領層にどれほどの量の絹製品が回賜として渡ったかを八四二年の「渤海国中台省牒」記載の人員を例に、『延喜式』所載の「賜蕃客例」を参照して渤海王以下首領にいたる回賜の分量を算出してみれば、実に回賜全体の半数をゆうに越す量が首領層に渡っていたことがわかるのである(14)。それゆえ、長期間におよんだ渤海の対日通交、とりわけ八世紀半ば以降の通交は明らかに通商目的であったと指摘されているのである。こうした対日通交がいったい誰のために継続されたのかを考えてみなくてはならないが、この通商目的とされる対日通交の受益者の中心が首領たちにあったことはもはや明白であろう。

すでに対唐通交における靺鞨諸族の動向をみたが、彼らは、八世紀半ばまでは、単独で唐への通交を果たしていたものの、その後に独自の活動はみられず、これは、彼らが渤海に政治的に包摂されたからであると考えられてきた。しかしながら、こうした現象は、決して、彼らの対外通交が封じられたことを意味するものではなかった。日本側に残された渤海の対日通交に際しての具体的な人員構成の記録からわかるように、渤海国の名のもとに多数の靺鞨諸族の首領が対外通交に参加していたのであって、しかもそれによって通交相手国（日本）の物産を大量に入手することができたのである。

こうしてみると、渤海は包摂した靺鞨諸族の首領層に対して、対外交易の便宜と安全を付与し、従前の権益を保証することで、靺鞨諸族に対する政治的支配を達成するという関係があったのではないかと思われるのである。そこで、このような仮説のもとに、三〇〇名以上におよぶ鉄利人を伴った七七九年における渤海の対日通交のケースをみてみることにしたい。

さて、日本側の記録（『続日本紀』）によれば、このとき、高句麗の王族姓、高氏を名乗る「押領（監督官）高洋粥」や「通事（通訳）高説昌」らは多数の鉄利人を伴い出羽に漂着した。結局、一行の入京は許されなかったのであるが、出羽で滞留した鉄利人たちは、彼らを管理するために随行してきた上掲の渤海官人たちと宴席で席次を争うなど、日本の官人の前で、渤海高官を陵辱するような侮蔑的態度を取っていたことが伝えられている。日本側の記録は、このときの使節を「渤海および鉄利」と記しているが、この当時、鉄利部はすでに以前のような対唐通交を停止しており、実際に七六〇年代までには渤海王権との間に支配・服属関係を結んでいたと推定されている(15)。

つまり、このときの使節団は、渤海と鉄利部とのそうした政治的関係のもとに、渤海官人の嚮導で渡航し、彼らに伴われたからこそ、対日通交も実現可能であったにもかかわらず、あろうことか鉄利人たちは、対外交渉の場で自らの民族的帰属意識（エスニック・アイデンティティ）を強く主張しているのである。

こうした事実から、推測できるのは次のようなことであろう。すなわち、高句麗から渤海へと移行した際に、たとえ基本的な民族構成やその政治的編成原理が類似していたとしても、高句麗時代と異なる大きなモメントとして軽視できないのは、渤海の場合、支配共同体による被支配共同体の編成の過程は、単なる支配と服属の関係では捉えきれないという側面があることである。日本滞在中における鉄利人の態度にみられるように、支配共同体が靺鞨諸族を取り込む過程は単純に武力による一方的な強制力を想定するのは難しい。

そしてこの鉄利人を伴った対日通交のケースはつぎのように解釈される。すなわち、渤海王権に包摂される以前には、靺鞨諸族は単独で対外交易をおこなっていたものの、渤海と政治的関係を取り結ぶことによって、従来、独自におこなっていた対外交易活動を渤海王権が保証するといった、換言すれば、渤海王権が介在して、新たに靺鞨諸族の首長層を編成して交易団のようなものが組織され、彼らが渤海の国家的使節の一員として対外通交に通常的に加えられていくといった、まさに、その初期の段階の出来事と解釈されるのである。

ここには高句麗時代のような圧倒的な軍事力を背景にした支配共同体による被支配共同体に対する支配・服属の関係とは異質の、靺鞨諸族の成長によって妥協的な政治編成をおこなわざるをえない関係へと大きく変貌した様相がうかがえるのではないかと思われる。

上述のように渤海は靺鞨諸族の首領層を包摂すると、唐や日本への定期的な通交に加えていったのであり、またそうしたことが、靺鞨諸族の包摂・統合と深く関わっていたと推測される。しかし、このように渤海の靺鞨諸族に対する政治的支配と、対外通交との関係を推定した際に全く奇異に映るのは、渤海の新羅に対する関わり方である。

この渤海と新羅との通交関係については、今日残された史料をみる限り、全時代を通して、二度(七九〇年・八一二年)の遣使が、新羅側から渤海に派遣されたにとどまる。しかしながら南北朝鮮の研究者は、こうした記録には後世の意図的な改竄が加えられていると推断し、両国には相互に頻繁な交渉が実在したとみなしている。

ところが、こうした想定は成り立ちがたいように思われる。というのも次に示す説話は、両国間の国境付近のありようを雄弁に物語っているからである。

すなわち『新唐書』新羅伝には「新羅の国境の東には身長三丈、全身黒毛で覆われ、のこぎりのような歯、鍵のような爪をもった巨人が住み、人を食べたり、女性を略奪したりするので、新羅は鉄の扉の関門を設け、精鋭部隊を配置してこれを守っている」といった内容の話が伝えられている。筆者は、一見、荒唐無稽ともとれるこの説話の内容は、基本的には、八世紀から九世紀にかけての新羅の東北国境付近における辺防策と一致し、なおかつ東北国境以北の渤海領域民に対する新羅人の当時のメンタリティを示す貴重な逸話であることを明らかにしたことがある(16)。

これを要するに、新羅人にとって渤海人とは、異形であり恐怖の対象なのであって、そこには渤海人を恐怖の対象とするに至った両者の没交渉と軍事的緊張が介在していたのである。渤海と新羅の両国が長期間にわたって敵対的であったことは、このほかの史料からも明らかにできるが、新羅は渤海との国境付近に強大な軍事施設を設置していることや、渤海領域民に対して異形のイメージを抱いていることからも、両国の間に頻繁な相互の交渉を推定する余地はない。

つまり渤海の対外関係は、きわめて特異な一面をもっているのであって、日本とは一貫して友好的な政治的・経済的交渉をもち、唐とも、建国初期の一時期のみ政治的対立を生じたことはあったものの、全般的には、政治的にも経済的にも安定した関係にあったことは間違いない。そうしたなかにあって、このような新羅との没交渉の姿勢はきわだっており、日本、唐とは歴然とした差異をもっているのである。

すでに渤海の靺鞨諸族に対する政治的支配には、唐・日本との通交関係が重要なモメントとして作用していた点をみてきた。このようなありかたを想起するならば、新羅との関係が、渤海の政治・経済活動にとって、いかに特異な位相にあるかが改めて理解されるであろう。それゆえ、こうした渤海の特異な対外関係をもたらしたその背景を探ることによって、渤海の国家的性格の一面を明らかにすることができるのではないかと思われるのである。そこで次にこの問題を考えてみることにしたい。

3　渤海と新羅の境界

先に渤海と新羅両国は、長期間にわたり没交渉であったと述べたが、しかしこれは相互に無関心であったということでは決してない。相互に敵対的であるがゆえに、逆に両国は国境付近にきわめて強い関心をもっていたといえる。事実、新羅側は、西北と、東北の二つの国境に長城を築くなど具体的な軍事政策を積極的におこなっているのである。他方、渤海は、柵城府《さくじょうふ》(東京龍原府)から新羅国境(泉井郡)への道を「新羅道」と名づけ、そこまで三九の駅があったことを中国史料(賈耽《こたん》『郡国志』)は伝えている。こうした駅道の存在自体をもって、両国間の頻繁な交渉の証左としてあげる論者も多いのであるが、しかし、これを渤海側の防衛上の幹線路であると見れば、一方の起点を新羅とするこのような駅道が、第三者である唐側に伝えられたとしても不可解なことではあるまい。両国の敵対関係からすればむしろこのような解釈こそ妥当であると思われる。

そこで、こうした新羅と渤海との対立状況を認めたうえで、両者を隔てる境界に歴史的・社会的な必然性があったかを考えてみたい。たとえば、長きにわたって、この地域が、前代の高句麗や新羅の国境であったり、あるいは、この境界領域がそもそも相互に没交渉的な地域であったりしたであろうか。ひいては、両地域に民族的な差異が認められるようなことがあるだろうか。しかし、歴史上そのようなことは全く見出せないのである。

まずもって、高句麗はかつて新羅・渤海の国境のさらに南に下った諸地域を長いあいだ保っており、一方、こうした高句麗に対し、六世紀に入って反撃にでた新羅は、新羅・渤海の国境のさらに北部の濊族を押さえたことがある。その地に建立されたのが著名な二つの真興王巡狩碑(五六八年)である。

そもそも日本海側のこの地域一帯は、濊族の居住地域であって、統一新羅時代にもこの地域に靺鞨族(濊族)の居住したことが確認できる。彼らは、高句麗滅亡後の六八三年に、統一新羅の軍団・九誓《きゅうせい》幢《とう》の一軍団（黒衿《こくきん》誓幢）として編成されているのであって、それゆえ、この地域に古来生きてきた居住民にとっては何ら必然性のない境界といわなければならない。

　また、かなり後世（一八世紀）のことではあるが、厳しい自然条件におかれたこの地域の住民は、半島南部の諸地域と密接に交流し、衣類や食物をこの土地の物産（人蔘《にんじん》・貂《てん》皮）と交換することで獲得していたのであった（李重煥『八域志』）。この地域の住民にとって隣接する半島南部との交易は一八世紀に至るまで不可欠であったのである。

　このようにみるならば、渤海・新羅両国の国境には、境界となる歴史的・社会的な必然性は見あたらないのであって、それゆえ両国の境界はまさに渤海の成立に深く関わっていたと言わざるをえないのである。

　そこで渤海成立期の状況をみてみると、新羅との境界地域での対立は、七二〇年代には明確な形で現れ[17]、やがて七三二年の唐と渤海の紛争に、新羅は唐の要請を受けて軍事介入し、直接交戦するにおよんでいる。そしてこれを契機に、新羅は九世紀初めに至るまで、西北・東北双方の国境地帯に対する軍事施設の増強に腐心しているのである。

　とくに興味深いことは、新羅との対立と平行して、渤海が全く同時期に、北方の黒水靺鞨と対立を激化させていることである。七二二年に黒水靺鞨が唐と結び、これによって唐による黒水靺鞨地域への支配が進行するなど、渤海は北辺と西辺の両面から軍事的脅威を受けることになったのであった。それに先立つ新羅との緊張を含めれば、渤海はこの当時、東方の海浜部を除き国土の全域にわたって外部の脅威にさらされていたことになる。

七二〇年代に始まる渤海と隣接諸地域との軋轢は八世紀を通して認められるが、また、この時期は渤海が靺鞨諸族を包摂、統合していく時期でもある。こうした時期的な符合は、この両者が分かちがたく結びついた関係にあったことを暗示しているのではあるまいか。つまり、渤海による北部を中心とする周辺の靺鞨諸族に対する統合、あるいは妥協的再編を迫ったものは、このような南辺の新羅との厳しい対立と、北辺の黒水靺鞨との対立抗争であった可能性が高いのではないかと思われるのである。

実際に、この時期より靺鞨諸族の対唐交渉が減少しはじめており、その一方で対日本外交が開始されているからである。渤海は建国初期の八世紀初葉から中葉にかけて、新羅や唐、黒水靺鞨との対立を深めていくが、まさにこうした国際環境のなかで、北部および周辺の靺鞨諸族に対する統合に弾みをつけたのではないだろうか。すでに指摘した渤海と靺鞨諸族の対唐、対日本の通交関係の特徴は、何よりもそのことを裏づけているように思われる。

そうであるならば、渤海にとって、新羅との国境に跨って実在した南部の靺鞨族をはじめ、その他の靺鞨諸族を管理・規制することは、国家体制の根幹に関わる重要問題であったはずである。というのも、靺鞨諸族にとって、最も近接する新羅と通交することこそ自然な活動であるが、一方、新羅と敵対する渤海にとっては、これは国家の存立そのものを脅かす容認しがたい行為となるからである。

だからこそ、靺鞨諸族に対する統制がゆるむ渤海の衰退期に至ると、新羅の国境付近に靺鞨諸族が出没し、交易を求めてくるという事象が表面化するのであろう。このような現象として最も早く確認できるのは、八八六年に、「宝露国」「黒水国」人が新羅東北国境の北鎮に通交を求めて密かに侵入してきた事件である。さらに、渤海滅亡後には、新羅に代わった高麗と旧渤海領域の靺鞨諸族（女真人）との間に、頻繁な交渉がみられ、それは金国の出現まで続くのである[18]。

こうした渤海の衰退期から始まる、かつての両国の国境付近における交流の活発化は、まさに新羅・渤海の並立期にはみられなかった現象であり、この変化は渤海の衰退・滅亡によってもたらされた現象とみなさざるをえない。したがって、これは渤海の国家的な性格と関連づけて考察されるべき問題なのである。

翻ってみるに、新羅北部から渤海の南部にかけての東海岸地域には古来、毛皮や珍魚を遠く中国内陸部までもたらす狩猟、漁撈の民（濊・東海賈・靺鞨）の居住したことが明らかにされており、彼らが遠隔交易を必須としていた点に注目される[19]。渤海の対外交易とは、こうした生業に従事する靺鞨諸族の交易活動をいわば国家的に編成したものであったのではないだろうか。それゆえ、渤海は、他地域との交易に対して、管理・統制することが最大の課題であったに違いない。そして、それは靺鞨諸族との政治関係の安定に不可欠の要素であったはずである。

言いかえれば次のようになるであろう。すなわち、渤海にいったん包摂した靺鞨諸族に対して、渤海王権が対外交易を彼らに保証できなければ渤海内に止めることは不可能であり、南方の新羅との通交を押し止めることもできなかったであろう。それゆえ、対唐、対日本への長期間にわたる安定した通交関係は、その一方で南に接する新羅との没交渉をも含めて、渤海の基本的な国家戦略であったといえるのではないだろうか。

こうしてみると、九世紀末に始まる靺鞨諸族の自律的な活動、とりわけ北部の靺鞨諸族が単独で部名(国名)を名乗り新羅領域に積極的に働きかける姿(たとえば前述した八八六年の事例)は、渤海の民族の統合と分裂の契機を象徴的に語っているものといえよう。

渤海は、粟末靺鞨を中核として北部および周辺の靺鞨諸族を次々に包摂し、民族集団間の違いをこえて渤海王権のもとに服属させ、統合したかのようにみえた。しかし、国際環境の変化にともなう経済的条件の変化があれば、そうした統合に亀裂を生じさせ、いつでもエスニック・アイデンティティを復活させる契機をはらんでいたのである。渤海の族属問題を、エスニシティ論の視点から検討しようとしたのも、まさにこうした局面に対する理解を深めるためでもあったのである。

ところで新羅と渤海の国境付近を含めた朝鮮半島北部は、古来、対中国通交のルートとして注目され、それを阻害したという名目でもって、中国王朝がこの地域の勢力に攻撃を加えることは、漢の武帝以来しばしばみられることであった。渤海南部および新羅北部地域における漁撈・狩猟を生業とする諸族の通交ルートを確保することは、この地域の政治動向を決する中心的課題であったとさえいえるであろう。

そのような意味で、渤海の五京が、渤海の対外交通網に深く関わっていたことを明らかにした河上洋の研究[20]は注目される。すでに述べたように、渤海の国家発展、靺鞨諸族の統合は、包摂した靺鞨諸族に対外交易を保証することにかかっていたともいえるのであって、渤海の国家体制の要である五京が、対唐・日本との交通を重視した制度の一環であったことは、渤海の国家の性格そのものを物語るものといえよう。

おわりに

以上の論点を踏まえ、結語にかえて、渤海および渤海の存立に深く関わっていた新羅の滅亡に関する問題について言及しておきたい。

従来、渤海の滅亡(九二六年)や新羅の滅亡(九三五年)は、唐の滅亡(九〇七年)に直接関わるとみる東アジア世界論あるいは冊封《さくほう》体制論と呼ばれる立場からの理解があり、今日広く認められるところとなっている。

すなわち、唐帝国の衰亡と共に、唐帝国と政治的関係をもっていた周辺の諸国家が時を同じくして変動するのは、東アジア世界の国際秩序を規制していた唐帝国の政治的・文化的規制力の喪失にあったというのである。

他方、周辺諸国では、唐の規制と保護を受けることによって、各々国内での権威をそれまで保持していたので、周辺諸国の各王朝は、それを失うと急速にその勢力を失墜させてしまい、内外の新勢力にとって代わられたという。おおよそこのように、唐末における一連の崩壊過程を説明している。要するに、唐滅亡後の東アジアの国際的変動を、あくまで終始一貫して唐王朝・中国王朝の変動からのみ捉えようとする見方といえよう。

しかし、これまで本章において、渤海の国家基盤の確立や国家の性格それ自体が、新羅や黒水靺鞨との対立と深く関わっていたことを具にみてきた。つまり、渤海の成立にはその国際環境、隣接する諸国家との緊張関係が深く関わっていたのであって、とりわけ渤海の国際関係は、新羅との対立を基調とする戦略で一貫している点に大きな特徴があった。渤海は、唐、新羅、黒水靺鞨との鋭い対立関係の中で、八世紀中葉から、靺鞨諸族の交易を管理・統制しながら、北部を中心とする周辺の靺鞨諸族を再編強化していったのである。それゆえ渤海の靺鞨諸族に対する支配を効力あるものとしていたのは、建国時の渤海をとりまく国際環境であり、周辺諸国との緊張関係にあったといってもよいであろう。

渤海の成立過程におけるこのような背景を念頭におくとき、その崩壊過程においても、同様の問題に留意する必要があるのではないかと考えざるをえない。つまり、渤海の崩壊の問題は、その成立事情と同様に、唐との関係だけでは捉えきれず、周辺諸国家間の緊張関係が軽視しえない位置を占めていたのではないかということである。渤海の国内支配を成立させ、存続させていたのが、諸国家間との緊張関係であるとするならば、渤海の突然の衰亡・崩壊には、たとえば、南の新羅との、いわば相互依存的な緊張関係の弛緩という問題に注目してみる必要があるのではないかと思われる。

この点についてはさらに委曲を尽くして論じなければならないが、しかし、少なくとも上述してきた渤海の民族と国家の検討によって、冊封体制論では視野に入らなかった問題が、新たに浮かび上がってきたのではあるまいか。以上の論点をつけ加え、擱筆したい。

第Ⅱ部

出土文字資料と境界

第五章　出土史料は境界を越えることができるのか

はじめに

近代日本においては、朝鮮の植民地支配を契機に、朝鮮古蹟調査や朝鮮史編修などを通して古代日朝関係史を中心とする古代史像が形成され(1)、また、それに依拠した古代史研究は近代日本のナショナリズム形成に知的資源を供給し続けてきた(2)。本章は、近年の石碑や木簡などの出土資料を用いた研究をとりあげることによって、それらの研究が古代史研究を永く規定してきた今日の国境や民族の境界を越える可能性について検討することを目的とする。はたして、この間の石碑や木簡など出土文字資料の研究は、編纂史料に典型的に見られる編纂時の政治的なイデオロギーの拘束から逃れることは可能なのか、さらには同時代史料の研究はいかにして国民国家のイデオロギーを越えることができるのか。こうした視点から、近年の古代東アジアの歴史研究を事例に、その成果と課題について述べることにしたい。

1　朝鮮古代史研究における編纂史料・金石文

「泰和(=太和)四年」(三六九)の紀年をもつ七支刀《しちしとう》(奈良県石上神宮《いそのかみ》所蔵)と、「甲寅年」(四一四)に立碑された広開土王碑(中国集安市)とは、二つの資料が一体となって、古代の日朝関係の確かな起源を物語る資料として活用されてきた。(3)よく知られているように、『日本書紀』や『古事記』に伝わる神功皇后の「三韓征伐」や、「任那日本府」による朝鮮半島南部の支配を裏づける同時代史料として格別に重視されてきた。(4)

たとえば、七支刀は百済・倭関係の歴史的性格を物語る同時代史料として珍重されてきたが、宮崎市定《いちさだ》が「これはかつて日本が朝鮮を支配していた時勢を反映した読み方であり、近時はその反動として、韓国の学者がその国粋主義に熱中するのあまり、古代の日本を百済の属国視しようとする傾向がある」と指摘するように、(5)七支刀は、国民国家の物語に利用されてきた。現在に至るまで、七支刀の歴史的な位置づけとしては、百済献上説、百済下賜説、東晋下賜説、百済・倭対等説などの諸説があるものの、意識するとしないとにかかわらず、近代国家を投影して同時代史料を解釈しようとしてきたことを見せつける事例である。

科学的な調査を前提に、長年の研究史を踏まえた最新の研究によれば、七支刀とは、太子時代の百済王・近仇首王(奇=貴須)が三六九年一一月に倭王旨のために作られたのであって、両面の銘文は、表には作刀年月日、吉祥句、作刀者名を記し、裏には具体的な作刀事由を記したもので、七支刀は、道家思想に傾倒する奇によって儀器として作られ、後世に長く伝えられることを願って倭王に贈られたと解されている(6)。七支刀を取りまく大きな歴史的文脈としては、朝鮮半島を南下して百済に圧力をかける高句麗に対抗するために、百済は日本列島の倭国に政治的な働きかけをして連携を模索したとの見解が大方の支持をえている。

一方、広開土王碑についても、いわゆる辛卯(三九一)年条の三二字(百残新羅旧是属民由来朝貢而倭以辛卯年来渡□破百残□□□羅、以為臣民)は、碑文研究が着手された一八八〇年代には、「百済・新羅はもと高句麗の属民であるので朝貢していたが、倭が辛卯年より海を渡り、百済と任那・新羅を破り倭の臣民とした」と見なし、これを『日本書紀』の神功皇后紀や任那日本府と結びつける解釈の枠組は、長くその後の研究を拘束してきた。

一九七〇年代に至り、広開土王碑研究の機縁が問題にされたり、「拓本」研究に疑義が呈されたりするなかで、広開土王碑の陸軍参謀本部の改竄説が提起され(7)、また、それ以前には上掲の三二字の中に、随時、主語・目的語を補足して高句麗優位の情勢を読み取ろうとする解釈も注目された。後者は、広開土王碑文を徹頭徹尾、高句麗優位の情勢が書き込まれたテキストとして捉えようとする試みである。しかし、これまでに原石拓本研究が国際的にも積み重ねられ、現在では碑文の改竄説は否定されている(8)。また碑文の筆法の解明によって、件の三二字は、倭の百済や新羅に対する軍事行動を記したことに疑いの余地がない。改めて指摘するまでもなく、主語・目的語を補って高句麗優位の情勢を読み取ろうとする試みは碑文の文脈を取り違えた誤読なのである。ただし辛卯年条の「海」字は判読不明とされ、当初は「任那」と解釈されてきた二字は石碑の亀裂によって解釈不能であるが、新羅に対する動詞として読まれるべきであるとされている。[9] さらに、辛卯年条を含む八年八条の武勲記事は、それ自体が現実を写し取った記事というよりは、巧妙な文飾による政治的な目的を持った文章構成で成り立っているとの見解も動かせない。[10] いずれにしても、広開土王碑文研究は、国際的にも倭の実態を含め、古代日本の政治勢力が朝鮮半島において軍事活動を展開したか否かが主要な関心事でありつづけたのである。

しかしながら、碑文全体を視野に収めれば、むしろ重要な問題は、一七七五字からなる碑文は、大きく三つの内容(①高句麗王家の由来と広開土王の事績、②八年八条で構成された広開土王の武勲、③守墓人のリスト及び守墓役体制に関わる法令)から構成されるにもかかわらず、もっぱら②の一部に過ぎない辛卯年条の真偽が国際的にも議論の対象となってきた点にある。つまりは、広開土王碑は『日本書紀』所載の「任那日本府」を裏づける資料としての一面のみが強調されてきたため、碑文全体への考察は軽んぜられてきたといってよい。一〇〇年に及ぶ研究史において、碑文の全体の内容や構成は関心の埒外にあり続けたのである。改めて碑文全体の構成に注目するならば、②の武勲記事に見える倭の軍事行動とは、守墓人烟戸の歴史的な由来を広開土王の具体的な軍事行動と結びつけ、王の功績を不動のものにするための文飾というべき位置づけにあるにすぎない。[11]

立碑者にとって、文章構成上、最も重要な箇所は③であり、広開土王碑は守墓人に関わる法令が記された石刻文書としての機能にこそ注目すべきことは贅言を要さない。何よりもそれを裏づけるように、二〇一二年に広開土王碑文の③の内容と酷似する内容が刻まれた集安高句麗碑(守墓人烟戸碑)が発見されることによって、広開土王碑文の守墓役体制に関わる法令文書としての性格が明確になってきた。[12]

しかしながら興味深いことに、新たな碑石の発見後、中国や韓国において七〇篇以上の論考が発表されながらも日本における専論は一篇に留まる。[13] その理由の一班は、辛卯年条に関心が集中していたため、そのような「古代日朝関係史」に直接の関係のない碑石には学術的な関心が及ばないのである。日本における広開土王碑文研究がどのような文脈で捉えられてきたのかを浮き彫りにする現象として注目すべきである。要するに、同時代史料としての七支刀や広開土王碑は、当該時期には不在であったネイションとアイデンティティの形成に資するものとして、国民国家の物語に活用され続けたのである。

2　韓国における石碑、木簡研究の進展

一九七〇年代以降、韓国では五世紀から七世紀前半にかけて用いられた石碑や木簡などの出土文字資料の発見が相継いだ。それらの発見は、まず一九七〇年代後半にあり、一九七八年には、朝鮮半島を南下する高句麗と新羅の政治関係を物語る中原高句麗碑（五世紀後半）が発見され、さらに翌年には、新羅真興王の北方進出の端緒となった境界領域の経営方式を伝える丹陽赤城碑（五四五年＋α）が発見された。また、一九八〇年代後半には、法興王が東海岸を北上し、旧高句麗領域での新羅法による支配と殺牛儀礼を伝える蔚珍鳳坪碑（五二四年）が、そして翌年には、新羅が政治支配をおよぼした地域での財物紛争を裁定し殺牛儀礼が挙行されたことを伝える迎日冷水碑（五〇三年）が各々発見された。

これらの石碑は、『三国史記』や『三国遺事』など既存の編纂史料では知りえなかった五、六世紀の朝鮮半島南部の動向を伝える同時代史料として、画期的な成果をもたらした。日本古代史との関係でいえば、蔚珍鳳坪碑と迎日冷水碑に記された殺牛の祭祀は、「牛を殺して神を祭る」漢神《からかみ》信仰が想起されるが、これまで朝鮮半島における実態は知り得なかったものであった。従来、漢神信仰は、その表記から中国に由来のある祭祀とされてきた。(14) しかしながら、両碑の発見により、それが朝鮮半島にも広がっている事実が判明し、「からかみ」とは韓神であって、朝鮮半島に由来する祭祀である可能性を示唆する発見であった。(15)

ところで、上掲の四碑は、いずれも五、六世紀の朝鮮半島の新羅を中心とする国際情勢、とりわけ新羅が高句麗の圧力をはねのけて周辺地域に支配を拡大する過程の法支配に関わる資料であった点で新羅の国家形成史の諸問題、とりわけ法制史に新たな光を投げかけることになった。(16) 注目せざるをえないのは、韓国学界においてそうした法制史上の議論が日本学界の新羅法制史研究の批判を中心に展開されたことである。ここでも同時代史料が研究者のナショナリティという境界の強化に寄与したのである。

一方、石碑が発見されていた一九七〇年代から九〇年代にかけて、わずかではあるが、木簡の発見も伝えられていた。一九七五年には、新羅の都・慶州の宮苑地である雁鴨池から五〇点あまりの木簡が出土しており、その内容については、一九七九年に公表された。また、八〇年代には、新羅の王城であった月城の堀からも木簡が出土していたことが関係者の間ではつとに知られていた。さらに、百済の最後の都であった泗沘城(扶余)の付近からも百済木簡が発見され、一九九一年には、ソウル近郊の二聖山城からも七世紀初頭の木簡が発見された。まさに、ちょうど同じ頃、かつては「任那日本府」があったとされた慶尚南道咸安郡に所在する城山山城で、国立昌原文化財研究所（現・国立加耶文化財研究所）による発掘が一九九一年から九四年までなされた（城山山城木簡の発掘調査は、現在に至るまで一七次の調査が継続されている）。

一九九〇年代末頃までの韓国木簡は、まとまった出土木簡としては、上述のとおり、城山山城出土木簡および慶州の雁鴨池出土木簡や月城垓子木簡、二聖山城木簡などに限られていた。しかしながら、一九九九年に、韓国で初めて木簡を主題とした国際学術会議が国立金海博物館で開催されることになり、この会議の直前に出土木簡を赤外線カメラで共同調査するなど、東アジア規模で韓国木簡が注目される契機となった。それと同時に、韓国木簡それ自体の研究の画期となった。というのも、この頃、あたかも日本や中国において大量の木簡が発見されていたことも重なり、中国、朝鮮、日本の東アジア諸国における木簡研究の状況を一望しようと学界の気運も高まって韓国木簡に注目が集まったからである(17)。

3　韓国出土木簡と日韓共同研究

韓国における出土木簡は、点数としては必ずしも多くはなかったが、発掘報告書の刊行が様々な理由で遅延し、その全容を把握できない状況にあった。偶然にも、二〇〇二年に早稲田大学が二一世紀COEに採択されると、早稲田大学では、学内にアジア地域文化エンハンシング研究センターを設立した。このセンターの特色は八つの研究チームが研究分野を共有する海外学術機関と共同研究の正式な協定を結び、現地での共同研究を追求することにあった。新出土資料の分析や現地調査における協定を必須とする試みでもあった[18]。

その一チームであった朝鮮文化研究所は、上述の韓国出土木簡の共同研究を行うべく、国立昌原文化財研究所や上位の機関である国立文化財研究所との共同研究の申し出を行ったが、そもそも植民地期に考古学調査を独占してきた経緯もあって、また私立大学の一部署に過ぎない機関が共同研究を申し出ること自体無謀なことであり、当然のことながら交渉には長い時間を要した。この事業に携わった当初は、まずは従来、十分になされたとは言いがたい植民地期の「歴史学・考古学」の研究を同時並行的に進め、併せて日本の木簡研究の現状を韓国の発掘担当者に伝達することから始めることを構想した。前者の事業は、近代史研究者や考古学研究者が、後者は、日本・中国・韓国木簡研究者が各々担当した[19]。

まず、朝鮮文化研究所が国立昌原文化財研究所に提案したのは、未発表であった韓国出土木簡の悉皆調査であり、これまで出土した木簡を網羅する『韓国の古代木簡』[20]が両機関の協力の下で出版された。朝鮮文化研究所は、日本語版の刊行に協力することになった。この図録は韓国出土木簡の原寸大の写真と赤外線写真を掲載しており、その全容を伝える資料集として重要な出版となった。やがて、韓国木簡の共同研究は、国立文化財研究所の正式な承認をえて朝鮮文化研究所と国立昌原文化財研究所との協定が締結された。これによって、韓国で出土し、未調査の木簡について国立文化財研究所の諸機関との共同の調査がなされ、二〇〇四年より〇七年まで、毎年、研究集会を開催し、両機関によって日韓各々に報告書を刊行することになった。また、それらの成果は、『韓国出土木簡の世界』、『日韓共同研究資料集　咸安城山山城木簡』として刊行されることになった[21]。

その後、韓国木簡に関する共同研究は、国立歴史民俗博物館と韓国国立中央博物館との協定（二〇〇七年）が結ばれることによって引き継がれ、韓国木簡に対する日韓研究者の本格的な共同研究が加速化した。偶然にも共同研究の進展に伴い全国で木簡発見が相継ぎ、それ以前に発見された木簡に対する共同研究と並行して調査がなされた[22]。約一〇年におよぶ成果は、近年、日韓各々において展示によって公開されることになった[23]。

韓国木簡の共同研究は年を追って深化し、日韓両国の古代史研究者間の学術交流も進展した。こうした機運は二〇〇七年には、「韓国木簡学会」の結成として実を結ぶことになった[24]。現在では機関誌『木簡と文字』は一八号を数え、日本の木簡学会との間に正式な交流協定が結ばれている。

現在に至るまで、韓国木簡は高麗時代の沈船から出土した木簡、竹札を含めても、その出土数は現在八〇〇点ほどに過ぎないものの、新羅の王都・慶州や百済の王都であった扶余だけでなく、新羅や百済の地方の山城や推定官衙跡からも木簡が出土している。三七万点以上の出土がある日本の木簡と比較しても、付札、荷札、帳簿、文書、題籤軸、呪術木簡、習書木簡、削屑など日本木簡に対応する多様な種類の木簡が確認されている[25]。最近は扶余より九九段木簡も発見され、日中韓の比較研究が韓国木簡学会でなされた。膨大な出土点数のある日本、中国における研究者との交流は、短期間のうちに多くの成果をあげ東アジア規模の学術会議が日常化している[26]。

4　出土史料から境界を越える可能性

いまだ出土点数が一〇〇点ほどの段階から漸次、出土点数が増加する過程で、韓国出土木簡を論じる機会を与えられ[27]、その後も、未発表の出土木簡を直接観察する機会に恵まれる過程で、私は日本木簡や中国木簡の研究者より、韓国出土木簡の特徴やその占める位置についての見解を求められるようになった。そうした膨大な出土点数と蓄積された研究成果の視点からの問いには、短期間の内に多くの示唆を与えられた。それらの多くの指摘から私が注目したのは、従来、日本の学界では日本木簡と中国の簡牘《かんとく》(木簡や竹簡)との間には、ほとんど関連性は見いだせないと言われてきた通説についてである。実際に、木簡の形態も書式も全くと言っていいほどに異なり、何よりも使用された時期の差は著しく大きい。中国で竹簡、木簡が使用されるのは戦国時代・秦漢時代から四世紀頃までである。しかし、日本で使用され始めるのは七世紀の前半頃であって、それゆえ、日本古代史研究者は、日本木簡は日本列島で孤立して独自に形成され発展したものと信じていた。

韓国木簡を論じ始めた当時、出土点数は決して多くはなかったものの、数例ではあっても日本出土木簡と関連づけられそうな木簡が検出され、そのような点が注目された。一九九六年の木簡学会集会での報告は、一部の賛同者をえることができた[28]。その後の展開については、前節で述べたとおりであるが、留意すべきは、韓国出土木簡や石碑などの出土文字資料の検討を通じて、古代における漢字文化の伝播と受容の過程が明らかになってきた事実である。従来、日本の学界では当然のことのように、古代日本の漢字文化は、直接、渡来人（中国系人士）によって中国大陸からもたらされたと考えられてきた。しかし、近年では、朝鮮半島の漢字文化を媒介にして漢字文化を受容した過程が五、六世紀の石碑や木簡によって学術的に裏づけられるようになってきた[29]。

中国文明とりわけ漢字文化が周辺諸地域に伝播・受容されていく過程には、必ず媒介者を必要とするのであって、そのような媒介的な機能に注目する必要がある。かつて植民地主義者たちは朝鮮半島の文化の伝播と受容における媒介的な役割を徹底して無視し嫌悪してきた[30]。国民国家の文化的アイデンティティを過去に投影し複雑な文化の転移の過程を近代の民族的自負に還元しようとしたからである。実際は、朝鮮半島と日本列島の間での関係にとどまらず、五、六世紀の石碑や木簡からは、朝鮮半島内においても新羅の漢字文化は明らかに高句麗の漢字文化の影響を受けていることが容易に理解できる[31]。文化の転移には複数の翻訳者、媒介者が関わっていたのである。

ところで、前述したとおり、咸安城山山城から現在までに、約二〇〇点の木簡が出土している。それらの木簡は、当時の新羅領域内の城・村からもたらされた穀物などの物資につけられていた荷札であり、その書式や木簡の形態は、古代日本の木簡の原初形態ともいうべき姿をしている。つまり、これまで中国木簡とは全くといってよいほど結びつかなかった日本木簡は、六世紀中頃と推定される咸安城山山城木簡と形態や書式において酷似しており、明らかに城山山城木簡は、七世紀後半以降の日本木簡の先行形態であることを認めざるをえない。また、その後、七世紀初頭の伏岩里百済木簡の発見によって、日本の古代木簡の源流が百済にあったことを日本の木簡研究者は認めるようになった[32]。日韓における出土木簡の比較をとおして、日本の漢字文化は新羅や百済を媒介に受容している可能性が明確になってきたのである。

しかも、韓国木簡の研究は木簡文化の伝播と受容にとどまらず、古代日本の律令国家体制に対する考え方にも根本的な変更を迫るものとなっている。たとえば、大隅清陽や鐘江宏之によって、大宝律令編纂以前の歴史について、中国を意識した唐風化という史的理解は一面的であり、中国よりは百済や新羅が同時代の中国から受容した諸制度が参照されていたことが強調されている[33]。市大樹も七世紀末の藤原宮木簡と六、七世紀の韓国木簡との比較を通じて、「朝鮮半島から多くのものを学ぶことで日本古代国家の骨格が形成されたという事実」を指摘している[34]。木簡という出土文字資料を得ることによって、古代日本史、朝鮮史にとどまらず、東アジア規模の歴史研究の重要な鍵を握る注目すべき研究分野になってきているのである。

たとえば、従来、古代日本の中国文明化は、六〇〇年の遣隋使にはじまり、続く六三〇年からの遣唐使と併せて、約一〇〇年にわたる中国との交流によって、七〇一年の大宝律令、つまりは中国的な法律体系に基づく国家制度を完成させたというように考えられてきた。これは日本学界の常識中の常識であった[35]。ところが韓国において新羅や百済の木簡が出土することによって、七〇〇年以前の古代日本の諸制度は隋や唐の制度ではなく、百済・新羅が受容した中国の諸制度を間接的に受容してきたことが木簡によって裏付けられるようになっている。つまりは、七〇一年の大宝律令は、それ以前とは格段とレベルの異なる中国的な、唐の制度を直輸入したという事実が強調されるようになってきたのである。遣隋使以来、一〇〇年をかけて古代中国を学んだのではなく、その前に隣国の朝鮮半島諸国の制度を学びながら、それを前提に、七〇一年に至って、目指すべき理想としての中国的な法制度を整えたのが大宝律令である可能性が高い。こうした理解は、韓国木簡の発見および宋代の天聖令の発見によって進展してきた研究成果といえる[36]。韓国木簡研究の成果は、東アジア規模の歴史像の変更を迫っているのである。

また、最新の成果として、一九九〇年代初頭に、平壌で『論語』竹簡が紀元前四五年の楽浪郡二五県の戸口統計簿と共に、貞柏洞三六四号墳から発見されていたことが最近になって判明した。発掘後約二〇年にして、きわめて重要な事実が明らかにされてきたが、今後の研究によって、中国大陸から朝鮮半島へ、どのような漢字文化が伝播し、それが朝鮮半島の諸国にどのように受容され、それがどのように変容して日本列島に伝播したのかという問題が出土文字資料に即して解明される日も近いであろう[37]。

おわりに

韓国における石碑や木簡など出土文字資料の発見は、朝鮮古代史のみならず、従来の古代東アジア史研究を大きく変えつつある。こうした研究動向は、資料の増大にあるかのようにもみえる。しかしながら、その前提には、歴史学研究におけるフィールドワークの日常化があることを忘れてはならない。日本における朝鮮古代史に即して言えば、一九八〇年代末より、組織的で本格的なフィールドワークが韓国の研究者の協力を得て継続的になされ、信頼関係のネットワークが形成されていた。一見、資料の増大に依拠しているように映じる出土文字資料研究の隆盛は、日韓の研究者の交流の基盤の上になされたとも言える。また、それらの信頼関係が形成されていたからこそ、出土地を訪問し、出土文字資料の機器をもちいた科学的な分析が可能であった[38]。それらの成果を共有する手順も、すでに考古学研究者相互になされていたことでもあった。

古代史研究は、植民地主義やグローバル化と無縁であるかのようであるが、国民国家形成期の重要な役割を担わされた学問であることを改めて想起すべきである。国民国家が形成され維持されるためには、国民の生産、再生産が必要不可欠であり、そのためのナショナル・アイデンティティの形成のためには、ナショナルな主体の形成と歴史が求められた。

近代歴史学にとって国家の始源に関わる古代史は決定的に重要である。それゆえ出土文字資料は、近代的な歴史学にとって、重要な位置づけを与えられてきた。しかも、それらは帝国主義の独占の対象であり、長い間、民族主義の衝突の場で重要な役割を果たしてきた。何よりも、われわれと彼らの境界を明確にする国史の先端的な道具であった。そのような意味で、出土文字資料が突然、この二〇年に国境を越えたわけではない。グローバル化の進展と国民国家の衰頽は、「ネイションなきナショナリズム」[39]ゆえに実態のない観念的な情念を伴って、その激しい反動をみせつけてはいるが、国境を越えた歴史学は、出土文字資料の活用と意義を確実に高めているとみるべきである。

第六章　表象としての広開土王碑文

はじめに

一五八〇年の風雪にたえ広開土王碑は六メートル余の偉容をもって今も高句麗の王都であった吉林省集安市に屹立している。かつて、日本陸軍はこの碑石を日本に搬入し、帝室博物館（現在の東京国立博物館）に陳列することを計画したことがあった。三〇トンを越える碑石の日本への搬出計画の動機は、これによって古代における倭の朝鮮進出を日本国民に顕示して今後の朝鮮侵略を正当化しようと企図したからでも、あるいは、倭の朝鮮半島進出があったかのように碑文を改竄したので、それを隠蔽しようとしたからでもなかった。後述するように、そのような大方の推測に反して、実は、倭軍の敗退を記しているこの碑を日本国民の眼前に示すことによって、古代日本の大陸進出の推移を詳しく知らしめ、日露戦争後の情勢に国民的規模で備えうる心情を喚起するのに役立てたいというそれなりにリアルな目的からであった。幸か不幸か、それは実現しなかったが、もし計画通りにことが運んでいれば、広開土王碑は今日の東京国立博物館に移置され、立碑地から遠く隔たったこの地にあって、上述のような歴史的役割を終えた後も日本古代史の一級史料としての位置をあたえられ国民的な関心を集め続けたはずである。

国民の歴史意識を涵養するために広開土王碑を博物館に据えるということは、日本では果たされなかったものの、今日の南北朝鮮においては、ともに原碑ではないが、複製を各々しかるべき場所に展示し、別なかたちでこれを実現している。すなわち朝鮮民主主義人民共和国では、朝鮮人民の闘争と創造の歴史を示す遺物を陳列している朝鮮中央歴史博物館に、一方、韓国では民族精気宣揚のための殿堂である独立記念館の第一展示館の入口正面に複製を据えている。いずれにしても、南北朝鮮では、碑石に記された広開土王の偉業を今日の朝鮮民族の誇りとみなし、歴史意識の育成に大いに役立てようとしているといってよい。

また、碑石が所在する中国においても、広開土王碑は中国東北民族、すなわち中国国民の重要な歴史的遺物として手厚く管理されており、さらに他の都市ではあるが、碑石の複製を作成しそれを展示している歴史博物館がある。

以上のように、その思惑には各々少しく相違があるとしても、上述した四つの国家の国民教育にとって各々に広開土王碑がとりわけ重要視されていることが理解されるであろう。ところで、碑石そのものを持ち去るか、あるいは碑石の複製を新たに作るかして博物館に陳列するといった行為に向かわせるには、碑文に対する解釈とそれに基づく評価がその前提として不可欠である。各々の国家にとって極めて重要な歴史的事実が記されているという解釈に基づき、しかるに国民に広く知らしめる価値があるという確信があってはじめて、そのような行為に意味が生じるからである。

それでは、碑文がかかる内容をもつテクストとして注目され、解読がすすめられたのはいつ頃のことであったのであろうか。また、そのようなテクストの成立を前提に、各々に独自の解釈が生み出されたのはいつ頃のことであったのであろうか。さらには東アジアの諸国でそれが国民教育にとって重要であるという認識をもつに至ったのはいつ頃のことであったのであろうか。

この問に答える前に想起しなければならないのは、広開土王碑文は少なくとも高句麗滅亡(六六八年)後から一二〇〇年余のあいだそのようなテクストとして注目されることは決してなかったことであって、その意味を見いだされないまま放置され続けたにもかかわらず、一九世紀末に「発見」されるや、歴史の彼方から忽然と甦ったのである。そもそも、この碑は四一四年に高句麗の長寿王が父親である広開土王のために建立したものであったのであれば、そのような高句麗のテクストが、近代東アジア諸国における共通のテクストとして領有されることは、それ自体が驚異的なこととして注目されなければならないであろう。

いまや広開土王碑文は高句麗のテクストであることをはるかに超えて、近代の東アジア諸民族、諸国家によって自らの国家、民族のコンテクストにしたがって解釈され利用されているという状況にある。もとより立碑者の長寿王の思惑と、近代東アジア諸国の碑文に対する解釈と評価とのあいだには、当然のことながら相違があってしかるべきである。それはともかく、近代のテクストとしての碑文解釈を生みだしたプロセスを解明する上で、広開土王碑文が一八八〇年に発見され、その四年後に日本人によって研究が着手されて以来、一三〇年間の研究の歴史があることに深い意味があるように思われる。

なぜならば、この碑文の解釈については、日本陸軍参謀本部による本格的な研究が開始された直後にすでに碑文解釈の大枠がつくられ、基本的には現在までそのパラダイムのなかで議論されているとみられるからである。後に明らかにするように、一見、様々な論争が一九七〇年以降四半世紀にわたって激しくなされてきたようにみえるが、それは日本人研究者が先導した徹頭徹尾、近代のテクストとしての広開土王碑文であった。あらためて、この碑文に対し高句麗のテクストとしての内容解釈を企図してみれば、これまでの碑文をめぐる論争とは、近代東アジア諸国(日本、南北朝鮮、中国)の歴史学研究がはらんでいる問題そのものであることが、より鮮明になってくるであろう。

そこで本章では、広開土王碑文のここ四半世紀にわたる論争を導きのテクストとしながら、あわせて高句麗のテクストとしての碑文解釈を探究することによって、近代のテクストとしての広開土王碑文の表象を照射してみたい。

1 近代のテクストとしての広開土王碑文

1 近代に甦ったテクスト

広開土王碑の立碑者である長寿王は九八歳でこの世を去った文字どおり長寿の人であった。彼の父・広開土王と長寿王が在位していたこの父子二代の一〇〇年(三九一―四九一年)こそは高句麗の最盛期といわれる。そのような長寿王が父の死後あしかけ三年間の喪に服した後、父の亡骸を陵墓に埋葬し、その傍らに建立したのがこの広開土王碑であった。(1)

碑石は、高さ六三九センチメートルの角礫凝灰岩の自然石で、一辺は一三五センチメートルから二

○○センチメートルにおよぶ方柱状の形態をしている。四面には縦に幅一四センチメートル前後の罫線が彫りこまれ、その各行に整然と碑字が刻されている。

漢隷の書体をとどめた重厚な漢文による一七七五字の全文は、序論と二つの内容からなる本論とで構成されている。すなわち、まず序論として、始祖・鄒牟《すうむ》王《おう》による建国創業の由来から広開土王にいたる高句麗王家の世系を略述し、次いで、本論の第一に、広開土王一代の武勲を年代記的に八年八条にして列挙し、本論の第二に、広開土王陵の守墓人三三〇家の内訳と彼らに関する禁令と罰則を著録している。このように碑文は、大きくは三段落で構成されているのであるが、そこには、高句麗の建国神話にはじまり、東アジアの流動的な国際関係、高句麗の異民族支配・守墓役体制・固有法といった様々な文化の諸相が描き出されている。広開土王碑文は、実に豊富な内容を凝縮させた五世紀高句麗文化の結晶でもある。

これほどまでに内容豊かな碑文であるにもかかわらず、意外なことに、こうした碑文のテクスト全体がトータルに問題とされることはむしろ稀であった。ではとくに碑文のどこがどのように問題にされてきたかといえば、本論第一段の武勲記事に、

百残新羅旧是属民由来朝貢而倭以辛卯年来渡□破百残□□新羅以為臣民

とある三二字[2]がピックアップされて格別の関心が寄せられ、この三二字の解釈を中心に、古代東アジアの国際関係をめぐって今日まで過剰な論争が繰り広げられてきたのである。近代のテクストとしての碑文とは、まさにこの三二字に集約されているといってよいであろう。

そこで、ここでは主としてこの三二字をめぐる論争を中心に、時間の推移に従って、この論争の経

緯をたどり、一応の顚末を概観しておくことにしよう。

2　近代日本のテクストとしての碑文

一八八三年、陸軍参謀本部の密偵・酒勾《さかわ》景信《かげあき》（砲兵大尉）は吉林省集安県で広開土王碑の墨本（墨水廓塡本）を入手して帰国した[3]。現地で碑石が「発見」されて三年後のことであった。酒勾によって将来されたばかりの墨本[4]は参謀本部で解読が進められ、その結果は早くも一八八四年には、二冊の著作（青江秀『東夫余永楽大王碑銘解』、横井忠直『高句麗古碑考』共に未刊）にまとめられていた[5]。重要なのは、横井忠直の研究をふまえて、酒勾がもたらした墨本の縮小版や釈文、解釈等がその後、『会余録』第五集（亜細亜協会、一八八九年）として刊行されたことである。というのも、この中に縮小されて収録された墨本は、その後ながく拓本と信じ込まれることになり、近年まで日本の歴史教科書に碑文の「拓本」として紹介され、多くの人々の脳裏に焼き付けられることになったからである[6]。『会余録』こそは、広開土王碑文が碑石から独立して、印刷物に写し取られ新たなテクストとして一人歩きする契機となったのである。近代のテクストとしての碑文の誕生といってよいだろう[7]。

ところで、『会余録』には、問題の三二字について次のような釈文を掲げている。

　百残新羅旧是属民、由来朝貢、而倭以辛卯年来渡海、破百残□□新羅以為臣民

その後の碑文研究の多くはこの釈文に基づくこととなり、なんら疑問をもたれないまま三二字は久しく次のように訓読されてきた。

　百残・新羅は旧と是れ属民なり。由来朝貢す。而るに倭は辛卯年（三九一年）を以て来り、海を渡

りて、百残・□□（任那）・新羅を破り以て臣民と為す。

そして、また、こうした訓読による解釈はやがて次のような不動の歴史的評価を定着させることになった。すなわち、「この碑文には、西暦三九一年（辛卯の年）に大和朝廷の軍隊＝日本の軍隊が、朝鮮南部を攻め、百済や新羅を征服・服属させたばかりでなく、その後はるか平壌あたりまで侵攻し、高句麗ともたたかったことが記録されており、少なくとも四世紀末から大和朝廷が朝鮮南部を隷属させていたことを証明する、もっとも有力な第一等の史料である」[8]と。かつて中塚明が的確に指摘したように、これはつい二〇年前まで、いわば日本人の「国民的常識」であった。広開土王碑は、日本古代史上不可欠の一齣である大和朝廷の日本列島統一を証拠立てるものとして、多くの中学・高校の歴史教科書に『会余録』の当該箇所の写真を「拓本」として掲載しつつ、大和朝廷によって統一された日本の軍隊が朝鮮半島に進出したことを記録した碑石であると信じこませてきた[9]。

また、表だって語られることは少なくなったものの、広開土王碑は日本国家形成史の画期を傍証する定点的な価値をもった第一級の史料であって、くわえて古代における日本の朝鮮支配は、これによって裏づけられるとする見解は今もなお命脈をたもち続けている。

碑文中の「倭」を日本と解釈した上で、古代の国際情勢についてこのような解釈を生むに至った背景を考えるさいに興味深いのが白鳥庫吉の碑文に対する独自の見識である。白鳥は自らの基本姿勢を次のように述べている。

　此碑文は当時に於て最も信用すべき歴史上の遺物である。これによつて日本が朝鮮の南部を支配したことを確実に知ることが出来る。……当時日本は三韓半島の南部を支配したのであるが、北部の高句麗とは反対の地位に立て居たのである。高句麗といふは恰度《ちょうど》今の露国のやうな関係であって日本が半島の南部に勢力を得んとすれば高句麗が之を挫《くじ》かうとする、……南部の三国を支配し、且《か》つ持続するにはどうしても北部の高句麗を挫かなければならぬ。其関係は恰《あた》かも日本が今の朝鮮を充分に制するには北の露国を伐《う》たなければならぬと少しも違はぬのである。日本は朝鮮に勢力を得たいといふ希望の為に先きには支那と戦ひ、今は露国と戦うたが如く、政治上の関係より日本は高句麗と戦を開いたのである[10]。

周知のように白鳥庫吉は、日本における近代東洋史学、実証史学の始祖的存在として知られ、ランケの系譜を引くリースから直接学び、後に多くの東洋史学者を育てたことでも著名である[11]。そうした白鳥の素朴な考えが率直に開陳されており、それだけに当時の日本人研究者によって碑文がどのようなコンテクストで読まれていたかをうかがい知ることができるであろう。碑文中の高句麗と倭の戦闘を、戦火を交えたばかりの日本とロシアとの角逐になぞらえて見せたように、白鳥は、徹底して碑文の中に自分が生きた時代の国際状況を投影させ、近代のテクストとして碑文を読み込んだのである。

碑石の搬出計画は、白鳥庫吉のこうした独特の碑文理解によるものであったが、白鳥はさらにこの点を明確に次のように語っている。

私は此碑文を日本に持て来て博物館なり、公園なりに建てるのは実に面白いことであると思ふ。英吉利とか、独乙とか、仏蘭西とかなら何万円かゝつても必ず自分の国に持て来るに違ひない。只《ただ》此碑文に日本に面白くないことが書いてある。……ほんたうの所日本は高句麗に負けたらしいのである。此高句麗に敗れてから日本の勢力が振はなくなつたのであるから、日本が大陸の戦争に負けたならば再び大陸に乗り出すことは容易でない。現に今回の戦争などでも是非とも露国に勝たなければならぬ。若《も》し負ければ今後の国勢上に容易ならざる影響を及ぼすべきことは古の歴史が已に証明して居るのである。(12)こんな事を書いた碑を私が持つて帰らうと申すと、或は面白からぬ事を云ふものだと考へる人があるかも知れませんが、併《しか》し私の考へでは斯様《かよう》に敗を取つた事をありのまゝに我後世に知らすならば、子孫の末に非常な印象を与へて憤慨心を持たす事が出来ると思ふ。それは敗を取つた結果を知らしむるに利益があるからである。(13)

碑文には日本にとって面白くないことが書いてある、だからこそ現今（日露戦争後）の情勢下にあって、これを国民に対する教訓として提示する意味がある。こうした意図から発案された白鳥の碑石搬出計画はまさに軍部によって実行に移されんとしていた。このことは、一九〇七年五月における集安県知事呉光国《ごこうこく》の奉天提学使小浦《こうら》への文書によって明らかにされているが、第五七聯隊長小沢徳平が碑石を購入し、日本博物院に陳列の意志があることは清国側にも伝わっていたのである。(14)

以上のように、陸軍参謀本部において碑文の解読が始まったこと、そして、碑文の解読に関わった人々にとって時局に資することが暗黙の内に了解されていたこと等が納得されるであろう。広開土王碑文は、近代日本の初めての対外戦争の前夜に、間近に迫った外征軍の兵站を考究する集団によって新たな意味の創出がなされたのである。これによって、遥かな古代のテクストは一挙に近代に引きつけられた。まさに近代のテクストとして広開土王碑文は甦ったのである。

古代の朝鮮半島における諸国間の抗争が、つまるところ朝鮮半島南部の地をめぐる倭と高句麗の二大勢力による角逐であったことを碑文は雄弁に物語るものであるという見方は、これ以降の人々が無意識におこなう自動的な解読図式となったといってよい(15)。そうした碑文に対する見方・考え方の枠組となる図式が浸透するにともなって、碑文の全文が引かれることは次第に少なくなっていったのである。

3　近代朝鮮のテクストとしての碑文

すでに定式化されつつあった碑文理解を正面から批判し、通説的解釈に異議申し立てをおこなったのは鄭寅普《チョンインボ》であった(16)。鄭の反論は、碑文にみえる国際関係の解釈に対してであって、碑文は広開土王の勲徳威武を顕揚するためのものでありながら、日本人によってなされた三二字に対する解釈では広開土王の偉大さを損なうことになり、こうしたことは文脈・事理からありえないというのである。

そこで、鄭は従来の三二字の解釈に対して、次のように字句を補って新たな解釈を示した(17)。

　而して倭は、かつて辛卯年、〔高句麗に往侵し、〕〔高句麗もまた〕海を渡りて〔倭を〕破り、百残は〔倭に〕**通**じて新羅を**侵**せり、〔太王は〕臣民（の百残と新羅がどうしてこのようなことをするのか）と以為へり。（〔　〕は碑文の文意を補うために補入した語句、（　）は碑文に対応部分のない釈読内容、ゴチックは推量した文字）

要するに、碑文中に、主人公である広開土王が不利になることが書かれるはずはなく、そこに主語や目的語が省略されていると推断して、適宜、主語や目的語を補いながら、三二字に記された国際関係記事を首尾一貫、高句麗優位の情勢のもとに解釈しなおしたのである。

こうした鄭寅普の独自の解釈はやがて一九七〇年代に朝鮮民主主義人民共和国の金錫亨《キムソッキョン》や朴時亨《パクシヒョン》に引き継がれることになる。たとえば、金錫亨は次のように解読している。

> 而るに倭は辛卯年に〔高句麗に〕来たるを以て、〔高句麗は〕海を渡りて百残を破り、新羅を□□して、〔百残と新羅とを〕以て臣民と為せり。

すなわち「破」った主体を、倭でなく高句麗とみることは鄭寅普と同じであるが、さらに進めて、「臣民」となした主体を倭でなく、高句麗と改めたのである[18]。

一方、国際的にも初めての碑文に対する総合的な考察を加えた朴時亨は、その著書のなかで、

> 而るに倭は辛卯年に〔高句麗に〕来たるを以て、〔高句麗は〕海を渡りて〔倭を〕破れり。百残、倭を招きて〔新〕羅を略して、以て臣民と為せり。

と解読し、金錫亨とは異なり、高句麗が破ったのは百済でなく、倭であったとし、また、「臣民」とした主体は高句麗でなく、倭を引き入れて新羅を侵略した百済が、新羅を「臣民」となしたと解釈したのであった[19]。

みられるように両者は必ずしも同一の解釈ではなく、むしろかなりの差異がある。しかし、いずれにしても、それまで倭が優勢のもとに展開した情勢と解釈された当該箇所を、鄭寅普に従って、倭の占める比重を軽減しつつ、高句麗優位の情勢を読みとろうと腐心していることで共通している。

今日に至るまで、主として韓国では、一部に碑文改竄説をおりまぜながらも[20]、とにかくこの三二字を、高句麗が優勢のもとに主導した戦況の描写と解釈する説が百出しており、圧倒的な支持をえている。それゆえ、解放後から今日の南北朝鮮の研究者による碑文理解は、大きくは鄭寅普につらなると

みてよい[21]。それらは要するに、碑文の八年八条の武勲記事の全てを一貫して高句麗優勢のもとに解読しようとする試みなのである。

ところで、こうした碑文解釈は、どのような意図のもとになされたのだろうか。新たな碑文解釈の先鞭をつけた鄭寅普は、この点に全く言及していないが、碑文解釈では鄭の学説を継承している金錫亨は、戦後の日本古代史研究に強い衝撃を与えた『初期朝日関係史』のなかで、

初期朝日関係史は、日本学者たちがいっているような、日本の南部朝鮮支配と経営が主内容なのではなく、逆に朝鮮諸国の西日本開拓と朝鮮人の日本歴史発展で遂行した文化開拓者的先進的役割が内容である[22]。

と述べているように、金錫亨の主張の核心は、古代における日本民族に対する朝鮮民族の優位性を説くことにあった[23]。

こうした主張がなされるに至る背景については、かつて喜田貞吉が古代の朝鮮半島と日本列島とにおける言語、文学、風俗、宗教にわたる同質性の主体を日本列島に求め、朝鮮半島を客体として吸収し、つねに日本列島から朝鮮半島へと働きかけるベクトルを強調した日鮮同祖論の論理[24]を想起するとわかりやすい。金錫亨もまた、古代の朝鮮半島と日本列島両地域の文化的同質性を形成した要因を究明するという問題意識を少なからず共有しており、その上で日鮮同祖論の論理のベクトルを転倒させ、あくまで朝鮮に主体をおき逆に日本を客体とみなして、そのような両者の関係が文化の同質性を形成したものと推断したのである。

そうであるならば、鄭寅普にはじまる碑文を高句麗優勢のもとに解読しようとする試みとは、ちょ

うどかつて白鳥庫吉が碑文の倭に近代日本を読み込んだように、高句麗、百済、新羅に近代の朝鮮民族を投影させ、碑文解釈を試みたものといってよいであろう。別な見方をするならば、近代日本が創出した碑文解釈の枠組に積極的に参与する行為と評せるかもしれない。

ともかく鄭寅普を皮切りにこれ以後、南北朝鮮の研究者によって、広開土王碑文は、倭＝日本に対する朝鮮民族の古代における圧倒的な勝利を記したテクストとして解読されたのである。広開土王碑文は、近代日本のテクストを媒介にして、新たな解釈共同体をもったことになる。それは、とりもなおさず近代朝鮮のテクストの成立でもあった。

4　テクストへの懐疑

ゲシュタルト・チェンジともいうべき金錫亨の学説は、少なからず戦後の日本古代史研究に衝撃を与えた。しかし、その仮説の大胆な構想に比して、実証性の乏しさから古代史家の反応は必ずしも芳しいものではなかった。こうした状況にあって、中塚明は、金錫亨をはじめとする朝鮮人研究者の所説をいかに受けとめるかという視点から、日本古代史のなかでとりわけ重要な位置を占める広開土王碑文研究の反省と再検討をおこない、従来の碑文研究に対するイデオロギー批判の必要性を提起した。

このなかで中塚は、広開土王碑文は四世紀における大和朝廷の日本統一と朝鮮半島南部の征服を裏づける史料として日本の歴史教育に活用され、長く国民的常識となってきたこと、そのような歴史理解の裏づけとなった碑文研究は、日清戦争に備えていた日本陸軍参謀本部によって着手されたということ、そこでの成果がそのまま、戦後の日本における歴史研究・教育の場においても無批判に継承されていること等を指摘し、その反省をうながした(25)。

ところで、中塚の指摘のなかでも特に近代のテクストとしての碑文を考察する際に見逃すことができないのは、日本に持ち帰られた「拓本」が研究者ではなく、陸軍参謀本部の軍人によってもたらされたこと、さらに、教科書等に碑文の拓本として紹介されているものが、決して拓本ではありえないことに注意を喚起した点にある。中塚論文は近代日本のテクストとして成立した碑文に、歴史的な背景と条件があったことを自覚させる初めての提言であった。

そのような中塚の問題提起を受けて、佐伯有清は、「拓本」を将来した軍人・酒勾景信の素性やその活動、そして陸軍参謀本部の碑文研究への関与のあり方等についての解明に努め、後にそれらはほぼ明らかにされた(26)。

やがて、参謀本部による碑文研究への積極的な関与の事実を前提に、さらに推論を加えて、参謀本部によって、「拓本」のすり替えや、それを隠蔽するための現碑に対する石灰塗布といった史実歪曲行為までがなされたとする説が李進熙《イジニ》によって提起された。

すなわち李進熙は、碑文が発見されて以来、現地でとられてきた拓本を広く収集し、それらの拓本の独自の編年観に基づいて、拓本が酒勾景信によってすり替えられ、後にそれを隠蔽するために現碑に「石灰塗布作戦」が敢行されるなど、石碑が日本陸軍参謀本部によって改竄されたと主張したのである(27)。

李進熙説は発表後、約二〇年近くにわたって古代史研究者のみならず、広く社会的な関心を集めるところとなった。センセーショナルな問題提起に、当初、アカデミズムは、民族的心情論として否定的な態度をとり続けた。確かに、そのような一面がないわけでなかったが、碑文をそのまま写し取ったと信じられてきたテクストとしての拓本に対して、根本的な疑問を呈したことにより、碑文研究のイデオロギー性[28]を一層自覚化させ、テクストとしての碑文に対して、これまでにない視点から抜本的な再検討へと向かわせた点は無視できない。

後述するように、李進熙説の仮説は、現時点ではほとんど成立する余地はなくなったといえる。しかし、その歴史的意義は、テクスト論からも決して小さくはないのである。それに加えて、ここでその意義として敢えてとりあげたいのは、近代のテクストとしての碑文研究を極限状態にまでエスカレートさせる契機になったことである。

それは、ひとり李進熙の研究のみがナショナリズムの所産であったというのではない。むしろ李の問題提起が、日本人研究者の素朴な民族感情を刺激し、実証史学の名のもとに隠しもっていたナイーブな心情をあぶりだしたところにある[29]。容赦なく浴びせかけられた李説への批判は、つまるところナショナリズム批判であった。多くの日本人研究者は、歴史研究はナショナリズムを乗り越え、国境を超えて議論されなければならず、碑文研究もまた同様であることを力説した。一見もっともな、あくまで研究上のルールに則った冷静な対応にみえるが、近代日本がリードした碑文研究の歴史そのものが帯びる自らのイデオロギー性については自覚されず、むしろテクスト論の新たな出発点を作ったことだけは認めるといったところに李進熙説の学説史上のそれなりの評価が与えられた[30]。

しかしながら、当時の代表的な批判者の一人である井上光貞の次のような回想は今日どのように映るであろうか。

朝鮮古代史家の挑戦はジャーナリズムのみでなく学界にもひろがり、若い学生などの人気も集めたので、わたくしはそれへの反論を重ねつつ、苦境にたたされた。……一九七三年度の学部の講義の「六世紀史の研究」では前半の原稿（『日本の歴史』第三巻「飛鳥の朝廷」、小学館）を講じたものだったが、金（錫亨）氏や李（進熙）氏の説に共鳴する学生の少なくないであろう教室で全く緊張した講義をつづけたものであった。……こうして東大紛争以後数年間は全く試練の時代であった。大学では紛争とその善後処置ととりくみ、学問では、大化改新や日鮮関係についての挑戦をうけなくてはならなかったからである。わたくしは応戦して自説を主張し、かつ反駁した。しかし攻めから守りにまわることは精神衛生上、よろしいことではない。一九七六年二月に心臓発作でたおれたことは前にふれたが、その理由には、紛争ばかりではなく、応戦のいたみもちいさくはなかったとおもうのである。[31]

　ここにみられる「挑戦」「応戦」、「攻め」「守り」といった言葉は、それがたとえ学説上の論争に関わる比喩であるとしても、本人は知らぬ間に、「日本人研究者の（往々にして無自覚な先入観としての）民族意識と異なる民族意識[32]」に誘発されて「自己のあまりに民族主義的な体質を自白して[33]」しまったとみられても致し方ないのではあるまいか。

　近代のテクストとしての広開土王碑文をめぐって、同一の地平での言説の衝突が形を変えながらくりかえされ、その中から絡み合った議論を解きほぐすための新たな視座が切実に求められるようになったのである。

5　テクストの内部へ

李進熙は拓本の編年を通じて、酒匂景信がすり替えた碑字は、一六箇所、二五字におよぶとした。そして現碑の科学的な調査を経ないままに、碑文を解読、解釈することの不当性をくりかえし主張した。(34)このような碑文全文の一字一句にいたる意義申し立ては、碑文の釈文や解釈を根底から覆すものであり、『会余録』以来のこれまでの釈文に安易に依拠しつつ行われてきた碑文解釈が深く反省された。

それと同時に、李進熙の仮説が提起された頃、期せずして碑文の解読、解釈に新たな展開がみられた。それは、これまで三二字に限って局部的に論じられる傾向のあった本論第一段の八年八条の武勲記事をトータルに把握し、碑文の筆法や碑文の内的な論理を追究しながら、嫌疑をかけられた碑字をも検討しようという新たな視角であった。

それまでの碑文研究がどちらかといえば、近代のコンテクストから三二字に関心を集中させ、その文意が倭主導の情勢か、高句麗主導の情勢かといったレベルの議論であったのに対して、ここではじめて、碑文全体のコンテクストに即して碑文の意味内容を追究する道が開かれることになったのである。

こうした視角から、一九七三年を前後して、碑文の本論第一段の構造的な解読がめざされた。そのような試みの突破口は、八年八条の武勲記事には、必ず「王躬率」(自ら率いる)あるいは「教遣」(命じて遣わす)という二つの対照的な表現のいずれかが用いられているという事実に着目するものであった。(35)

すなわち、武勲記事は王の生前の称号「永楽」を冠した年号と相当干支とで導かれた八年八条の紀年記事からなっているが、八条の記事は全て、年号・干支の後に、「王躬率」か「教遣」のどちらかの常套句を伴っている。この「王躬率」と「教遣」とは二つのタイプの軍事行動なのであって、王が自ら軍勢を率いて出動する直接的な軍事行動と、王が都にとどまり軍勢を派遣する間接的な軍事行動とに厳格に分けられているのである。

重要なのは「王躬率」のタイプは、そのまえに王が自ら軍事行動を起こした理由を説明する文章が必ず挿入されていることであって、それはまた高句麗にとって不利な状況、王の親征によってのみ打開される情勢を示すという法則性をもっていることである。たとえば、永楽二〇年(四一〇)の武勲記事は、

廿年庚戌、東夫余、旧より是れ鄒牟《すうむ》王《おう》の属民なるも、中ごろより叛きて貢がざりき。王、躬《みずか》ら率いて往討す。軍、余城に至る(下略)。

とあって、みられるように東夫余を広開土王みずからが軍を率いて討伐に赴いたのは、東夫余が属民(朝貢する義務をもつ隷属民)であるにもかかわらず叛いて朝貢しなくなったので、永楽二〇年に、王は自ら出動し東夫余に赴き征討した、となるのである。ちなみに、このような「王躬率」の前にあって、不利な状況を記述した文章を「前置文」と呼びならわすことになった。

こうした碑文の筆法についての解明は、広開土王碑をただ単に顕彰碑とみなして碑文には高句麗にとって不利なことを叙述するはずはないという短絡的な見方に根本的な反省を迫ることとなったのはいうまでもない。つまり、碑文には王の偉大さを引き立たせるための巧妙な文飾が施されているのであって、碑文の書き手は読者に対して「前置文」という仕掛によってそのような効果を期待している

ことになる。碑文は一貫して高句麗にとって不利なことを書かないとは決していえないのである。

そもそも、主人公に困難な舞台を設定し、そのような苦難を乗り越えることによって英雄としての真価を引き立たせる、あるいは挫折のごとき中途の敗北を仕組むことによって、最終的な勝利を一層輝かせるといった手法は、東西古今の英雄伝説やドラマの常套手段である。武勲記事に埋め込まれた前置文とは、そうした仕掛なのである。

このような点をふまえた上で、それでは三二字はどのように解釈されるであろうか。まず、検討すべきは、前置文との関連であるが、この三二字は、独立した自己完結的な文章ではなく、その直後に、「以」（＝ゆえに）の一字があり「六年丙申王躬率」に接続されているのである。つまり、この三二字は、それだけで元来「六年丙申」と「王躬率」との間にあるべき前置文であり、それゆえ三二字は高句麗にとって、「六年丙申」に王が親征せざるをえない困難な状況を示す内容となるべき文章でなければならないことになる。

八年八条の武勲記事の中で、唯一例外的に前置文が年号・干支（「六年丙申」）の前に飛び出してしまった理由としては、長文になってしまったので前に出して接続詞（「以」）によって構文を整えたとみられるが、学説上、有力なのは、その後に展開される武勲記事をも説明するための「大前置文」としての役割をもたせたことによるとされている[36]。

いずれにしても、碑文の筆法から武勲記事の内的論理を導きだし、それを前提にして、三二字は高句麗にとって不利な状況を説明し、広開土王の親征を要請する舞台設定に相当する文でなければならないとする見解は、反論の余地のない鉄案といわざるをえない。しかし憂慮すべきは、こうした碑文の文章構造から導き出された「前置文」説について日本の学界だけで論理化され支持を得ているという現状であって、国際的にはほとんど議論の対象となっていないことである[37]。

それどころか、むしろ朝鮮近代のテクストとしての碑文解釈に固執し、三二字の解釈をめぐって恣意的に主語、目的語を挿入したり、根拠のない文字を憶測したりする解釈は百出し、いまだに鋭意追求されている。しかし、それがいかに徒労であるかは、いまや贅言を要しないであろう。にもかかわらず、そうした試みが決して断念されないのは、「前置文」説を認めることがとりもなおさず日本における伝統的な解釈を認めてしまうという危惧からであることは疑いえない。けだし「広開土王碑文は古代における日本の朝鮮南部支配の傍証となる」という近代日本のテクストとしての碑文の呪縛なのである。

6　テクストの復元

テクストへの根本的な懐疑は、一方で碑文の内的な論理を究明する道を開いたが、それとともに、テクストの原点にたちかえって各種墨本の性質やその作成過程が詳細に追究され、あわせて碑石発見の経緯や、墨本作成の歴史的変遷についての理解が着実に深められることにもなった。またそれと平仄を合わせるように現地において碑石の現状について精緻な調査がはじめられていた。

そのような中で注目すべきは、中国における王健群《おうけんぐん》らの現碑そのものに対する精査と碑石に関連する諸問題についての調査(一九八一年四月―一〇月)の結果が『好太王碑の研究』として一九八四年に公表されたことである[38]。

この現地における調査の最大の特徴は、まず第一に、現碑の碑字の全てにわたって丹念に精査して判読を試みた点にあり、第二に、現地における関係者に対する聞き取り調査を念入りに行い、李進熙の提起した仮説（陸軍参謀本部による「石灰塗布作戦」）の検証に本格的に取り組んだ点にある。

まず前者の成果である王健群の判読した文字とそれに基づく釈文は、外国人が現地に足を踏み入れることのできない状況下にあって、限られた拓本やそれに基づく釈文に依拠して進められた碑文研究に、テクストの復元という新たな可能性を期待させるものであった。しかし、このとき明らかにされた自然による風化侵食の状況や、「化学的密封保護」[39]措置についての事実は、そうした現碑に対する直接の調査によるテクストの復元にも最早、限界があることを知らしめることにもなった。

王健群の研究で重要なのは、後者の成果、つまり李進熙説の検証である。すでに言及したように李は、拓本すり替えを隠蔽するために、日本陸軍参謀本部およびその工作員によって碑石の表面に石灰が塗布されたと主張し、それは一八九四年（酒匂による「すり替え」）にはじまって、一九〇〇年前後（「石灰塗布作戦」）、そしてその後まもなく（「第三次加工」）と、三度にわたったと推定した[40]。もともと石碑に石灰が塗られていたこと自体は、すでに戦前に現地を訪れていた日本人研究者にも確認され、かなり知られていた事実であったが、李はこれを参謀本部によって周到に計画された組織的な謀略に帰着させたのであった。

王健群はこの点を検証すべく現地における関係者の証言を広く収集して、その結果、長年この地で石碑の石摺りにたずさわっていた初天富《しょてんぷ》・初均徳《しょきんとく》父子の存在に着目した。そして、彼らが一八八三年以来、約六〇年間にわたって碑石の傍らに居住し、碑文の石摺りにたずさわっていたこと、また、初父子はこの拓本の売買を生業としていたこと、伝世する拓本のほとんどは、初親子の手になるものであったこと等を突き止めたのである。

要するに、碑石に塗り込められていた石灰は、あくまで彼らの拓本作成の過程において塗布されたにすぎなかったことになる。その理由もおおよそ次のような経緯によるものと推測されている。すなわち、碑石の表面は、もともと決して均一な平面でなく、随所にうねるような起伏があるばかりか、風化や雨水の侵食を受けており、たくさんの気孔があってこれに紙を貼り付けると破れてしまい、その上から石摺りをすると、はがし取ることすらできない状況にあった。それゆえ拓本の作成はきわめて煩瑣な作業とならざるをえなかった。したがって、石灰は、拓本づくりの能率を高めるうえで不可欠となり、これによって大きな紙を用いて効率よく拓本を完成することができるようになったのである。[41]

このような王健群の調査報告は、当事者ではなく、あくまで関係者の証言にもとづいたものであって、厳密にいえばそれらが直ちに李進熙説の反証となるわけではない。しかし、後に武田幸男によって碑発見の経緯およびその後の墨本作成過程が解明されたことや、かなりの数にのぼる原石拓本の実在が立証されたことによって、今日、李説の成立する余地はまずなくなったと断言できる。

一方、現碑の調査がかなわなかった日本においては、水谷悌二郎によって、石灰塗布以前の良質な拓本の調査がなされていたが、その成果は学界において共有されるには至っていなかった。[42]武田幸男は、そうした水谷悌二郎の研究を継承、発展させ、一八八九年前後に原石碑面から直接採拓された原石拓本、六本の現存が確認されることを探査し、石灰塗布以前の拓本四種を縮写し書冊体の写真図版として刊行した(43)。碑石の発見から間もない当時の現碑そのままを写し取った原石拓本の実在は、李進熙説が成り立ちがたいことを決定づけたばかりではない。その意義はむしろ、現碑が発見以来、人工、自然の変化を被っている中にあって、テクストとしての碑文を復元するさいの、たちもどるべき原点としての共通の拠り所を示した点にある。

さらに武田は原石拓本を調査集成する過程において、従来、帰一することのなかった碑石発見の経緯を関係資料から再構成してみせた(44)。すなわち、一八八〇年当時、太王陵の塼瓦採取をもくろんで盛京将軍が懐仁県知県の章越《しょうえつ》に命じ、現地で実務にあたった関月山《かんげつさん》によって石碑が確認されたこと、また翌年から本格的な墨本作成が始まったこと等を明らかにした。そのうえで、水谷悌二郎旧蔵拓本は、墨本作成開始期から一〇年前後に限って拓出された原石拓本であることの根拠を明示し、それと同工の拓本が六本現存することを併せて明らかにしたのである。

碑石に石灰が塗布される以前の原石拓本の収集は、研究史上の画期的なことであった。すでに言及したように、現碑のこの一〇〇年の人工、自然による変化は想像以上に甚だしい。そうした状況にあって、発見当初の様態を写し取った原石拓本の価値は計り知れないものがある。

しかも注目すべきは、武田幸男の研究に触発され、原石拓本はさらに中国の地において多数実在することが最近になって明らかになってきたことである(45)。将来、かなりの原石拓本が確認される可能性があるとみられるが、とすれば、今後、多数の原石拓本と原碑の精査によって得られた各々の釈文を照合し、相互に補完することによって、テクストとしての碑文の復元は一定のレベルまで可能であろう(46)。

しかし、そのように次第に復元されてゆくテクストをこれまで通り解釈してゆけば「客観的な歴史」を解明することができるのであろうか。すでにみたように、古代のテクストである碑文の中に、近代の国家や民族を読み込んできたことの自覚や反省は果たして十分であったであろうか。再言するまでもなく、広開土王碑文は近代のテクストとして見いだされ、一貫して近代のテクストとして解釈され続けてきたといわざるをえない。ところが当然のことながら、碑文はそもそも高句麗人によって分節化された世界を高句麗人自らが描いているのであって、それゆえ、碑文はまずもって高句麗の文化的コンテクストにそって解釈されなければならないはずである。

2　高句麗のテクストとしての碑文

1　テクストの形状と書き手の意図

広開土王碑文が近代のテクストとして日本や南北朝鮮の国民的な関心を集めながらも、相互にかみあうことのない異なる解釈を各々に主張する形勢にあることをすでにみた。また、その一方で碑字の精査や原石拓本の発見によってテクストの復元も漸次進められていることに言及した。そこでなお大きな課題として残されているのは碑文の内容解釈であって、とりわけ武勲記事にしばしば登場する「倭」に対する解釈についてである。

「倭」は碑文の武勲記事中に最も多くあらわれ、広開土王のまえに立ちはだかる最大の敵として描かれている。このような「倭」をどのような歴史的存在として解釈するかをめぐって果てしなく論争が繰り広げられており、この一〇〇年間、碑文の主要な関心はここに集中し、あたかも古代における倭の朝鮮半島侵略の有無は、この碑文の解釈にかかっているかのように論じられてきた。

ひるがえってみるに、そもそもテクストは、いつでも、どこでも、誰にでも全く同じ解釈を生むとは限らない。同一のテクストといえども、近代に誕生した国民国家の構成員(国民ないし民族)相互間で、その解釈が異なることは実は決して不思議なことではない(47)。碑文中の「倭」の解釈をめぐっては、大まかにいえば、日本人研究者は「倭」を過大に評価し、南北朝鮮、中国人研究者は過小に評価しようとする傾向がある。これがまさに近代のテクストとしての碑文解釈であることをくりかえし述べてきた。

ここで考えてみたいのは、そうであるならば高句麗のテクストとしての碑文のコンテクストにおいて、「倭」はどのように解釈されうるのかということである。言い換えれば、碑文を記述したもの(書き手)の意図と、同時代にそれを読み解いた人々(読者)にとって「倭」はどのような意味をもっていたかということでもある。そもそも碑文中の「倭」を解釈しようとするのであるならば、何をおいても、まず碑文全体のコンテクストから解釈されなくてはならないであろう。そこで、迂遠のようではあるが、とりあえず、碑文の書き手の意図、つまりは碑石建立の目的から検討することにしたい。

さて、書き手の意図を探る上ではじめに明らかにしなければならないのは、一体、長寿王は、なぜ他に類をみないような六メートル余の方柱状の巨石に一七七五字からなるテクストを刻み込んだのかという問題である。その巨大なスケールもさることながら、特にその形状の特異性は、何よりも立碑の目的に対して不審の念を抱かせる。

確かにこれまで、誰もが広開土王碑文を墓主である広開土王の勲績を頌揚し後世にその事跡を示すために立てられた墓碑とみて疑わず、漠然と「墓碑」、あるいは「墓誌」とみなしてきた。そこには墓碑や墓誌は、陵墓の傍らにあって死者の輝かしい業績を書き記すものだという暗黙の了解があった。また事実そのような通念と広開土王碑文の内容とは大体一致しているようにみえる。しかしながら、広開土王碑文は、墓碑あるいは墓誌といわれながらも、碑石の形状からいえば、おおよそ一般に知られるそれらの形状とは甚だしく異なっている。

たとえば、墓碑の起源は中国の漢代に求められるが、そのプロトタイプとされるものは碑身と趺(台石)とからなっている。碑身には、必ず額があって、額の上には一般に、螭離、龍、虎などの彫刻が施されている。また、碑身の高さは六尺ほどであり、幅は二尺程度である。南北朝でやや大きくなるが、それでも七、八尺は越えない(48)。

一方、墓誌は、もともと墓内に埋葬するものであって、魏・晋時代に墓碑を禁じたので、碑文を短縮して形を小さくした方形の板石を墓内に随葬したのが墓誌の始まりとされる(49)。

こうしてみると、広開土王碑は、形状、形式など少なくとも中国の墓碑や墓誌の制度から大きく逸脱した碑石ということになろう。つまり、こうした点からすれば、内容的にも単なる墓碑や墓誌ではありえず、碑石の立碑目的も別途の可能性を追究してみなければならないであろう。ところが、不思議なことに従来、このようなことを踏まえた上で、広開土王碑文が「何のために刻され立碑されたか」は十分には検討されてこなかったのである(50)。

いまなぜ碑石の形状や形式にこだわるかといえば、それこそはテクストの伝達や受信の条件を規定する不可欠の要素となるからであって、それゆえ、逆にそこから書き手の意図や、立碑目的を探ることができると考えるからである。言うまでもなく、古代のテクストから歴史的な事実を抽出するのは、それほど容易なことではない。書かれている文字の解読と解釈をおこなえば、自動的にそこから史実が導き出されるというものではない。テクストは常に書き残したもの自身の思想や解釈、あるいは価値(先入観・偏見)等をともなっているのが普通である。それらは書かれた目的によって、想像以上に事実や事象を変えており、デフォルメして書き残されることがある。それはまた、テクストの形状にも緊密に関わっている。たとえば墓碑や墓誌には、一定の形式化、類型化された内容があり、それらが個別具体的な人物の生涯をそのとおり記述するとは限らないのである。(51)

はたしてこの点が広開土王碑文になかったと言い切れるだろうか。そのような意味で、碑石の形状から立碑目的を再検討することは、碑文の内容理解を深めるためには欠くべからざる要件となるであろう。そもそも碑文を子細にみれば、立碑者自身、墓碑でもなく墓誌でもないことを承知していたことが窺える。すなわち、このような形状の碑を立てることになった経緯については、本論第二段に次のように記されている。

上祖・先王自《よ》り以来、墓の上に石碑を安《やすん》ぜず、守墓人の烟戸を使して差錯せしむるに致れり。唯だ国岡上広開土境好太王のみ、尽《ことごと》く祖・先王の為に、墓の上《ほとり》に碑を立て、其の烟戸を銘し、差錯せ令《し》めざりき。

文脈を把えやすくするために補足すれば、高句麗では古来、王陵の傍らに各地域から強制的に徴発してきた守墓人に集落をつくらせていたのであるが、彼らを一大労役集団として王陵およびその附属施設の清掃・管理に代々にわたって従事させていたことがこの文章の前提となっている。そこで、立碑当時の高句麗におけるさし迫った事態とは、このような高句麗独自の制度が広開土王の時代に至ると、祖王、先王たちの各陵墓における守墓人の集落が相互に錯綜してしまい、制度上の混乱をきたしてしまったということであった。まさにその解決策として、広開土王は、石碑を歴代王陵の上(ほとり)に立てることを創案したのである。(52)

つまり、その規模はともかく、広開土王碑のような石碑が、王都に点在していた歴代王陵の傍らに立てられ、王陵付近に各々集落を形成していた守墓人たちがどこから徴発されたかを碑石に刻銘し、守墓役制の錯乱を抑止するための方便とされたのであった。こうした経緯があって、長寿王は、偉大な父・広開土王の政策を継承し、父自身の遺言でもある「万年の後も守墓人を安んじるため」に陵墓のほとりに巨石を立てたのである。

さらに、そこには当時の高句麗の王都で、すでに横行していた守墓人の売買という深刻な事態に対して、

又た、制す。「守墓人は、今自り以後、更相《たがい》に転売するを得ず。富足の者有りと雖《いえど》も、亦た擅《ほしいま》まに買うを得ず。其れ、令に違《そむ》きて売る者有らば、之を刑す。買う人は制令もて墓を守らしむ」と。

と碑石に銘記し、これを禁じる法令と罰則を付して万全を期したのであった。

要するに、広開土王碑は、高句麗に伝統的に継続されていた、国家的な徙民《しみん》策による守墓役体制に基づきつつ、あらためて制度の強化という思惑と目的をもって刻まれ建てられたのである。したがっ

て、古代中国に由来する墓碑の常識を広開土王碑文に安易にもち込むことを慎まなければなるまい。碑石はあくまで高句麗人の独自の制度である守墓役体制に関わる法令宣布の媒体なのであり(53)、それゆえ、そこに書かれた文意も、こうした立碑の目的から解読されなければならないのである。

そうであるならば、一七七五字の碑文の全文はこのようなコンテクストで捉えられなければならないのであって、本論第一段の武勲記事ですら、単なる広開土王の偉大な業績を書き連ねたものとみてはならないことになろう。

2　碑文のコンテクストと武勲記事

既述のように、広開土王碑文の中で、最も注目されてきたのは、八年八条からなる武勲記事であった。それらを図式化して表に示せば次のとおりである(54)。

	戦闘相手(背後勢力)	戦果	
永楽五(三九五)年	稗麗	戦闘→破六～七〇〇営	躬率
六(三九六)年	百残(倭)	戦闘→攻破壊五八城・七〇〇村	躬率
八(三九八)年	粛慎	戦闘→朝貢	教遣
九(三九九)年	新羅	会談→帰王	巡下
一〇(四〇〇)年	倭(任那加羅、安羅、百残)	戦闘→新羅朝貢	教遣
一四(四〇四)年	倭	戦闘	躬率

一七（四〇七）年	？［百残か］	戦闘→破［六城］	教遣
二〇（四一〇）年	東夫余	戦闘→？	躬率

碑文全体の三分の一以上を占める広開土王一代の戦闘とそれによって得られた戦果からなるこうした武勲記事の内容をみるにつけ、訝しく思われるのは、故人の業績としては、全体の文章構成からみても、あまりにふさわしくない内容ではないかということである。かりに墓碑であったならば、武勲だけを中心に据えること自体、きわめて異例である。しかも一介の軍人ではなく、いやしくも一国の王の勲績となれば、何故ことさらに武勲に固執したのかを考えなくてはならないであろう。なおかつ広開土王を讃える業績は、武勲以外になかったというわけでは決してない。そのことを暗示するのは、碑文の序論に、

二九（一八歳）にて登祚《とうさ》し、号して永楽太王と為す。恩沢は皇天に洽《あまね》く、威武は振いて四海を被う。□□を掃除し、其の業を庶寧す。国は富み、民は殷《ゆたか》にして、五穀豊熟す。

と、その治世を簡潔に記しているように、こうした君主としての人となりに即してその生涯の業績はいくらでも他に描きようがあったはずである。

また、たとえその内容を武勲関係の記事に集約するにせよ、広開土王の武勲は、ここに記された八回だけではなかった。たとえば、高句麗と隣接していた中国・後燕との戦闘に、広開土王の指揮した軍隊が優勢に戦っていた事実を中国側の史料は伝えている。すなわち、

元興元（四〇二）年、高句麗、宿軍［城］を攻む。燕の平州刺史・慕容帰、城を棄て走る。

元興三(四〇四)年、高句麗、燕を侵す。

とあって、(55)高句麗が後燕と交戦して勝利したことすらあったことがわかる。

ところが、碑文は、これらの後燕との戦闘について言及しないばかりか、中国王朝側との関係を一切記さず、そのような事実を徹底的に無視する姿勢で一貫している。(56)それゆえ、こうした点をふまえて碑文中の武勲記事の独自の意味を追究する必要があろう。

そこで留意されなければならないのは、本論第一段の末尾が、

凡《およ》そ攻破せし所の城六十四、村一千四百なり。

とある句をもって総括され終了していることである。つまり、八年八条の武勲記事はこの句に収斂される限りをもって意味をなすのであって、単に広開土王の生涯の武勲を列挙したのではないのである。しかも、先に掲げた武勲記事の戦果を合算してみると、それらがここで総括されている数値と一致しており、(57)したがって、碑文中の武勲はまず、王自身の国土拡大に関わる武勲に限ったとみることができる。

ただし碑文中の武勲記事の位置づけは、それだけでは十分とはいえない。というのも、武勲記事で総括された六四城は、単に広開土王一代に獲得した城の総数という意味にとどまるものではないからである。本論第二段には、各地域から徴発された守墓人二二〇戸の出身地が明記されているが、それらの多くは、武勲記事に記された六四城の中に見いだすことができるのである。(58)それゆえ、前段に相当する武勲記事は、後段の守墓人関係記事にそのまま連動しているといえる。

それを裏づけるように、本論第二段の守墓人に関わる規定によれば、高句麗では祖王・先王以来、

旧民（高句麗人）をもって守墓役に当たらせてきたが、広開土王は、旧民が疲弊することを恐れ、広開土王自らが奪取した韓族、穢族からのみ守墓人を徴発せよという王の遺言のあったことを掲げた後に、長寿王は、父の遺命に従いつつも、外来者だけでは、高句麗の法制を周知させることは困難と判断し、必要最小限の三分の一を高句麗人でまかなうことにして、残り三分の二にあたる二二〇戸は広開土王が略来してきた韓族・穢族を充当することにしたと明記している。そして二二〇戸全ての出身地をもらさず碑文に列記しているのであるが、二二〇戸の守墓人のほとんどが武勲記事末尾で総括された六四城の中から徴発されたものたちなのである。(59)

したがって、本論第一段の武勲記事は、あくまで第二段における守墓役体制の護持をめざした文章の前提として要請される部分であって、決して広開土王の武勲を讃えることのみを目的とした記事ではない。武勲という王一代の戦闘の歴史が語られるのは、過去の出来事がいかにして現在の制度と規範を作ったかを主張せんがためであり、現在の課題に切実に関わる過去だけが呼び起こされ語られているのである。過去の出来事＝武勲もそのようなコンテクストのなかではじめて意味をもつといえよう。

要するに、碑文中の武勲記事とは、第二段に記された三三〇戸の人々を守墓人とする根拠と必然性を周知させ、その来歴を説明する前提的な内容になっているのである。逆に言えば、広開土王陵の守墓人と彼らの役務を確保し、それを正当化するには、そのような論理構成をとらざるをえなかったことにもなる。この点については、後に碑文の読者層を考察するさいに再び問題にしてみたい。

そこで、こうした碑文のコンテクストに留意しながら、第一段の武勲記事を検討すると、さらにどのような事実が浮かび上がってくるであろうか。

まず注意したいのは、この武勲記事には、当時の高句麗には高句麗王を中心とする独自の秩序構造の実在が確認されることである。碑文中に散見される「朝貢」という言葉はまさにそれを象徴している。言うまでもなく、朝貢とは元来、天下の中心に君臨する中国皇帝のみが用いうる字句である。そのような用語を高句麗王が使っていたとすれば、高句麗王は主観的には、自分がこの天下の中心だという意識をもっていたことになろう。

しかも注目すべきは、その言葉を、高句麗は特殊な政治秩序を示す概念として用いていることである。というのは、もともと中国で用いられる朝貢とは、周辺諸民族に皇帝の徳がおよび、その徳を慕って（慕化して）自主的にやってくるのが朝貢なのであるが、碑文中の用例にみられるように、高句麗においては「朝貢」に来なければ、討伐して武力によってでも「属民」にしてしまうのが、「朝貢」の本質とみられるからである。[60]

さらに、「属民」となる前段階として、「帰王」とか「跪王」といった字句を用いることによって、民族集団の首長が高句麗王に政治的に従属するための意思表明の段階を設定していたことがうかがえる。[61]これらは、中国の政治秩序を示す用語や概念には見あたらず、したがって、高句麗王を中心として朝貢関係の外縁にもう一段階ことなる政治構造上の関係が実在していたことを我々に教えてくれるのである。

そのような高句麗独自の秩序世界の実在を裏づけるかのように、一九七九年に発見された『高句麗中原碑』（五世紀）には、高句麗が新羅を「東夷」と称呼し、このような概念をもって、新羅を自己の政治秩序に位置づけていたことが判明した。[62] 碑文の武勲記事は、まさにこうした高句麗王を中心とする政治秩序の意識にしたがって、それを明確化し、将来にわたって維持、固定化することを目的として刻まれたとみなければならない。なぜならば、そこに描かれている広開土王の築き上げた秩序構造こそは、守墓人を徴発し使役することを可能にした源泉となっているからである。

以上のように碑文独自のコンテクストから武勲記事を検討するならば、武勲記事はそれ自体で意味をなすのではなく、まず広開土王陵の守墓役制の護持という当面の現実的な課題があって、そこに徴発された守墓人にどのような来歴があったかを説明する部分に該当する。要するに、碑文中の武勲記事とは、三三〇戸の守墓人が、広開土王の武勲によって拡大され、維持された高句麗王を中心とする秩序構造に根拠することを唱いあげることによって、広開土王陵とその守墓人の関係を必然化させる言説なのである。

3　テクストとしての碑文と読者共同体

広開土王碑は、高句麗における独自の制度である守墓役体制に立脚した法令を宣布する媒体であることを改めて確認し、さらに、これまで注目されてきた武勲記事すら、そのようなコンテクストに位置づけられることを明らかにした。碑文は当時の高句麗における優れて現実的な課題を負荷されて編まれたテクストと言うことができるであろう。

したがって、碑文がそのようなテクストであれば、碑文は高句麗の特殊具体的な社会的結合関係に働きかける機能があったはずであり、必然的に書き手とその読者との間にはのっぴきならぬ関係性のゆらぎが生じていたはずである。別な言い方をすれば、碑文の内容は、そのような書き手とその読者との間の関係のなかではじめて意味をもったということである。こうした書き手と読者との関係を意識化してこそ、高句麗のコンテクストのなかで碑文を解釈することが可能となるであろう。

それでは、そのような関係をきりむすんでいた一方の当事者（碑文の読者）とは、具体的にどのような人々であったのであろうか。まず碑文の読者を特定する手がかりは、碑文に銘記された法令と罰則規定が誰に向かって布告されたかを検討するなかでえられるにちがいない。

すでに引用したように碑文末尾には、守墓人の売買を禁じた法令と罰則規定が刻されていた。おおよそ、法は現実をかなり忠実に反映するものであるから、高句麗の王都・集安の地において、「富足の者」が王陵の守墓人を転売したり、「擅《ほしい》ままに買」ったりする者が出現するというゆゆしき事態が進行していたことになる。そうであるならば、当然こうした状況をつくりだした彼らこそ布告の直接の対象者であり、碑文の読者として想定されていたことになるであろう。

ところで、王陵の守墓人が売買される状況とはいかなる事態をおもい描けばよいであろうか。これは布告の対象となる者たちの輪郭を明確にする上で考慮しておくべき問題である。そもそも王陵とは、王の権威を可視的に顕現するモニュメントであり、王家の威信を象徴するものとみてよいであろう。そして守墓人とは、そのような意味を帯びた王陵の神聖性を保持する役割を担っているものたちということになろう。とすれば、守墓人の売買とは、王家の威信に対する挑戦的な行為そのものとみなければならない(63)。

それでは、高句麗においてこのような行為をとりうる階層は、具体的にいかなるものたちであろうか。この点を明らかにするためには、まず高句麗の支配層に対する知見が必要となろう。紀元三世紀中ごろに中国側（魏）に収集された情報によれば、当時の高句麗の支配層は、族制的色彩の濃厚な五つの政治集団（五部・五族）からなっていたと伝えられる。(64) 彼らは王都に集住し、一体となって外方の諸邑落や異民族を支配する共同体をなしていた。五部が支配共同体と呼ばれるゆえんである。五部のうちの三部は、王族、王妃族、旧王族であったと伝えられており、五部相互間には、力関係に差異があったことが認められる。ただし、軽視できないのは、それらの有力な部の首長（古雛加《こすうか》）は元来、王のみがなしえるはずの宗廟や社稷《しゃしょく》の祭祀を行っており、しかも王と同様に家臣団のごときを擁していたという事実である。

また、高句麗末期の五部の情勢を実見した唐人・陳大徳《ちんだいとく》によれば、

内部の姓は高、即ち王族なり、高麗、姓無しと称する者は、皆な内部なり。又た内部は王宗なりと雖も、列は東部の下に在り。其の国の事に従うに、東を以て首と為す。故に東部が上に居る。(65)

とあり、その後においても五部相互の力関係に新たな変化が引き起こされていたとみられる。高句麗史を通じて五部の性格自体は、一定ではなかったと推測されるが、表に示したように、関係史料から五部の力関係はおおよそ、消奴部《しょうなぶ》→桂婁部《けいろうぶ》→順奴部《じゅんなぶ》へと変化したと推定される。しかし、三世紀以来、一貫して桂婁部が王族であり、高句麗王を輩出したのであって、広開土王もまた桂婁部の出身であったとみてよい。

このような五部間の力関係から推察できることは、高句麗王権の現実的な課題とは、五部相互の拮抗関係の中から、いかに超越性を獲得するかにあったであろうということである。事実、そのような

超越性を獲得できないまま、また、族制的な秩序を克服できないまま高句麗は滅亡をむかえたのであった。(66)

高句麗支配層のおおよその動向が上述のようなものであるならば、広開土王碑の守墓人に関する法令と罰則規定から推測されるのは、王陵といえども神聖化しえない事態であって、それはまさに高句麗王権が支配共同体（五部）から超越性を獲得しえない状況が生みだしたものであったにちがいない。さらに、それらの規定を刻銘した石碑の並外れたスケールからは、高句麗の支配共同体内の亀裂と王家の危機意識の大きさを読みとることができるであろうし、また、そうした危機感は碑文全体の構成の中にみなぎっているように思われる。

すなわち、碑文の序論冒頭は、

	『三国志』（三世紀中）		『高麗記』（七世紀中）		
一	桂婁部	王（族）	内部	黄部	王宗
二	絶奴部	与王婚（王妃族）	北部	後部 黒部	
三	順奴部		東部	左部 上部 青部	首（位）
四	灌奴部		南部	前部 赤部	
五	消奴部	本国主（旧王族）	西部	右部 下部 白部	

　惟れ昔、始祖鄒牟王の基《もとい》を創《はじ》むるや、北夫余自り出ず。天帝の子にして、母は河伯の女郎なり。卵を剖《さ》き降世す。

と、書き起こされ、始祖・鄒牟王はこの後、夫余の奄《えん》利《り》大水をわたって、沸流谷《ふつりゅうこく》の忽本《こつほん》（集安）に都を建てるに至ったと述べており、いわば外来王であることが強調されている。(67) やがて、鄒牟王は天が遣わした黄龍によって召されることになるが、その後、始祖以来、広開土王に至るまで王位を連綿と継承してきたことを、世子の儒留王に顧命し、道を以て興治せしむ。大朱留王、基業を紹承し、十七世孫の国岡上広開土境平安好太王に至るに遝《およ》ぶ。

と記している。みられるように、碑文は、序論において王家の由来と広開土王に至る系譜を掲げ、次いで広開土王一代の武勲を語ることによって、高句麗王家を祖王・先王とともに称え、現在の権力者・長寿王に至る支配の正当性を訴えているのである。

すでに武勲記事には、困難な状況に王が親征すれば、必ず多大な戦果がもたらされるという劇的効果をねらった筆法が用いられていた点に言及した。それは広開土王の偉大さを引き立てる文飾であるが、それだけにとどまらず、さらにそこでの王の輝かしい戦闘の結果もたらされたのが広開土王陵の周辺に徴発されてきた守墓人たちであったのであるから、武勲記事は、彼ら守墓人が高句麗の王都にまで徴発された来歴を語るものであった。

碑文がことさら神聖な王家の出自と系譜を強調し、また、広開土王陵の守墓人とは高句麗の固有の秩序世界をまもるいわば正義の戦い、聖戦の結果もたらされたのであると力説したのは、王家の威信を体現した陵墓の護持さえ懸念しなければならなかった状況がそれだけ深刻であったことにほかならない。その背後には高句麗における支配層集団間の均衡関係、緊張関係をみてとることも可能であろう。

碑文の書き手は、始祖以来の系譜をひく偉大な王の勲績と、その陵墓の守墓人たちの来歴を記し、守墓役体制の未来永劫の継続、維持を期したのであって、その内容はまさに碑文の読者である支配共同体（五部）内部の相克と緊張の産物とみることができよう。

4　碑文のコンテクストと倭

高句麗のテクストとしての碑文は、万年後まで広開土王陵の守墓役を保持するための法令宣布の媒体であり、その読者は、王都に集住する五部構成員であった。それゆえ、碑文は支配共同体の内部におけるテクストであったことになる。しかも、碑文は、支配共同体からの超越性を志向する高句麗王権と支配共同体との相克という社会的なコンテクストの中で意味を発揮するテクストであった。最後に碑文のこのようなコンテクストにしたがって倭の解釈を試みてみようとおもう。

すでに指摘したように碑文には、高句麗王を中心とする秩序世界の実在が明確に認められた。すなわち、在来の高句麗人（旧民）の外縁には、帰王（跪王）関係を経て、朝貢が義務づけられた属民がおり、高句麗王は、これらの民の上に君臨していたのである。ここに高句麗独自の国家観をみてとることができる。

では、そのような高句麗の国家観、秩序意識からみるとき、「倭」とはどのような存在として読み解くことができるであろうか。高句麗周辺の民族集団として、「倭」は碑文中に最も多く登場し、そのたびに高句麗と激戦を重ねてはいるが、高句麗にとって「倭」は討伐して朝貢を強要する対象とは決してなっていない。碑文に描かれている「倭」とは、高句麗の属民である百済や新羅を「臣民」としたり、加耶の諸国（安羅・任那加羅）とともに百済の背後から支援して高句麗と戦ったりする難敵である。まさに、高句麗王を中心とする政治秩序を脅かし、破壊する敵なのである。

近代日本人は、碑文のなかに高句麗と「倭」の二大勢力の角逐を見いだし、このような「倭」に近代日本を読み込み、さらに『日本書紀』の神功皇后の三韓征伐をも投影させ、朝鮮半島南部の侵略、経営(任那日本府)説を形成していった。そして碑文中の「倭」の活動こそは、日本列島内の政治的統合と朝鮮半島南部の支配を裏づけるものとして重視したのである。

それはともかく、こうした「倭」の碑文中の活動は、高句麗のテクストとしての碑文の読者である高句麗五部構成員の心象にはどのように映じたであろうか。

そこで想起したいのは武勲記事のレトリックである。すなわち、碑文には広開土王が自ら軍卒を率いて征討におもむくのは、相手の民族集団に不当な行為があったからであって、こうした不利で困難な状況に全能の王が出動すれば、多大な戦果がもたらされるという劇的効果をねらった筆法が用いられていた。それは王の偉大さを引き立てる文飾であった。そこから浮かび上がってくるのは、高句麗の固有の世界をまもるいわば正義の戦い・聖戦の遂行者としての広開土王である。

このようなコンテクストからみると、碑文の書き手が「倭」を描く場合、弱い敵よりは、むしろ強い敵であったほうが、そうしたレトリックの効果をより発揮させるのに都合がよいのではないだろうか。言い換えれば、高句麗の秩序世界は、「倭」のような秩序を脅かす侵犯者があれば、逆にかえって、読者に対して、その秩序や境界を鮮明に意識させることができるのではないだろうか。「倭」の破壊的活動は、高句麗の秩序世界と異界との境界を意識化させる恰好の演出となりうるだろう。

碑文の書き手は、明らかに「倭」を手ごわい敵として描くことによって自らの秩序世界を読者に喚起させたと推測されるが、しかしそうした倭の描写がもたらす効果はそれだけにとどまらなかったようにおもう。

よく知られているように、カール・シュミットは、政治的なものの究極の識別指標は、「友」か「敵」の区別であるといい、これをもって相対的に自立した政治独自の領域を定義した。[68] ところでこのシュミットの友敵理論において、敵と味方(友)という観点にある二つの要素のうち、敵の要素が明らかに優越した位置にある点は、倭の描写がもたらす効果を探るうえで参考になる。つまり、具体的な対立と関わりあうことによって、政治的関係の本質は保持されるのであるが、[69] あらゆる人間集団は、それがまさしく敵をもつがゆえにはじめて味方をさがすのであり、味方をもつという機制こそ、碑文中の倭の効用を解く鍵になるようにおもわれるからである。[70]

しかるに、高句麗をとりまく国際情勢を描くにあたって、高句麗の究極の敵は「倭」であると印象づけることとは、逆に高句麗の政治圏、秩序圏を明確化することになるだけでなく、支配共同体内の融和と結束を呼びかけることになり、さらには高句麗王権という中心を強化することにもなるであろう。「倭」という外部によって、内部が強烈なかたちで喚起され、内なる団結が促されるのである。碑文中の「倭」とは、敵と味方、外と内といった差異を明確にし、碑文の読者を秩序への衝動に駆り立てる仕掛なのである。

そうであるならば、広開土王碑文の「倭」は、高句麗の秩序世界をおびやかす難敵ではあるが、それは所詮、広開土王の偉大さを引き立たせるトリックスターとみなすことも可能ではないだろうか。人間社会は、自らを内としてはっきり定義するためには、外界から共同体を脅かす侵犯者を必要とする。いわば、「倭」は高句麗の支配共同体内の共同幻想を強化する役割をはたしているのである。したがって、「倭」の存在があってこそ、高句麗の秩序世界が明確になり、広開土王の偉業が輝き、守墓役体制の護持が絶対の使命として必然化されることになる。こうした意味で、「倭」はまさに高句麗のコスモロジーにとって必要とされたトリックスターなのである。

このようにみてくると、碑文の中で、百済や新羅が、高句麗の「属民」であるというのは、こうした高句麗の秩序意識からする、いわば当時の現実に対する高句麗側の認知の仕方であることに気づくであろう。そもそも、武力をもって自らの秩序世界を保全しようとする高句麗にとって、百済は「属民」であるが、百済がそれを是認し、甘受していたか否かは、全く別の問題である。事実、百済は、その後も高句麗に対して、倭と結びながら死力を尽くして徹底的に抗戦を試み、ついに一時的な滅亡（四七五年の漢城陥落）をまねくのである。

また、碑文は、執拗な百済の抵抗には外界の「倭」が関与し、背後にあって百済をそそのかしているかのように描いているが、これは、百済の抵抗は決して自らの主体的な判断によるものでないとの解釈を導くためのレトリックとみてよいであろう。というのも、こうした理解の仕方が、しばしば敵対する人間集団の政治行動を軽視するために用いられる常套的手段であることは、近代の用例によっても類推することができるからである。[71]要するに「倭」は、百済が高句麗の属民でなければならないことを正当化する役割をも担わされているのである。

一体、百済が高句麗の属民であるか否かは、当時の百済にとっても与かり知らないことであった可能性が高い。百済を高句麗の「属民」とするのは、あくまで高句麗（碑文）の論理である。それと全く同様に、百済、新羅が倭の「臣民」であったとする碑文の記事を、そのまま当時の個別具体的な事実の反映とみることは、なお慎重な考察を必要とする。

重要なことは、高句麗の文化的コンテクストのなかで、このテクストをわがものとして領有した読者にとって、「倭」が独自の喚起力を発揮したという事実である。すでに述べてきたように、史実と碑文の描写には断絶があるのであって、碑文の「倭」の活動をもって、そのまま認識論的還元を経ずに、「倭」の歴史的実体を追究することがいかに無謀であるかが推し量れるであろう。碑文の「倭」の解釈は、高句麗のコスモロジーと高句麗人のメンタリティ（心的経験の世界）を共有することからはじめられなければならないのである。

おわりに

かつて広開土王碑は、王陵が所在した神聖な空間の一角にあって、高句麗五部人の敬意と服従をかちとるべく身体を威圧して屹立し、法令宣布の媒体として広開土王陵の守墓人たちを見守っていた。元来、碑石に刻み込まれた一七七五字からなる碑文は、どこまでも高句麗の文化的コンテクストにねざした高句麗支配共同体・五部人たちのテクストであった。

やがて高句麗が滅亡し、王陵をとりまく諸制度が消滅すると同時に、碑文の読者を失った碑石は、その本来の機能を停止した。それからおよそ一二〇〇年後に、碑文は新たな読者を獲得することになった。すなわち、近代日本人は、現碑を写し取った墨本を入手すると、東アジア諸国に先だって、いち早く自らの文化的コンテクストに引き寄せて碑文を解読し、そこに近代に酷似した国際情勢を読み込んだ。さらに、印刷物に写し取られた碑文は、新たな形態のテクストとして広範な読者を獲得することになる。もはや碑文中の「倭」は疑問なく、日本と読み込まれ、高句麗のテクストは、近代日本のテクストへと大きな転換をとげたのである。

こうして近代の国民を読者としてもった碑文は、まもなく朝鮮人の読者をもえることによって、近代朝鮮のテクストとして、高句麗のテクストとしての碑文にはなかった新たな意味を創出した。まさに碑文は、近代の表象とともに甦ったのである。

このような意味で、一九七〇年代以降の碑文をめぐる論争は、碑文の表象をめぐる闘争[72]であったとみることができるのであって、その過程で、近代のテクストとしての碑文の表象は、国民という「想像の共同体」にとっての物語の役割をはたしたといってもよいであろう。近代のテクストとしての碑文は、東アジアにおいて国民形成のための言説として新たな意味を創出したのである。

ところで、高句麗のテクストとしての碑文と、近代のテクストとしての碑文との上述のような隔絶した意味内容の差異は何を物語るであろうか。高句麗のテクストから近代のテクストへと変貌をとげた碑文のテクスト解釈の展開を概観してみると、そこから、現在の東アジアにおける古代史研究が抱える問題点があらわになってくるようにおもわれる。

そもそも、古代のテクストを通して古代社会を理解しようとするならば、そこに記された内容を、現在のコンテクストに引き寄せて、あるいはその中に現在を読み込んで解釈することはできる限り避けなければならないはずである。これは共時的に存在する異文化を考察する際に、観察者の文化的コンテクストで解釈することを禁欲することに等しい。しかし、少なくとも碑文研究に関する限り、そのような方法的態度が十分であったかは甚だ疑わしい。

確かに、戦後の日本における古代史研究は、「客観的な史実」を追究する実証研究を本領としている。ところが、巨視的にみれば、明治以来の碑文研究にみられるように、実証研究を大きく規定している枠組、パラダイムは変わることなく継承されているといっても過言でない。誤解を恐れずに言えば、いわゆる日朝関係史と呼ばれる分野に関しては、近代日本人が近代のコンテクストに引き寄せて古代の諸文献を読み込み、そこから表象化された歴史像は、今日、それほど大きな修正を加えられず生き続けている。前時代のパラダイムからえられた「歴史的事実」が、部分的な修正を加えながら生き延びているとはいえないだろうか。

こうした事態は、もちろん日本に限った問題ではない。ヨーロッパの歴史家には「アジアの歴史家たちは、いまだにまったくと言ってよいほど自分たち自身の社会とその成長に専念し、国という枠組をほとんど疑いなしに受け入れている」と映じるのであって、それは「歴史の主目的の一つは国民意識の育成にあるという、一九世紀に強かった信念の名残のせいである」[73]とみられている。不幸なことに、東アジア諸国の歴史研究に共通するこうした状況は、それほど深刻には受けとめられてはいない[74]。

良くも悪くも、われわれは一九世紀末に創られた一国史の枠組のなかで、しかも近代のコンテクストに引き寄せて、この一〇〇年間、歴史を構想してきた。それゆえ、「史実」といわれるものも一国史というパラダイムの理論負荷性と近代の偏向をおびているのである。もし一国史をこえた広域圏に新たな歴史のパラダイムを求めようとするならば、あらためて新たなパラダイムのなかで、かつての歴史的「事実」は再構築されなくてはならないであろうし、近代のコンテクストに引き寄せられた古代を、今いちど古代のコンテクストから読み換える作業も早急になされなければならないであろう。

近代に形成された古代史像を相対化し、新たな枠組のもとで再構築することが今日切実に要請されているのではないだろうか。表象としての広開土王碑文は、そのことを象徴的に物語っているように思われてならない。

第七章　石刻文書としての広開土王碑文

はじめに

広開土王碑文に関する研究は、一九世紀末の碑石発見以来、一世紀以上の研究史を有するが、その立碑目的については長い間、議論の対象とはならなかった。というのも、碑文中には、「碑を立て勲績を銘記し以て後世に示す」とあって、その直後には三九五年から四一〇年に至る八年八条の武勲が記されているために、これらの武勲記事の集積こそが広開土王の「勲績」を称える内容であり、それらをもって当然のように顕彰碑としてみなされてきたからである。広開土王碑研究の当初より、碑文への関心は武勲記事に集中し、碑文研究もこの武勲記事を中心になされてきたと言ってよい。また、そのような解釈から広開土王碑を墓誌、墓碑とみなす考え方も広く見られる。

しかしながら、碑文全体からみれば、武勲記事の後に続く守墓人に関わる記事は碑文全体の三分の一を越える分量を占めている。しかも碑文の最末尾一行には、

又た制す。守墓人は、今自り以後、更相《たがい》に転売するを得ず。富足の者有りと雖《いえど》も、亦《ま》た擅《ほしい》ままに買うを得ず。其れ、令に違《そむ》きて売る者有らば、之を刑す。買う人は制令もて墓を守らしむ、と。

と守墓人に関わる禁令が記されている。それゆえ、広開土王の「勲功や業績を賛美するだけでなく、その最終的な目的は、王陵の墓守人や烟戸の所属を確定し、その売買を禁止する布告文の性格をもっていた」ことが一部には注目されていた[1]。さらに、このような法令の布告という一面に留意しつつ、広開土王碑が「石刻文書」としての性格をもつ「法令宣布の媒体」との規定もなされている[2]。

本章は、立碑目的を明確にすることが広開土王碑文の内容理解を深化させる上で不可欠であるという立場から、広開土王碑の石刻文書としての性格を碑文に即して具体的に提示することによって、改めて法令宣布の媒体としての碑文の性格を鮮明にさせ、情報伝達という視点から広開土王碑文を再検討することを課題とする。

1　碑文の内容と文章構造

広開土王碑には、広開土王の生年や没年はない。ただ碑文には広開土王が一八歳で即位し、永楽大王と号して「永楽」年号を用いつつ武勲記事冒頭の永楽五年を乙未年としているので、王の即位年は辛卯年(三九一)となる。また碑文には王が三九歳で薨じたと記していることから、その年は永楽二二年、すなわち壬子年(四一二)となる。しかしながら、碑文は王の薨じた年月日を記さず、ただ

甲寅(四一四)の年、九月廿九日乙酉を以て山陵に遷就す。是に於て碑を立て勲績を銘記し、以て後世に示す。

とあって広開土王の亡骸を陵墓に埋葬し、碑を建立した年月日のみを記している。死去から埋葬まで

に二年間の空白があることからみると、この期間に足かけ三年の殯礼《ひんれい》があったと推定される[3]。このように広開土王碑が王の生没年を記さず、ただ埋葬と立碑の年月日のみを記す点は、碑の性格を検討する上で留意すべき特徴である。

碑は陵墓の傍らに建立したと推察されるものの、広開土王陵墓の所在は明確になっておらず、碑から約三六〇メートル西南に位置する太王陵であるか、東北方約二〇〇〇メートル離れた丘陵に位置する将軍塚であるのか、という王陵の比定論争は今なお継続中である。この点については立碑目的とも関わるので、陵墓の比定については後に述べることにしたい。

碑石四面に一七七五文字が刻された碑文の構成については、かつて次のように指摘したことがある[4]。すなわち、序論と二つの内容からなる本論とで構成されており、まず序論として、始祖・鄒牟王による建国創業の由来から一七世孫の広開土王にいたる高句麗王家の世系を略述している。次いで、本論の第一には、広開土王一代の武勲を年代記的に八年八条にして列挙し、本論の第二には、広開土王陵の守墓人三三〇家の内訳と彼らに関する禁令と罰則を著録している、というものである。

このように碑文の内容を、大きくは三段落で構成されていると見なしたのであるが、本章では、この本論第二の部分を、さらに二分割して検討することにしたい。つまり、第三面の八行目一六文字目の「守墓人烟戸」(第三面八行目から、第四面五行目四字まで)から始まる三三〇家の守墓人烟戸のリストからなる部分と、第四面五行目五字から始まる広開土王の「教言」以降の最後の部分(後に掲げる)との間を区分し、本論を三つの構成に分けて捉えることにする。その根拠については後述する。

ここで言う本論とは、あくまでも作業仮説上の名称であるが、碑文の序論最後(第一面六行目)には、

「是に於いて碑を立て勲績を銘記し、以て後世に示す」とあって、碑石は広開土王の勲績を後世に示すために立てたと明記している。すると、本論こそは、この碑文が主張すべき「勲績」部分に該当し、広開土王碑の立碑目的とは、第一面七行目以下の本論で展開される「勲績」にあることは自明となる。

ただし留意すべきは、碑文に記された広開土王の「勲績」とは、従来、本論第一の部分、つまりは八年八条の武勲記事のみを対象とし、それに続く本論第二の部分は勲績の対象として特段の関心が払われてこなかった点である。これは前述のとおり、広開土王の「勲績」が八年八条の武勲を中心に検討されてきたことに関わる。しかし軽視できないのは、碑文全体の文章構成からみると、序論の最後に「其の辞に曰く」とあって、二字の空白を残して改行し、一面七行目第一字より碑石第四面の末尾に至るまで本論が続いている事実である。

すでに、本論が三つの内容で構成されていることを指摘したが、このような構成からなる本論の文章は、第四面末尾の「之」字に至るまで一字の空白もなく、碑石には文字が埋め尽くされて終了している。つまり、本論の直前に二字の空白を残して改行した後に、第一面七行目第一字から第四面の末尾までに改行がなされずに文章が終わっているのであれば、こうした刻字の形式は、碑文の言う「勲績」の内容がおよぶ範囲を自ずと規定したと考えてみる必要がある。(5)

というのも、視覚的にも文章構成上においても、第一面六行目下端の二文字の空白前後に大きな形式上の断絶があることは明白であり、その後半の文章全体が「其辞」を受けた内容と見なすのが穏当だからである。当該部分こそは、三つの内容からなる本論に相当するのであって、碑文の文章構成上、この本論の総体を広開土王碑の「勲績」とみなさなければならない。しかしながら、これまで本論は、武勲記事のみを対象とし守墓人に関する規定部分を含めて本論全体がトータルに「勲績」の対象とされることはむしろ稀であった。

その理由の一つは、暗黙の内に広開土王碑を墓主である広開土王の武勲を頌揚して後世にその事跡を示すために立てられた墓碑とみて疑わず、漠然と「墓碑」、あるいは「墓誌」とみなしてきたことによる。つまり碑文にみえる八年八条の武勲をそのような墓碑や墓誌の文脈で読みとろうとしてきた背景がある。

しかしながら、かつて指摘したように、広開土王碑は碑石の形状からも、その内容、形式などからも、そもそも墓碑や墓誌ではありえない[6]。

広開土王碑の立碑目的については、このような形状の碑を立てることになった経緯にまず注目すべきであって、それは碑文中の次のような既述が参考にされなければならない。

上祖・先王自《よ》り以来、墓の上に石碑を安《やすん》ぜず、守墓人の烟戸を使して差錯せしむるに致れり。唯だ国岡上広開土境好太王のみ、尽《ことごと》く祖・先王の為に、墓の上《ほとり》に碑を立て、其の烟戸を銘し、差錯せ令《し》めざりき。

すなわち、高句麗では古来、王陵の傍らに守墓人に集落をつくらせ、彼らを労役集団として王陵およびその附属施設の清掃・管理に代々にわたって従事させていた[7]が、この祖王・先王たちの各陵墓における守墓人の集落が相互に錯綜してしまったので、広開土王は、石碑を歴代王陵の傍らに立てることを創案した、というのである。

広開土王碑の立碑目的を考える際に、碑文中の上記の内容は、とりわけ重視すべきである。なぜなら、広開土王は王都に存在していた歴代（祖王・先王）王陵の全ての傍らに碑石を立て、王陵付近に各々集落を形成していた守墓人たちがどこから徴発されたかを碑石に刻し、守墓役制の錯乱を抑止したと明記しているからである。

従来、このような碑石が一点も実在しないことから、碑文中の当該記事の真偽をめぐって議論があった。[8] しかし、そのような詮索そのものには全く意味がない。碑文中にあるとおり「碑」を歴代王陵の上《ほとり》に立てなければ、架空の言辞を弄して法令を宣布したことになり、広開土王碑文そのものに効力がなくなるからである。

すぐ後に述べるように、広開土王碑には各王陵の守墓人の源泉となるべき三三〇家の守墓人の出身地が明記されているが、これらの守墓人もまた、広開土王が立てたという歴代王陵の碑との関係で、広開土王碑の立碑目的を考えるべきなのである。

すでに本論全体が「勲績」に相当することを強調したが、それにもかかわらず、従来、本論は武勲関係記事と守墓人関係記事とに二分して、両者の関連づけを試みることなく考察されてきた。言い換えると、両者の関係づけが十分に認識されないまま、武勲記事のみが「勲績」の対象として論じられ、本論が勲績とさらに別個（守墓人関係記事）の二つの内容からなるような錯覚を与えてきたのである。しかしながら、いわゆる武勲記事は、決して武勲のみに意味があるわけではない。

まずもって、本論全体の中で、武勲記事が占めている位置を見極める必要がある。麗々しく述べられた八年八条の武勲記事とは、第三面八行目の「凡所攻破城六十四、村一千四百」の一三文字によって総括されるべき内容なのである。逆に言えば、八年八条の武勲記事は、この句に収斂される限りをもって意味をなすのであって、単に広開土王の生涯の武勲を全て列挙したわけではない[9]。

すでに私見を述べたことがあるが、武勲記事の最後に総括された六四城とは、ただ広開土王一代に獲得した城の総数という意味にとどまるものではなく、各地域から徴発された守墓人出身地に関わるのであって、事実、それらの多くは、武勲記事に記された六四城の中に見いだすことができる[10]。それゆえ、武勲記事は、後に続く守墓人関係記事にそのまま連動しているのである。

このことを裏づけるように、碑文中に記された守墓人に関わる規定によれば、高句麗では「祖王・先王」以来、「旧民」（高句麗人）をもって守墓役に当たらせてきたものの、広開土王は「旧民」が疲弊することを恐れ、広開土王が「躬《みず》から巡りて略来せし所の韓・穢」からのみ守墓人を徴発せよという広開土王の「教言」のあったことを掲げている。八年八条の武勲記事には、必ず各条ごとに広開土王が「躬から率いた」か、あるいは「教《めいじ》て遣わした」かのいずれかの戦闘の形式が記されており、それらこそが守墓人に関わる「教言」中の「躬から巡りて略来せし所の韓・穢」の由来を明示せんがための前提文なのである。

ただし、この「教言」に従いつつも、外来者だけでは、高句麗の「法」を周知させることは困難と判断し、必要最小限の三分の一を高句麗人でまかなうことにして、残り三分の二にあたる二二〇戸は広開土王が略来してきた「韓・穢」を充当すると明記している。その上で、二二〇戸全ての出身地をもらさず碑文に列記しているのであって、それらのほとんどが武勲記事末尾で総括された六四城の中から徴発された者たちなのである[11]。

要するに、武勲記事はそれ自体で意味をなすのではなく、先ず守墓役制の整備と強化という課題があって、そこに徴発された守墓人にどのような来歴があったかを説明する部分に該当する。武勲記事は、広開土王が攻め破った「城六十四、村一千四百」で総括されるかぎりで意味をなすものであり、広開土王の「教言」に示されているように、王自身が「躬から巡りて略来」した守墓人の由来が広開土王の軍事的活動によって維持、拡大された高句麗王を中心とした秩序構造に根拠することを明示する役割を果たしつつ、広開土王一代の外征と守墓人の関係を必然化させるための記事である。

したがって、今一度くりかえせば、「本論」前半部分を占める武勲記事は、あくまで本論後半の守墓人烟戸に関わる規定の前提として要請される部分であって、決して広開土王の武勲を称えることのみを目的とした記事ではない。武勲という王一代の戦闘の歴史が語られるのは、守墓人烟戸に関わって広開土王が創出した制度と規範を強化せんがためであり、それに密接に関わる過去が選び取られて記されているのである。

そうすると、本論＝勲績とは、本論の全体が一体として守墓役体制に関わることになる。広開土王碑の立碑目的とは、つまるところ守墓役体制に関わる勲績の顕揚とならざるをえない。

2　守墓人烟戸と守墓役体制

前節で、本論の後半部分をさらに二分して、守墓人烟戸の三三〇家のリスト部分と、第四面五行目五字から始まる広開土王の「教言」部分以下とに分けることを指摘した。つまり、武勲記事は、「凡所攻破城六十四、村一千四百」の一三文字によって総括され、それを受けて、まず武勲によってもたらされた守墓人烟戸の三三〇家のリストが次に掲げられ、そのようなリストを前提に、「本論」第三の部分が展開される。すなわち、

国岡上広開土境好太王存時、①教言「祖王先王但教取遠近旧民、守墓洒掃、吾慮旧民転当羸劣、若吾万年之後安守墓者、但取吾躬巡所略来韓穢、令備洒掃」言教如此。②是以如教、令韓穢二百廿家、慮其不知法、則復取旧民一百十家、合新旧守墓戸、国烟卅、看烟三百、合三百卅家。自上祖・先王以来、墓上不安石碑、致使守墓人烟戸差錯。唯国岡上広開土境好太王、尽為祖先王墓上立碑、銘其烟戸、不令差錯。③又制「守墓人自今以後、不得更相転売、雖有富足之者、亦不得擅買、其有違令売者刑之、買人制令守墓之」。

とあって、広開土王が①守墓人について、自らが略来してきた韓穢の民で組織する基本方針を述べた「教言」部分と、②その「教言」に従いながらも、守墓人の三分の一に当たる一一〇家の旧民を加え、各王陵に守墓人を記した石碑を立て、守墓役体制の整備と強化策が施行されたこと、それらの制度の整備を踏まえて③守墓人に関する禁令が下されたという内容からなる。

私はかつて当該記事を重視して、広開土王碑は、高句麗に伝統的に継続されていた国家的な徙民策による守墓役体制に基づきつつ、改めて制度の強化という思惑と目的をもって刻まれたとし、それゆえ、碑を高句麗人の独自の制度である守墓役体制に関わる法令宣布の媒体であるとみなした[12]。ただ振り返ってみれば、かつての自説は、必ずしも守墓人烟戸との関わりで立碑目的について明確に規定するものではなかった。前節で強調したように、本論の内容は全体として広開土王の守墓役体制に関わ

る勲績を後世に示すためのものであり、したがって、この部分も、そのような文脈で捉えなければならない。つまり、守墓人リストとそれに続く本論第三（上掲①②③）の部分をも含めて勲績としてトータルに捉える必要がある。

ところで、その守墓役体制とは、碑文に即してみれば次のとおりである。高句麗では、「祖王・先王」以来、守墓人は、「旧民」を用いてきたが、「旧民」の疲弊を防ぎ、守墓役体制を未来永劫にわたって万全を期すために、広開土王自身が略来してきた「韓・穢」の民を用いるようにと王命があった。しかし、守墓人の三分の一には高句麗法を知る「旧民」を加え、さらに、広開土王は「祖王・先王」の王陵の上に石碑を立て、守墓人烟戸の混乱を抑止するなど守墓役体制の制度化を図った上で、守墓人の売買を禁じる制令を下した。

このような守墓役体制の整備と強化の過程が広開土王の勲績とされたのであり、したがって、広開土王碑の立碑目的とは、そうした守墓役体制の整備に偉大な貢献のあった広開土王の功徳を称える頌徳碑となるであろう。

以上は、碑文全体の構成に沿って捉えれば、無理なくたどれる穏当な理解ではなかろうか。では、何故こうした解釈がなされなかったのであろうか。

自説を批判的に振り返れば、まず最大の要因は、三三〇家を漠然と広開土王陵の守墓人と想定したことによる。また多くの論者もそのように解釈してきた。しかし、こうした理解では三三〇家の守墓人リストと「祖王・先王」の王陵に立碑したことが結びつかず、守墓役体制の整備がなぜ広開土王の勲績になるのかについて一貫した説明を欠くところがある。問題は、碑文に記された三三〇家の守墓人と、「祖王・先王」たちの王陵との関係である。

ところで、二千人以上とも推定される膨大な守墓人三三〇家の内訳は、碑文には「国烟卅」、「看烟三百」とある。「国烟」と「看烟」の解釈については諸説あるが、まず問題とすべきは、アプリオリに「国烟卅」、「看烟三百」の総和である守墓人三三〇家を広開土王の陵墓の守墓人とはみなせないことである。

すでに、浜田耕策がいち早く指摘しているように、守墓人烟戸が広開土王の単独の守墓人とするには多すぎる。そこで浜田は「国烟」三〇と「看烟」三〇〇は、「国烟」が一〇と「看烟」が一〇〇からなる三つの集団に分けて、「これらが故国原王、故国譲王、好太王の三王墓あたりの守墓人烟戸となるとき、その数はけっして多きにすぎることはなくなり、また、「国」字に由来した国烟の理解もいっそう首肯されるのではなかろうか」と、守墓人烟戸に関する根本的な疑問を呈したことがある。(13)

浜田が故国原王、故国譲王、広開土王の三王に注目したのは、「国烟」と関係づけながら、これらの王がいずれも諡号に「国」字が付された王たちだからであった。ただし、この着想に従えば、諡号に「国」字を付した高句麗王は上記の三王にとどまらない。国内城時代(二〇九―四二七)の歴代王のなかには、小獣林王を含めて、故国原王から広開土王までの四人が指摘されているので、(14)「国烟」と諡号とを結びつけるのであれば、四王の陵墓を対象としなければならない。(15)

しかしながら、「国」字を含む諡号に注目するのであれば、その諡号の由来は国内城(丸都)に葬られたことにあるのであるから、(16)二〇九年に国内城に遷都して以来の高句麗王の系譜を参照すべきであろう。つまり、『三国史記』が伝える第九代の故国川王から広開土王までの一一人の王たち(丸都・国内王系）がそれに該当する[17]。

いずれにしても、碑文に守墓人烟戸として載録された「国烟」三〇と「看烟」三〇〇が守墓すべき王陵とは、広開土王陵を単独で対象としたのではなく、国内城に葬られた国内王系の王たちの陵墓をも含めて再検討すべきことになる[18]。その際に難問となるのは、対象とすべき王陵に、「国烟」三〇、「看烟」三〇〇のうち各々何戸が分割されて配当されていたかという問題である。

そもそも、各王陵に総数で三三〇家の守墓人が配置されたとすると、「国烟」と「看烟」とは相互にいかなる関係にあったのかを明らかにしなければならない。これについて朴時亨は、「国烟」が主たる王陵守護の職務を遂行し、「看烟」は「国烟」のこの職務を各方面で保障する任務を担当したとみなした。こうした「国烟」と「看烟」の解釈の前提に、「国烟」と「看烟」の数が一対一〇になっていることから、「国烟一戸と看烟一〇戸を合わせてある一つの集合体を成して王陵守護の負担を負うもの」と推定した[19]。また武田幸男も同様に、陵墓が造営された現地において国烟が看烟一〇を率いて守墓するという労働編成がとられたのであろうと推定している[20]。両氏は共に、全く明言していないが、碑文が記す三三〇家の守墓人は、三〇の集合体をなしており、それらが総体として広開土王陵の守墓役に従事していたと想定したのである。

もはや、そのような考え方には従いがたいものの、「国烟」と「看烟」の関係については否定するには及ばないであろう。つまり、「国烟」一と「看烟」一〇からなる最も基礎的な単位である一一家の守墓人烟戸の集合体が基本単位となり、各王陵の守墓人として割り当てられたと推測される。

しかしながら、こうした仮説に基づいて、たとえば一王陵につき一一家とするには、いくつかの問題がある。第一に、一一家を一王陵に対する守墓人烟戸のユニットとすれば、必然的に三〇の王陵が対象となる。そこで生じるのは、三〇の王陵が具体的に高句麗歴代諸王の数とどのように整合的に結びつくのかという問題である。もし、三〇の王陵を対象としたとすると、広開土王が一七代目の王であることを記す碑文とは齟齬をきたすことになる。

第二に問題となるのは、碑文に記されているように、広開土王の「教言」には当初、守墓人は広開土王が新たに略来してきた「韓・穢」の民だけにするようにと教令が出されたが、彼らだけでは高句麗の法が理解できないことを考慮して、「韓・穢」の二二〇家に対して、「旧民」を三分の一の一一〇家加えて、「新旧守墓戸」三三〇家となしたとある点である。

あえて広開土王の教令を違えて改定してまで「旧民」を加えたにもかかわらず、単純な机上の計算からすると、「国烟」一、「看烟」一〇を一つの集団としたのであれば、三〇のうち二〇（全体の三分の二）の集団は、法を知らない守墓戸集団となり、これでは施策の根幹を否定することになってしまう。[21]

そこで、以上の難問を克服するために、まず前者の問題からとりあげることにしたい。守墓人を配当すべき「祖王・先王」たちについては、『三国史記』高句麗本紀や王歴によれば、国内城時代の高句麗王は、故国川王から広開土王に至る一一人の王たちが伝わるが、故国川王が後世になって加上された王であることが明らかにされている。[22] つまり、国内城時代の高句麗王は、実際には一〇人の王たちであった。

こうした前提に立って、改めて「国烟」三と「看烟」三〇を合わせて、三三家で一王陵の守墓戸集団（一〇集団）を編成していたと想定してみたい。これであれば、一王陵につき三三戸のうち、どの集団にも三分の一にあたる一一家の「旧民」が配合されることになるであろうし、また何よりも全体で一〇の集団であれば、三世紀初頭に高句麗が国内城に遷都して以来、この地で即位し没した諸王は、山上王から広開土王まで一〇人であるので、それらの王陵が該当することになる[23]。

一王陵に対する守墓人烟戸を三三家とするには、その規模の妥当性が問題となるが、その際に参考となるのは、『三国史記』が伝える守墓人の規模である。すなわち、巻一四、高句麗本紀には、二世紀末のこととして、

新大王十五(一七九)年秋九月、国相荅夫卒、年百十三歳。王自臨慟、罷朝七日。乃以礼葬於質山。置守墓二十家。

とあり、そのまま同時代の事実と認定することはできないものの、二〇戸を国相の守墓人烟戸として設けたと記す。守墓人烟戸の規模を伝えるものとして軽視できない。また、七世紀の新羅の事例ではあるが、『三国史記』巻三、新羅本紀には、

文武王四(六六四)年二月。命有司徙民於諸王陵園、各二十戸。

とあり、やはり諸王陵の守墓人として二〇戸を設けていたことを知る。また、中国の事例では、漢の高祖が陳渉のために、三〇家の守冢(守墓)をおいたことが記されている。一方、古代日本の陵戸の制度の事例は、『延喜諸陵寮式』によれば、天皇の諸陵は、五戸より一〇戸であったとされる。以上の事例に見られる陵戸の規模を勘案しても五世紀初頭の高句麗の王陵に三三家規模の守墓人烟戸を想定するのは決して無理ではない[24]。

上述のように、碑文に記された三三〇の守墓人烟戸とは、国内城に葬られた山上王より広開土王ま

での一〇代の王陵に配された守墓人だったのであり、そのような王陵に対する守墓役の未来永劫の護持をめざして、体制の整備と強化に努め法令を定めた広開土王の事跡が碑文において勲績として称えられているとみることができる。

3　立碑目的と文章構造の由来

本章では広開土王碑文の本論を三区分し、それらが八年八条の武勲記事と、その武勲によってもたらされた守墓人烟戸の三三〇家のリストを記し、守墓役体制の王命に基づく施策と、それを維持する法令からなることを論じてきた。こうした構成からなる本論は全体として、守墓人烟戸に関わる内容で一貫しており、総じて守墓役体制の整備と強化が広開土王の勲績として称えられているのであり、広開土王碑の立碑目的は、このような広開土王の功徳を称える頌徳碑であることを述べてきた。

ところで、本論第三の部分は、①広開土王の「教言」部分と、②「教言」にしたがって新旧三三〇家の守墓戸に基づく守墓役体制と各王陵に立碑した経緯、③守墓人の売買に関する禁令からなっているが、当該部分は王命を意味する「教」字を連ねており、王の意志(教)が法制化していく過程をみることができる。

このような構文を碑石に類例を求めれば、たとば、摩滅部分が多くその解読は困難であり内容の把握は必ずしも容易ではないものの「中原高句麗碑」(五世紀後半)にも確認され、六世紀の新羅碑には、「迎日冷水碑」(五〇三年)、「蔚珍鳳坪碑」(五二四年)、「丹陽赤城碑」(五四五年＋α)に共通してみられる特徴である。それらは広開土王碑文の当該部分に由来することを何度か指摘したことがある(25)。たとえば、冷水新羅碑を示せば次の通りである(26)。

A　新羅喙斯夫智王・乃智王、此二王教用、「珎而麻村節居利為証尓、令其得財」教耳。

B①癸未年九月廿五日、沙喙至都盧葛文王・斯徳智阿干支・子宿智居伐干支・喙尓夫智壱干支・只心智居伐干支・本彼頭腹智干支・斯彼暮斯智干支。

②此七王等共論用「前世二王教為証尓、取財物尽令節居利得之」教耳。

③別教「節居利若先死後□其弟児斯奴得此財」教耳。

④別教「末鄒・斯申支、此二人後莫更導此財、若更導者教其重罪耳」。

C①典事人沙喙壱夫智奈麻・到盧弗・須仇休・喙耽須道使心訾公・喙沙夫那斯利・沙喙蘇那支。

②此七人□跪所白了事、殺牛祓誥故記。

D　村主臾支干支・須支壱今智、此二人世中了事、故記。

すなわち、碑文の内容は、新羅の近郊にある「珎而麻村」で発生した財物をめぐる紛争に対して新羅高官が関係者に裁定を下したもので、碑文はAからDの四つの内容に分けられる。まず新羅の斯夫智王と乃智王の二人が教によって財物が珎而麻村の節居利に帰せしめることを記した上で、次に癸未年九月二五日に、至都盧葛文王を始めとする新羅の高官七人(七王)が「共論」し、以前に示された「二王」の「教」を拠り所にして、新たな「教」(別教)をもって、財物の帰属が節居利にあることを命じ、さらに節居利の死後には、弟の子供(斯奴)に財物を帰すことを命じて、財物を争っている末雛と斯申支の二人が財物の帰属をめぐって再論すれば重罪に処すことを記している。このような裁定の後に七人の典事人によって牛を犠牲とした祓いの儀礼が挙行されて天に告げたこと、二人の当該地の首長がこの調停に立ち会ったことを刻んでいる。傍線部にみられるように、「教」を重ねることによって、財物紛争に対する裁定の次第を明示し、告知内容に強制力を付加させている。

こうした点を参照しながら広開土王碑文に即してみれば、上記のとおり、当該部分は、①「教言」部分と、②「教言」にしたがって、施行された守墓役制の再編と強化に関わる施策の経緯、③それを前提に出された広開土王の「制令」とからなる。ここには、広開土王の命令（「教」）が、いわば「守墓役体制」として法制化されていく過程をみることができる。

あえて、推断すれば、この部分こそは高句麗の石刻文書とも言うべき内容を伝えているのではないだろうか。上掲の六世紀の新羅碑は共通して法令の宣布に関わり、実際に個別具体的な法令の名称までもが刻されている。(27) 六世紀の新羅碑の場合、「教」の主体は、王個人ではなかったが、法令が宣布される経緯と正当性が「教」字を重ねることによって明示されている点で共通している。その意味で石刻文書とみなしうる。

かつて、井上秀雄は広開土王碑について、「このような特殊な用途をもつ金石文が高句麗独自のものか、中国からの伝来によるものか注目される」と指摘したことがあるが、(28) 後漢時代の石碑に、漢代の公文書をそのまま刻している事例である。(29) すなわち乙瑛碑（孔廟置守廟百石卒史碑）であって、その概略は次のとおりである。

魯国の相・乙瑛が孔子廟を管理する下級の役人（百石卒史）を常置させること、および定期的な祭祀を行いその経費をどうするかについて提言して、その請願を受けて司徒らが太常に諮問し、司徒らは、その答申に基づき皇帝に上言して制可を得たというものであって、以上の部分が詔書そのものとなっている。つまり、上述の過程は、決定事項のみが詔書ではなく、決定に至るまでの審議の段階の文書を含めて全体として詔書を構成しているのである[30]。この碑石の目的は、孔子廟管理が皇帝によって保証されたことを明示すると共に、それに貢献した者の功徳を称える詔書の形式を利用した頌徳碑[31]、あるいは顕彰碑[32]であるとの指摘がある。

既述のように広開土王碑の本論第三の部分は、広開土王の守墓役体制に対する整備と強化策が立案、策定されていく過程を、広開土王の王命（教、制）を連ねながら述べている。すなわち、①広開土王の「教言」部分と、②「教」にしたがって施行された守墓役体制と各王陵に立碑した経緯、③広開土王による「制令」部分までが、全体として広開土王による守墓役体制整備に関する施策の段階的な経緯を含めて王命を構成していることになるであろう。

つまり、当該部分は、守墓役体制が法制化される過程と見なすことができ、その内容は守墓役体制の整備に関わる審議の段階（「韓・穢」に「旧民」を加えて守墓人を構成するよう改定した経緯）をふくめて全体として王命を構成していると言える[33]。そのような意味で、広開土王碑は高句麗の公文書がそのまま碑石に刻まれている石刻文書とみなせるであろう。また、こうした点にこそ、乙瑛碑との類似性を認めることができるのではなかろうか。

すでに多くの指摘があるように、後漢時代には石刻が急激に増大する。そのような文化状況が高句麗に伝播し高句麗の選択的な受容によって、広開土王碑にみられるような独自の碑石形態と碑文の構成を生みだしたのではあるまいか。これまでに判明している事実によれば、高句麗は、略字や用字法の中に、漢代において必ずしも一般的ではないものを含めて漢代に源流をもつ漢字文化を受容しており[34]、それらは新羅や百済、倭にまで影響を及ぼしている。そうした漢字文化の伝播と受容のプロセスから見るとき、文書碑もまた高句麗に受容されたとしても不思議ではなかろう。

上述のように、中原高句麗碑を始め、六世紀の新羅碑には、例外なく「教」字を重ねて、王命や、王権の意志決定、制度の実施などが宣布されている。それらの解読はいまだ十分には果たされていないが、今後は文書碑としての書式の観点を導入することによって新たな解釈の手がかりとなり得るのではないかと思う。いずれにしても、広開土王碑が守墓役体制の整備を法制化する過程を示す公文書を碑石に刻み、その実現に貢献した広開土王の勲績を称えた頌徳碑ないしは顕彰碑として再検討されるべきことを提起したい。

ところで、広開土王碑を守墓役に関する王命を文書形式のままに刻した頌徳碑とすると、碑石は墓碑のように墓の傍らにある必然性はなくなる。これまで広開土王陵の比定は、碑石と太王陵、将軍塚との距離のみが問題とされてきたものの、最近になり太王陵の陵園区域に関わる発掘調査によって、太王陵の南側に南門が検出された[35]。これによって、その近さだけをもって結びつけられてきた太王陵と広開土王碑との関係づけは困難になり、太王陵を広開土王陵と推定する根拠はほとんど失われた[36]。

そもそも、将軍塚は西南に墓室を開口しており、広開土王碑は第一面を東南に向けて陵墓の参道を想定すると、碑はちょうどその参道に向かう位置に立っている。別な表現を用いれば、碑の第一面に向かって立ち、直角に右に振り向けば、一直線上に墓室が開口された将軍塚を眺めることができる[37]。また将軍塚は、その構造や将軍塚周辺から蒐集された瓦の編年からも、集安地域における最も新しい時期の古墳であることが明らかにされている。[38]集安時代の王陵の守墓役体制の整備と強化に努めた広開土王の勲績を称え、王陵を望む象徴的空間に立てられたのであろう。

また広開土王碑が王陵（将軍塚）から二〇〇〇メートルを隔てた位置にあるのも、広開土王碑が王自身の勲績を称えるだけでなく、守墓役体制に関する石刻文書であったからであり、なによりも、各王陵に配置された三三〇家の守墓人たちを刻した諸碑のいわば原簿として、それらを統括すべき内容を備えていたからにちがいない。

おそらくは広開土王自らが発案し指揮したであろう国内城から平壌への遷都は、子の長寿王によって十数年後の四二七年に実現される。そうしてみると、守墓役体制の整備は、遷都を控えた広開土王にとって遷都前に完了させておくべき切実な施策であったはずである。そのことを誰よりも知る立場にあった長寿王が広開土王の勲績を称えて立碑したのが広開土王碑であったと推測される。六メートルを超す巨碑は、国内城時代における高句麗王家の威信を「万年之後」まで維持、継続していくための法令伝達の装置でもあった。

おわりに

本章で明らかにした点は以下の通りである。広開土王碑の序文に続く本論の構成は、まず八年八条の武勲記事と、次いで、その武勲によってもたらされた守墓人烟戸の三三〇戸のリストと、最後に、守墓役体制の整備と強化に関する「教言」と守墓人の売買を禁じる「制令」からなる。これらは全体として、国内城時代の王陵の守墓人烟戸に関わる内容で一貫しており、そうした守墓役体制の創出が広開土王の勲績として称えられているのである。それゆえ、広開土王碑の立碑目的[39]は、そのような守墓役制の整備と強化に努め、その体制を盤石なものとした広開土王の功徳を称える頌徳碑とみることができる。

広開土王の勲績とされる守墓役体制の成立過程を碑文に即してみれば、次のようになっている。すなわち、①高句麗では、祖王・先王以来、守墓人は「旧民」のみを用いてきたが、広開土王は自ら戦闘によって略来してきた「韓・穢」の民を用いることを命じた。②しかし、彼らが高句麗の法を知らないことを考慮し、「旧民」の三分の一をそこへ加えることにした。さらに広開土王は、祖王・先王の王陵に石碑を立て、守墓人烟戸の混乱を抑止し、それらを踏まえて③守墓人の売買を禁止する制令を布告したのである。

ここにおいて成立した守墓役体制における守墓人三三〇家とは、王陵守護の職務を直接に遂行した「国烟」三家と、その職務を各方面で保障する任務を担当した「看烟」三〇とを併せて、この三三家が一王陵の守墓人烟戸集団として、一〇の王陵の守墓役に就いたものと推定される。ここでの一〇の王陵とは、具体的には、三世紀初頭に高句麗が国内城に移ってから、この地で王となった山上王から広開土王までの一〇代に該当したとみられる。

以上の経緯と内実をもって高句麗の守墓役体制が再編、強化され新たな体制を創出したのであるが、その施策の過程について広開土王碑は、①広開土王の「教言」と、②「教言」に基づいて整備された守墓役の編成にかかわる施策、③広開土王の「制令」とからなっている。これらの叙述は、王命を意

味する「教」字がくり返し重ねられ、王の意志が法制化していく過程をみてとることができる。(40)

このような叙述方法は、後漢代の公文書をそのまま刻している乙瑛碑を参照するならば、広開土王碑もまた同様に、文書形式のありかたから、石刻文書とも言うべき内容を備えているといえる。後漢時代には石刻が急激に増大しているが、それらに対する高句麗の選択的な受容が、広開土王碑にみられる独自の碑石形態と碑文構成を生みだしたと考えられる。

補注　第五章において指摘したとおり、二〇一三年に集安市において広開土王碑と酷似する守墓人に関する内容を刻む高句麗碑が発見された。この碑は、立碑年を広開土王時代とするか長寿王時代とするかなど未解明な問題が残されてはいるものの、本章で論じた王陵ごとに立碑された石碑に該当することは間違いない。ただ、この集安高句麗碑には、守墓人に該当する部分について「烟戸頭廿人」(裏面には「守墓烟戸合廿家」)と記されており、これが一王陵の守墓人に関わる数値を示すとすれば、本章で推定した、一王陵につき三三烟戸の守墓人と齟齬を生じることになる。しかしながら、その一方で、新たな高句麗碑の発見によって、広開土王碑に記されていた三三〇烟戸が広開土王陵にたいする「守墓人烟戸」でないことが明白になった意義はきわめて大きい。本章で改めて問題とした広開土王碑の立碑目的についても、三三〇烟戸が集安地域の王陵群におよぶ守墓人に該当するという事実を前提に検討する必要があることは、本章で指摘したとおりである。いずれにしても、広開土王碑に記された三三〇家の守墓人の内訳が、どのような規模(戸数)で集安地域に所在する王陵群に割り当てられていたかは今後の大きな課題である。

第Ⅲ部

植民地と歴史学

第八章　コロニアリズムと近代歴史学
——植民地統治下の朝鮮史編修と古蹟調査を中心に——

はじめに

黒板勝美（一八七四—一九四六）は、日本古文書学の体系を樹立し、『大日本古文書』の編纂や『新訂増補 国史大系』の校訂出版に努め、古文書や古典籍の出版と普及に大きな足跡を残した。その一方で、たとえば、独力で日本古代文化研究所を創設して藤原宮跡の発掘調査を指導するなど、文化財の調査や保存においても指導的な役割をはたしている。それ以外にも日本史学にとっての功績は多方面にわたり、東京帝国大学国史学科の教授としての三〇年以上におよぶ研究・教育活動と併せて、近代日本史学にとっての黒板の占める位置はきわめて大きなものがある。(1)

その黒板が、四〇代前半から晩年にかけて最も力を注いだ仕事に『朝鮮史』編修と朝鮮古蹟の調査保存があった事実は、それほど知られていない。あるいは、彼の多方面にわたる業績のほんの一部のように考えられているに過ぎない。(2)ところが、黒板が精力を注いだ『朝鮮史』編修と朝鮮古蹟の調査保存の二つは、中村栄孝の言葉をかりれば、「その趣旨からいつても、その成果からいつても、永遠に記憶される」朝鮮総督府の文化事業であったと言われ、戦後においてすら日本人の自負と自賛の対象となった。[3] 黒板は植民地下の朝鮮において、このような一大国家プロジェクトに積極的に関与し、「創意にみちた企画や旺盛な実践力をもつて」、計画立案から完成に至るまで終始一貫、みずから陣頭に立って事業の指揮をとったのである。[4]

たとえば、一六年におよぶ『朝鮮史』編修における黒板の活躍の一端は、次のように伝えられる。「春夏の休暇はもちろん、歳末年始の休日に際しても、機会あるごとに朝鮮に往来し、予算の折衝にあたり、編修の企画を指導し、事業の進行を督励し、時には往来の車中において、総督総監らと行をともにして、詳細に経過を報告し、将来の計画を議」した、という。[5] ここからも、『朝鮮史』編修は、総督府における最大規模の事業であるばかりか、黒板にとっても、数多《あまた》ある活動の中にあって、どれにもまして情熱を傾倒した事業であったことがうかがえるであろう。

また、朝鮮古蹟調査においても、黒板の活躍には目を見はるものがある。すなわち、一九一六年の古蹟調査委員会発足と同時に、中心的な役割をはたし、さらに一九三一年に、財政緊縮政策（宇垣一成総督）によって古蹟保存事業が困難に陥いると、黒板の創案により、博物館の外郭団体（朝鮮古蹟研究会）を創設して外部資金を導入することで、調査を継続させ、同研究会が一九四五年に至るまで総督府の保存事業を実質的に担った事実が伝えられている。[6]

このような黒板の植民地・朝鮮における精力的な活動を追ってみると、一体、黒板をして、『朝鮮史』編修と朝鮮古蹟の調査保存に向かわせた動機や背景は何であったのか。それは、彼の歴史学にとって、どのような意味があったのか。あるいは、彼が生きた時代の日本歴史学といかなる関係があるのか。あるとすれば、それは、現在の日本歴史学にいかなるかたちで生きているのだろうか。そのようなことを考えざるをえなくなるのである。

そこで本章は、まず『朝鮮史』編修と古蹟調査について、黒板の関与の仕方を通して、これまでとは異なる視角から『朝鮮史』編修と古蹟調査の性格を明らかにしてみたい。さらに、そうした事実を踏まえて、それが日本の植民地支配政策に止まらず、近代日本の歴史学にとって、どのような意味があったのかについて検討してみたい。

1　『朝鮮史』の編修と黒板勝美

『朝鮮史』の編修事業は、一般には一九二二年における「朝鮮史編纂委員会規定」の発布をもって開始され、一九三八年に『朝鮮史』の全冊刊行が終了するまでの一六年間の事業を指す。(7) しかし、『朝鮮史』編修の起点は、さらに遡り、一九一五年に総督府中枢院で着手された『朝鮮半島史』にあったことは関係者にはよく知られた事実である。

この『朝鮮半島史』編纂事業は、一九一五年五月に、旧慣制度調査が参事官室から中枢院に移管された際に、朝鮮史の編纂が中枢院事務の第一に掲げられ、旧慣調査のなかでも重要事業として再確認されたことが編纂の契機となった。その編纂意図について、小松緑（中枢院書記官長）は、おおよそ次のように述べている。すなわち、従来、朝鮮に正確な準拠すべき歴史書がなかったので、現在の立場から、冷静な態度で、虚心坦懐、歴史上の事実をただ善意に記述して、唯一の完全無欠の朝鮮史を編纂することにあるという。[8]

これは、一九一六年一月における修史事務の担任（賛議および副賛議）に、辞令を交付する際に述べた「挨拶」だが、後に触れるように、その具体的な編纂の意図はもちろん別なところにあった。それはともかく、この後、三月に三浦周行（京都帝国大学教授）、今西龍（同講師）とともに、黒板勝美（東京帝国大学助教授）が嘱託として、この事業に加わることになる。黒板が朝鮮の修史に関わった最初である。

黒板がいかなる事情で、いかなる考えをもって、この事業に加わったかは、直接知ることはできないが、この年七月に発表された「朝鮮半島史編纂要旨」は、この点を知る上で参考となる。「要旨」によれば、小松の挨拶よりさらに具体的に次のように述べている。

すなわち、当時、朝鮮内外において、現代との関係を欠く在来の古史に依拠して独立国の夢を追想する著作や、『韓国痛史』のような併合を批判する書籍が出まわり、人心を動揺させている。これを絶滅させようと禁圧すると、むしろ勢いづけるので、公明的確な史書を作製して、こうした動きに対抗するのが近道であり、これが半島史編纂の理由である、という。さらに、半島史編纂の主眼は、第一に、日本人と朝鮮人が同族であることを明らかにすること、第二に、古代より時代を経るにしたがって疲弊・貧弱に陥ったことを述べ、併合によって朝鮮人が幸福を全うするに至った点を論述することにある、と明記している。[9]

言うまでもなく、ここで批判の対象としているのは、一九世紀末より二〇世紀初めの開化期に刊行された、檀君を積極的に論じた民族精神を鼓舞する史書や、朴殷植の『韓国痛史』などを指すのであるが、これによって、朝鮮民族の立場からの起源や、韓国合併の不当性を記した歴史書の普及に総督府側が危機感を募らせ、それが朝鮮史編纂に向かわせる契機になったことがわかる。

ところで、このような朝鮮史編纂に嘱託として関わった黒板が、はじめて朝鮮を訪れたのは、『朝鮮半島史』が着手される一九一五年七月に先立つ、その年春のことであった。黒板自信の言葉によれば、三カ月ほど忠清道、慶尚道、全羅道の地勢を調べて回り、その後、さらに平壌や他の地域をも見て回ったという(10)。旅行から六年後の講演(「朝鮮の歴史的観察」)においては、この旅行が、そもそも沖の島をめぐる朝鮮と日本の文化的交渉に関心を持ったことによることが強調されているが、旅行の時期が『朝鮮半島史』編纂の計画時期と重なることからみても、黒板の言葉をそのまま信じるわけにはゆかない(11)。

その他にも、黒板はこの講演で、朝鮮の文明の起源が平壌地方にあること、そこに中国文明が最初に移植されたこと、それらの余波で一部の人々が朝鮮半島から日本列島へ駆逐されざるを得なかったこと等を述べることによって、日本の民族的起源が朝鮮にあることを強調している。さらに、日清・日露戦争の経緯を述べ、併合によって朝鮮国民が真に完全なる独立国民となったこと、さらに日本に依拠しつつ開化発展していく必然性が述べられている(12)。改めて指摘するまでもなく、これは半島史編纂の目的そのものに沿った内容である。黒板が、総督府の施策に積極的に荷担する史論を展開していたことに注目したい。

『旧慣制度調査事業概要』によれば、『朝鮮半島史』編纂は、その後、資料蒐集に年月を要し、予定通り進まず延長され、さらに職員転出、死亡などがあって、一時事業が中絶し、たまたま一九二二年に中枢院内に新設された朝鮮史編纂委員会の事業が伸展したため、一部事業を統一した後、一九二四年末には事実上、事業打ち切りとなったと記している。[13] これを見る限り、単なる事業上の変遷を述べるにすぎないが、関係者の言葉によるとこの間の事情は決して単純ではなかったことがうかがえる。すなわち、中村栄孝によれば、小田省吾（学務局編輯課長）らが時代別に調査執筆を進めるなかで、資料蒐集に予想外の困難があったため計画が延長されたが、結局、完成できなかったのは、三一独立運動を契機にした統治政策の転換にあったのではないか、[14] というのである。

このような情勢のもとで一九二二年一二月に朝鮮史編纂委員会規定が公布され同委員会が成立する。ここに至り、朝鮮史の編纂と朝鮮資料の蒐集を目的とする修史事業が、組織的に行われるようになったのである。

停滞していた『朝鮮半島史』編纂とは別途に、この新規の事業を計画したのは、やはり黒板であった。黒板はこの年六月に政務総監として朝鮮に赴任してきた有吉忠一とは同窓の友人であり、有吉を介して総督が自ら黒板に要請し、これをうけて、黒板が組織に関する献策を行い、具体的な事業計画の立案、担当者の人選、編纂の綱領に至るまで関与したことが知られている。[15]

さらに一九二四年末には、二年間にわたる実績をふまえて、より国家事業としての規模を整え、権威ある組織を確立するため、新たな官制を企画し、「朝鮮総督の管理に属する独立の官庁が設置された」[16]。一九二五年六月の朝鮮史編修会官制の勅令公布である。この組織確立の構想は、有吉政務総監時代に始められ、黒板が新総監（下岡忠治）の下で実現させたものであった。黒板は就任直後で政務多忙の新総監と、様々な機会に会談し、自らその旨をうけて中央政府との折衝にあたり、ひたすら計画の実現に努力したという。[17]

ところで、『朝鮮史』編修は一九二二年から一九三八年まで、九八万五五三四円(ちなみに一九二五年に竣工した総督府庁舎の総工費は六七五万一九八二円といわれている[18])の予算が注ぎ込まれたが、年度予算は増額の一途をたどっていた[19]。事業の延長と経費の増額による膨大な予算が認められたのも、黒板が常に事務担当を督励し、自ら陣頭に立って指揮を怠らず、予算折衝を行ったためであった[20]。

こうした『朝鮮史』編修の重大な転換点が一九二五年にあったことになる。中村栄孝は当時を回想して、『朝鮮史』編修には特殊な政治的意図はなかったというが[21]、内藤虎次郎(湖南)の推薦で編修の主任(修史官)として実務の中心的役割をはたした稲葉岩吉は当時、次のように述べている。

すなわち、檀君信仰は、最近の提唱によって急速に発展し、かつて省みられなかった朝鮮史研究は朝鮮人の間で大きな勢いをなしている。今や日韓同源論などですまされなくなったので、朝鮮総督府は、積極的に朝鮮史編纂を計画し、この情勢を正しく導き、錯覚のないように努める時期を見はからい、ここに朝鮮史編修会の公布を見たのであって、それが大正一四(一九二五)年夏のことであった[22]、と述懐している。

この言葉に見られるように、「朝鮮半島史編纂要旨」(一九一六年)以来、その編纂目的は、終始一貫して変わっていないのである。総督府側から見れば、状況が悪化したので計画を修正し、組織を再編強化したというところが真相に近い。

朝鮮史編修会における檀君の位置づけをめぐる日本側と朝鮮側委員との論議は、あまりによく知られた事実だが、それが総督府側の編纂目的に関わる最重要課題であったために、当然のことながら、黒板は稲葉らと共に、朝鮮側委員の議論を封圧することに努めた。その経緯は「朝鮮史編修会事業概要」に見られるとおりである[23]。

以上述べてきたように、朝鮮総督府の『朝鮮史』編修事業は、当初より黒板が参画し、その後の編修事業の拡大、組織化が計られたが、それらは全面的に、黒板の計画立案によるものであった。その編纂の目的は、日本・朝鮮の同祖同源の強調と朝鮮の衰退の叙述をもって、植民地支配を正当化することにあったが、黒板はこの目的に沿って、一九一五年の半島史編纂以来、参画し、編修事業の中心になって最後まで事業推進の役割をはたしたのである。

2 朝鮮古蹟調査と黒板勝美

『朝鮮史』の編修と並んで総督府が重視していた文化事業に古蹟調査がある。この事業もまた、日本人の自負と自賛の対象となった。藤田亮策は、朝鮮総督府の古蹟調査保存事業は、朝鮮半島に遺した日本人の最も誇るべき記念碑の一つであると断言してはばからない[24]、とまで記している。

こうした総督府の古蹟調査と保存事業は、すでに統監府時代(一九〇九年)において開始しており、度支部《たくし》(荒井賢太郎長官)が関野貞《せきのただし》を招聘して、朝鮮半島全土の古建築調査を委嘱したことに始まる。翌年一〇月に総督府が開設されると関野の古建築・古蹟の調査は、内務部地方局第一課の所管としていっそう強化され、その後、一九一三年に基礎調査は完了した[25]。

これとは別に、一九一一年から総督府内務部学務局の事業として、鳥居龍蔵に人類学・先史学の調査研究が委嘱された。関野の研究に欠けている人種的・民族的調査および石器時代の調査を補う意味があったという[26]。

藤田亮策によれば、以上の関野、鳥居による調査は、寺内正毅の計画、発案であったという[27]。とりわけ寺内について注目されるのは、関野の調査に基づいて、大冊で重厚な装丁からなる図録『朝鮮古蹟図譜』の刊行を計画したことであって、一九一五年には四冊が刊行された。このことの意味については次節で述べることにする。

次いで総督府は、上で述べた関野の古蹟調査事業と鳥居の史料調査事業を併せ、一九一六年四月をもって、総務局内に移管し、総督府博物館に統合管掌させた。総督府博物館は一九一五年に景福宮内に美術館として建てられたものを引き継ぎ、同年末に開館したものであった[28]。また、一九一六年の七月には、「古蹟及遺物保存規則」を発布し、古蹟調査委員会を組織した。

この「古蹟及遺物保存規則」で注目すべきは、これが日本における最初の史蹟保存法であり、内地に先立って植民地朝鮮で施行されたものであった点である。日本(内地)では一九一九年に「史蹟名勝天然紀念物保存法」が公布され、同保存委員会が内務省に制定されるが、朝鮮で施行された「古蹟及遺物保存規則」と古蹟調査委員会の制定は、日本に先駆けて三年早く実施されたものなのである[29]。そして、「史蹟名勝天然紀念物保存法」がかねてより黒板の主唱していた内容に大部分従っていることからすれば[30]、黒板の保存法に関する提言が、まず植民地朝鮮で実施されたことになる。

しかも、これによって、朝鮮における古蹟の調査は、総督府自らが行い、保存管理の行政事務もすべて、博物館(総督府総務局所属)に行わせる点で、日本で「最初の統一的文化行政」となった[31]。自ら調査した確実な資料を陳列し同時に、古蹟の保存・工事の実施から、法令による指定・禁止などの事務に至るまで、統一的に博物館（総督府）が管理することになったのである。

このように、一九一六年は、古蹟調査事業にとって重要な転換期であったのだが、この時においても、黒板の果たした役割は無視できない。まず、「保存法」は、すでに述べたように黒板が一九一二年以来、提唱していたもので[32]あり、しかも黒板の最も強調した点は台帳法の採用であった。すなわち、黒板はドイツの実例を引きながら、台帳法の採用は多くの手数と労力を要するものであるが、保存事業の第一歩であり、不可欠であることを強調していたのである。[33]まさに「古蹟及遺物保存規則」には、黒板の主張が、そのまま取り入れられている。それだけでなく、八条中の四条は、台帳に基づく規則となっており、「規則」そのものが台帳法を骨子としていることは歴然としている。[34]

さらに、総督府博物館が文化財の保存管理をも担当するようになった点についても、黒板がかねより強く主張していたものであり、[35]その後も日本国内に向けて、その施行を促す発言を行っている。[36]いずれにしても、一九一六年における古蹟調査事業の転機となった法制上の整備や事業の組織化が、古蹟調査委員として参画した黒板の計画・立案に基づくものであることは間違いない。

その後、古蹟調査事業は、一九三一年に宇垣総督時代の財政緊縮政策によって諸事業が停滞するなどの難局をむかえる。最初に述べたように、黒板はこの事態に際して、博物館の外郭団体（朝鮮古蹟研究会）を作り、外部から調査資金を集め、学術調査の継続と、総督府の保存事業を実質上支えた。そして一九三一年から一九四五年までの古蹟調査は、実際上、朝鮮古蹟研究会の事業であったといわれている。[37]

これらの施策は、全く黒板の個人的な努力によるものであり、黒板は自ら宇垣総督、今井田清徳総監に具申して、これを実現させている。『朝鮮古蹟調査報告』一〇冊、『朝鮮古蹟図譜』五冊、『朝鮮宝物古蹟図譜』二冊の刊行もまた、朝鮮古蹟研究会の援助によるものであった。[38]

朝鮮古蹟研究会は、一九三一年に平壌と慶州に研究所を置き、楽浪文化と新羅の古文化研究をおこなわせたが、この研究所の研究員人事に至るまで黒板が関与していたのである。[39]

すでに前節で見たように黒板は、朝鮮史編纂事業の計画立案とその推進を積極的に行っていたが、それと同時に、古蹟調査事業にも全く同様の役割を果たしていたことになる。

それでは黒板が古蹟調査に向けた情熱は、どこに由来しているものなのであろうか。その事業は何を目的としたものなのだろうか。こうした疑問に対する手がかりは黒板自身の発言と行動からもうかがえる。

たとえば、黒板は古蹟調査委員として一九一六年に黄海道・平安道の調査(『大正五年度古蹟調査報告』)を行っているが、[40]その成果を一般向けに述べた「大同江附近の史蹟」(一九一六年)の中で「朝鮮の歴史の出発点」がどこであるかを、自らが行った調査に関連づけて問題にしている。[41]そこでは結論的に、それは中国文明をいち早く受容した平壌であり、また、この地に中国文明が及ぶことによって民族の移転、動揺がもたらされたと、日本民族の起源にも波及することが示唆されている。さらに歴史の起源に関わって、檀君について述べながら、それが「最新の信仰」であると簡略に否定している点でも、すでに述べた一九二一年の講演(「朝鮮の歴史的観察」)に近似した内容となっている。[42]

この論文で特に重要な点は、関野貞の古蹟調査(『朝鮮古蹟図譜』)を引きつつ、考古学的にも楽浪遺蹟のある平壌が最初の中国文明受容の地であり、それが朝鮮の歴史の出発点であることを強調しているところである。というのも、黒板は、一九二三年の第一回朝鮮史編纂委員会で、「歴史はいつに始まりいつに終わるかということを書くのが最も必要である」ことを力説し、朝鮮側委員の檀君朝鮮、箕子朝鮮の位置づけに関する質問を稲葉とともに封圧しているのだが(43)、黒板にとって古蹟調査は、単なる遺蹟の調査保存にとどまらず、『朝鮮史』編修を補完する重要な事業であったことが、ここからうかがえるからである。

しかもこの点は、『朝鮮史』編修の中心を担った稲葉が、「朝鮮史研究の過程」の中で、次のように述べていることからも裏づけられる。すなわち、近年、考古学上の探求が行われ平壌の楽浪及び高句麗の遺蹟であるとか、慶州の新羅遺蹟などの調査が継続して行われ、その結果は朝鮮史の体系を培養するのに一段優れている、というものである(44)。古蹟調査が重視した平壌、慶州の調査は、『朝鮮史』編修が重視した「歴史の起源」問題に考古学上の根拠を与えるものでもあったのである。

3 黒板勝美の古蹟保存政策とその背景

黒板は誰よりも、朝鮮総督府が実施した『朝鮮史』編修と古蹟調査の事業に力を注いだ。すでに述べたように、二つの事業は、総督府にとって朝鮮支配の正当化に不可欠であると認識されていたからであり、黒板はこの目的に沿って、二つの事業を同時に推進した。『朝鮮史』編修と古蹟調査は、いわば車の両輪の関係にあったのである。そこで注目したいのは、『朝鮮史』編修と補完関係にあった古蹟調査についてである。

前節で述べたように、黒板の朝鮮における史蹟の調査保存に関する施策は、常に日本(内地)に先立って大胆に展開された。黒板は、日本国内において、いち早く文化財の保存管理について様々な提言を行っていたが、それらは、まず植民地朝鮮で実施された後に、日本でも実行され、さらに戦後の文化財保護法にも生かされた。こうしたこともあって、従来、総督府の古蹟調査事業は、賞賛の対象とすらなり、前節で引用した藤田亮策のように善政の象徴のように語られてきた。

また、黒板の「その地のものはその土地へ」という現地主義や、朝鮮の文化財を朝鮮国内に保存、展示したことなどをもって、朝鮮と朝鮮人に対して永久に誇りうる文化政策であったとさえ言われたことがある(45)。

しかし、そうした見解は、黒板の古蹟保存政策の背景となっている信念に対する知見を欠いた一面的な評価というべきである。黒板の文化財保存に関する数多くの提言を見てみると、それらは、必ずヨーロッパ諸国の政策がその前提にある。実際に黒板は、一九〇八年から一九一〇年にわたる二年間の旅行において欧米諸国をくまなく国情を視察しながら、各国の大学研究室、図書館、博物館、文書館を調査し、併せてイタリア、ギリシア、エジプト各地の古代遺跡を踏査研究した(46)。黒板の提言は、ほぼこの時の体験が下地にあることは、『西遊二年欧米文明記』「埃及《エジプト》に於ける発掘事業」を見れば明らかである(47)。

それを通して黒板が、イタリア、ギリシア、エジプト各地における大規模な発掘・調査・保存の実状をよく観察し、文化財の保存と美術館、博物館の組織をいかに精査していたかがわかる。黒板は、それらの現状を記す目的を、日本の学者たちに発掘事業や保存事業に対する注意を喚起し、その参考に供したいがためであると自ら述べている。また、それらは黒板の推進した事業で実現されたものが少なくない。

ここで注目したいのは、黒板のそれらに向けられた眼差しである。たとえば、エジプトの発掘保存事業を論じる際には、エジプトにおけるフランスからイギリスへの支配関係交代が発掘調査にどのような変化をもたらしたかを冷徹に観察している[48]。またギリシアにおいても、イギリス、ドイツ、フランス、アメリカなどの列強が争って発掘事業に従事していることに強い関心を示している[49]。

要するに、黒板はこの二年間の旅行で一九世紀以来の植民地考古学を徹底して学んでいたのである。B・アンダーソンの言葉をかりれば、当時の植民地国家は、「きわめて直截なマキャベリ的・法的理由から、過去に、征服と同じくらい愛着をもつ」ようになっており、遺蹟は、「博物館化され、これによって世俗的植民地国家の勲章として新しい位置をあたえられ」ていたのである[50]。黒板は、欧州旅行をはじめとして、その後も東南アジア各地の調査を行っているが、それらの旅行を通じて、植民地列強が自国において、あるいはエジプトやギリシア、東南アジアで、いったい何をどのように行っていたかを、目の当たりにしたのである[51]。

そもそも、列強諸国にとって一九世紀のはじめには文明の遺跡は何ら関心の対象ではなかった。しかし一九世紀の半ばを過ぎると、彼らによって古代の遺跡が次々に発掘され、測量され、写真に撮られ、分析され、それらは展示されたのである。この過程で植民地国家の考古学部門は強力で、権威のある機構となり、そこには有能な学者が配置されていった。たとえば、当時の列強がアジアにおいて次のように、ほぼ同じ時期に同様の動きをとっている[52]。

一八九八年　ベトナム　フランス、極東学院設立
一八九八年　インドネシア　オランダ(東インド)、インドシナ博物館・史跡課設立
一八九九年　ミャンマー　イギリス、考古学課設立
一九〇一年　インドネシア　オランダ(東インド)、植民地考古学委員会設立
一九〇七年　シャム　フランス、アンコール管理事務所設立

ところで、アンダーソンによれば、当時、植民地国家にとって、遺跡の建設者と植民地の原住民とは、同じ人種ではなかったと考えられていたという。たとえば、ミャンマーにおいては、長期の衰退の歴史が想定され、原住民は現在では彼らの先祖が成し遂げたような偉業を成就する能力はないとされた。遺跡が復元され、その周辺と併置されることによって、原住民に対して、長期にわたり偉業を成す能力も自治の能力も欠いてしまったことを告知する役割を果たしたというのである(53)。

そのような理解があれば、黒板や寺内たちが古文化財を現地に保存することに固執した理由がどこにあったかが判明するであろう。植民地で発掘された古代の遺跡や遺物は、絶対に植民地になければならないのである。

こうした黒板の文化戦略は、現代美術の分野でも応用されていた。藤田亮策によれば、黒板は、「篠田(治策)李王職長官との談合」によって、徳寿宮に建立された李王家美術館に、明治初年以来の日本の絵画・彫刻・工芸の近代芸術作品を余すところなく、入れ替え引き替え陳列し、この展示は一九三三年から一九四三年まで継続したという(54)。その目的は、「朝鮮在住者の美術意識を高め、近代芸術に直接して豊かな生活へ誘引する」というものであった(55)。こうした大胆な活動が、『朝鮮史』編修

や古蹟調査の事業と密接に連関していることもまたいうまでもないことである(56)。

すでに、遺蹟が世俗的植民地国家の勲章としての新しい地位を与えられたことに言及したが、技術的に優れた考古学的報告書が大量に作製されることで、その勲章は無限に、日常的に、複製され、それが国家の力を示すことにもなった。当時、こうした考古学は、複製技術の時代に成熟し、すぐれて政治的なものとなっていたのである(57)。総督府の『古蹟図譜』や『古蹟調査報告』の入念な編纂は極めて重要な意味をおびていたのである。

藤田亮策によれば、寺内総督は、『朝鮮古蹟図譜』をすべて秘書官室に保管させて、内外の賓客に自ら署名して贈り、特に各国領事や外国の知名人には努めて広く贈ったとされるが(58)、それが何を意味していたかは、もはや述べる必要がないであろう。勲章はその価値を共有する者にこそ認知されなければならなかったのである。

日本もまた一九世紀末以来の帝国主義の潮流のなかで、植民地国家が歴史（考古学）と権力を結びつけたその特有の表象の仕方を注意深く観察し学んだのである。黒板は誰よりもこのことを熟知し、それを植民地朝鮮で実践したといってもよいであろう。

おわりに

これまで述べてきたことをまとめれば、次のようになるであろう。まず第一に、黒板が総督府における『朝鮮史』編修と古蹟調査保存との二つの事業の計画立案・推進に対して、最も中心的役割を果たしていたこと、第二に、その二つの事業は補完的な関係にあって、当初より一貫して日本の植民地支配の正当化を目的としておこなわれていたこと、第三に、黒板は、二つの事業のみならず他にも、植民地支配政策としての文化事業にも積極的に荷担していたこと、第四に、それらの事業は、黒板がヨーロッパ諸国で直接見聞して学んだ一九世紀末〜二〇世紀初めの植民地国家の歴史学（考古学）が下地にあることなどを論じてきた。

黒板という一人の歴史家を通して、『朝鮮史』編修と朝鮮古蹟調査保存の二つの事業を検討してみると、いわゆる文化事業に対して、従来論じられてこなかった一面が浮かび上がってくるのではないだろうか。それは同時に、近代日本の歴史学がもつ一側面でもあると思われる。すなわち、近代日本の歴史学は、いち早くドイツを中心とするヨーロッパの歴史学を学んだが、その歴史学が日本の植民地支配において徹底的に利用されたことである。[59] 日本が植民地朝鮮でおこなった『朝鮮史』編修と古蹟調査保存の事業は、一九世紀末のヨーロッパ諸国における歴史学研究の動向を抜きにしては論じることはできない。

本章では、黒板が注目したヨーロッパ諸国の考古学についてのみ言及したが、黒板が『朝鮮史』編修で駆使した作業手段である古文書学、文献学は、まずドイツ語圏で一八四八年以降に、その他の国では一八七〇年以降に完成したとされる歴史叙述の科学化と制度化の基本原理であった。そもそも、ヨーロッパでは一八七〇年以降、歴史学の職業的専門化がドイツをモデルとして驚くべき速度で進行し、全ての国の歴史家たちは、具体的な研究方法の重要な要素をドイツから導入していた。[60]

このヨーロッパにおける一九世紀の科学化は、一見矛盾しているようであるが、歴史のイデオロギー化と結びついていた。ここで言う歴史の科学化は、決して政治的中立の意味での客観性を意味するのではなく、歴史学はナショナルな性格をもつものや、市民的な性格をもつものに積極的に奉仕する方向に向かっていたといわれている[61]。近代日本がモデルとしたヨーロッパの歴史学は、国民的和解と愛国主義的動員の手段としての性格を色濃く帯びていたのである。

黒板自身、欧米における史学界の趨勢を視察し、常にそのような眼差しでヨーロッパ諸国の歴史学界の動向に深い関心を寄せていた。そこには一貫して国民教化のための歴史学が追究されていたのである[62]。こうした点を踏まえて、次のようなことが導き出せるのではないだろうか。黒板が二つの事業に積極的に関与した個人的な動機として、黒板がモデルとした当時のヨーロッパの歴史学を、植民地朝鮮で実験し、試行し、あるものは洗練したうえで日本で本格的に展開する意図があったのではないかということである。

すでに述べたように、朝鮮における古蹟や名勝記念物に関する保存規則や、保存令は、黒板の主張どおり策定され施行されたが、それらは内地に先だって施行された日本最初の「優れた」法令（施策）であったと後世の考古学者たちに評されている[63]。黒板にあっては、植民地朝鮮は手続きを踏まずに、直接総督以下の責任者との談合によって、自らの学問的信念を試行できる恰好の場であった。

さらに黒板は発掘調査した遺物を、各地の博物館に陳列し、膨大な図録、報告書の作製にも尽力したが、それらを作成することは、それらを支配すること、それに対して権威を及ぼすことにほかならない。過去にあったものを分割し、配置し、図式化し、索引化し、記録して、その対象を知るということは、それを知っているように存在させるということであった[64]。つまり、そのような営み自体が朝鮮という植民地の時間と空間を支配することを意味していたのである。黒板が『朝鮮史』編修と古蹟調査報告に込めた独自の意図はこうしたものであったと考えられる。

しかも留意すべきは、その果実は、決して植民地朝鮮にのみ適用されたわけではなかったことである。黒板は、そうした手法を日本にもそのまま駆使しており、その例として藤原京跡発掘をあげることができるが、それは、黒板の遺跡に対する表象的効果を前提にしなくては理解できるものではない(65)。

もはや旧聞に属すが、広く市民に向けて考古学の研究動向を伝える特集が組まれたある雑誌において、イスラエル、ナチス・ドイツ、中国、北朝鮮などの国々における考古学が、いかに領土問題をはじめとする国家イデオロギーに動員されているかが強調されていた(66)。しかしながら、戦前の日本の考古学がそのような対象になることは決してない。支配の道具としての考古学に対する深い省察がないために、現在の自己に対する盲点が生じ全体像の把握に困難をきたしているとしか考えられない。それゆえ、植民地時代の歴史学の検証こそは、現在の日本歴史学のありかたそのものを問うことにもなると思うのである。

参考までに、本章に関連する年表を掲げれば、以下のとおりである。(●印は黒板に直接関連する記事)

一九〇二年(明治三五)　関野貞、慶州・京城・開城等各地の建築・遺物を調査
一九〇五年(明治三八)一一月　乙巳保護条約、日本、韓国統監府を設置(一二月)
一九〇六年(明治三九)　伊藤博文、統監として着任。統監府において種々の調査事業
一九〇八年(明治四一)　昌徳宮東園に博物館設置(伊藤の示唆)。古文化を公開展示
一九〇九年(明治四二)九月　韓国度支部、関野貞を招聘し古建築物調査を開始する(～一九一三年)(妻木頼

一九一〇年(明治四三)一〇月　黄が度支部長官・荒井賢太郎に献言)
関野の古建築並に古蹟調査を内務部地方局第一課の所管として強化
一九一一年(明治四四)　総督府内務部学務局、鳥居龍蔵に人類学・先史学的調査を委嘱(〜一九一五年)
一九一五年(大正四)　三月　朝鮮総督・寺内正毅の計画により関野の調査を『朝鮮古蹟図譜』(第一〜四冊)
として刊行(〜一九三五年六月、第一五冊)
春　●黒板勝美、韓国内を三カ月以上滞在し旅行
七月　中枢院にて『朝鮮半島史』編纂に着手
年末　総督府博物館、開館
一九一六年(大正五)　一月　『朝鮮半島史』編纂事務担当を命じる
三月　●『朝鮮半島史』編纂に黒板・三浦周行・今西龍を嘱託とす
四月　関野の古蹟調査事業、鳥居の史料調査事業、総務局に移管し、総督府博物館が
統合管掌
六月　半島史編纂附帯事業として『朝鮮人名彙考』の編纂に着手
七月　●「古蹟及遺物保存規則」発布、古蹟調査委員会発足
●「朝鮮半島史編纂要旨」定める
八月　●黒板、黄海道・平安道を調査
一九一七年(大正六)　一二月　●『朝鮮古蹟調査報告』第一冊(大正五年度)刊行
一九一八年(大正七)　一月　『朝鮮半島史』編纂、中枢院編纂課に置き事業促進を図る
一九一九年(大正八)　●「史蹟名勝天然紀念物保存法」公布、内務省に同保存委員会制定
一九二一年(大正一〇)一一月　総督府博物館、学務局古蹟調査課となる(〜一九二四年)

一九二二年(大正一一)四月　半島史編纂附帯事業として『日韓同源史』の編纂に着手
六月　●有吉忠一、政務総監に就任し、中枢院議長となる
一二月　●総督府訓令「朝鮮史編纂委員会規定」発布
朝鮮史編纂委員会(有吉委員長)発足
一九二三年(大正一二)一月　●第一回朝鮮史編纂委員会
五月　●「朝鮮史編纂に付き古記録文書等保存に関する件」協議
六月　●第二回朝鮮史編纂委員会
一九二四年(大正一三)四月　●第三回朝鮮史編纂委員会
七月　有吉総監の後任に下岡忠治が着任し、編纂委員会委員長に
八月　●第四回朝鮮史編纂委員会
一二月　●第五回朝鮮史編纂委員会
この年　古蹟調査課、廃止。年末をもって中枢院内の編纂事業は中止とする
一九二五年(大正一四)六月　朝鮮史編纂委員会を廃止、編纂事業は中枢院から分離する
勅令第二一八号「朝鮮史編修会官制」公布(朝鮮総督の管理に属する独立の官庁設置)
九月　●黒板・服部宇之吉・内藤虎次郎、朝鮮史編修会の顧問に
一〇月　●第一回顧問・委員会(朝鮮史編修会)
一九二七年(昭和二)七月　●第二回顧問・委員会にて「複本類作成凡例」決定
一九二八年(昭和三)七月　●顧問・委員懇談会
一九二九年(昭和四)一二月　●第三回顧問・委員会

一九三〇年(昭和五) 八月 ●第四回顧問・委員会 崔南善、種々糺す
一九三一年(昭和六) 八月 ●黒板の発案で「朝鮮古蹟研究会」創設。以後、朝鮮の古蹟調査を行う(『朝鮮古蹟調査報告』一〇冊、『朝鮮古蹟図譜』五冊、『朝鮮宝物古蹟図譜』二冊の刊行を援助)
八月 ●第五回顧問・委員会
一九三二年(昭和七) 三月 『朝鮮史』刊行始まる(第一編第一・二巻、第二編全一巻)
七月 ●第六回顧問・委員会
一九三三年(昭和八) 五月 ●黒板、史蹟名勝天然記念物調査委員に
八月 ●「朝鮮宝物古蹟名勝天然記念物保存令」発布
八月 ●第七回顧問・委員会
一二月 ●黒板、朝鮮総督府宝物古蹟名勝天然記念物保存委員に
一九三四年(昭和九) 七月 ●第八回顧問・委員会
一九三五年(昭和一〇)七月 ●第九回顧問・委員会
一九三六年(昭和一一)九月 ●顧問・委員懇談会
一九三八年(昭和一三)三月 『朝鮮史』完成
四月 『朝鮮史』索引の作成及び甲午以後の史料蒐集に着手
六月 『朝鮮史編修事業概要』刊行
一〇月 『朝鮮史巻首総目録』刊行
一九四〇年(昭和一五) 『朝鮮史総索引』刊行
一九四三年(昭和一八)一〇月 ●黒板、自ら朝鮮史編修会顧問(最後の役職)を辞す

一九四六年（昭和二一）五月　　朝鮮総督府廃庁、朝鮮史編修会消滅

年表作成にあたっては、以下のものを参照した。朝鮮総督府朝鮮史編修会編『朝鮮史編修会事業概要』（一九三八年）、および丸山二郎「黒板勝美博士の年譜と業績」、中村栄孝「朝鮮史の編修と朝鮮史料の蒐集――朝鮮総督府朝鮮史編修会の事業」、藤田亮策「朝鮮古蹟調査」（いずれも黒板博士記念会編『古文化の保存と研究――黒板博士の業績を中心として』吉川弘文館、一九五三年）。

第九章　朝鮮王朝の象徴空間と博物館

はじめに

近代朝鮮の博物館は、日本による植民地化の過程で、日本人の主導によって設立される。それは一見すると、近代日本の博物館設立の過程を模倣したかのようであるが、その設立がもっていた意味は大きく異なる。

統監府時代に設立された李王家博物館、朝鮮総督府によって設立された朝鮮総督府博物館、そして李王家博物館の系譜をひく李王家美術館の設立過程を通して、その歴史的性格を明らかにすることが本章の目的である。近年に至り、李王家博物館、総督府博物館、李王家美術館に関する基礎的な研究があいついで発表され、飛躍的な進展がみられるが、研究の視角については異論もあり、それらの研究に多くの示唆を受けつつも、私見をまじえて大きな見通しをえたいと念じている(1)。

特に留意したいのは、近代日本が朝鮮の地において、博物館を、どのような意図をもって、どのような経緯で、どこに、どのように設置したのかという具体的な事実の解明である。李王家博物館、朝鮮総督府博物館、そして李王家美術館は、統監府や朝鮮総督府によって設立されたものの、設立の経緯に関する史実それ自体に未解明の点が多く、植民地政策との関連や、それぞれ博物館、美術館がもっていた歴史的性格については、ほとんど論じられたことがない。

近代朝鮮における博物館設立の意図や歴史的性格を解明することは容易ではないが、日本における博物館設立の経緯や、その変遷過程に注目することによって、比較の視点から両者の差異を浮き彫りにし、その手がかりを得ることに努めたい。

近代的なまなざしの場は、博覧会に典型として発現し、動物園・植物園、博物館や美術館、各種の展覧会や見本市など、今日もわれわれの日常に遍在しているが、近代朝鮮の植民地化の過程で設立された李王家博物館、朝鮮総督府博物館、李王家美術館を通して、植民地主義と近代化の一面に接近してみたい。

1 昌慶宮・李王家博物館

近代日本は、植民地統治以前の一九〇七年において、すでに朝鮮国内に博物館の設立を企図し、一九〇八年九月にはそれを実行に移し、開館させている。[2] この博物館は、一般には李王家博物館と呼ばれるが、そのほかに皇室博物館、李王家私設博物館、昌徳宮博物館、昌慶苑博物館、李王職博物館などと、その時々によって異なる呼称を残している。[3]

設置された場所は、現在のソウル市内に所在する昌慶宮であり、そこは西側に塀を隔てて昌徳宮が隣接し、南にはかつて東宮があって、二つを併せて東闕と呼ばれた。朝鮮王朝後期には、景福宮を北

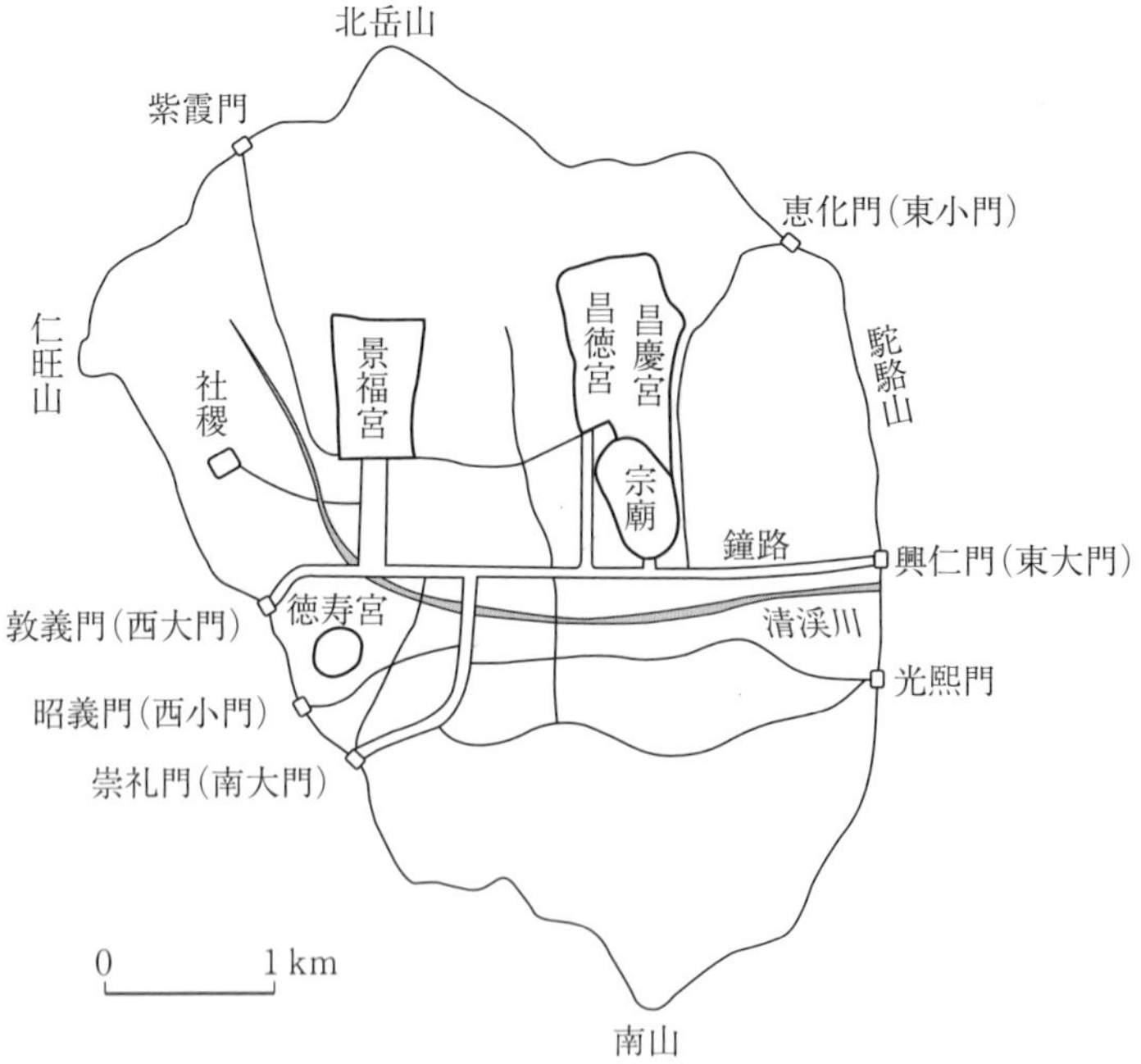

図 1　漢城（ソウル）城内の主要道路と施設（吉田光男氏による作図に一部加筆）

闕といい、慶熙宮を西闕といって、これらは併せて三宮闕と称された。

東闕の東方に位置した昌慶宮は、成宗一五年（一四八四）に創設されたが、元来、王后の居所として用いられた離宮であった。昌慶宮には、東側に弘化門があり、正面を進むと、その奥に正殿である明政殿が東に向かって建てられている。東面する宮殿は、朝鮮王朝の宮殿のなかでも珍しく、その建築様式も初期の形式を伝えるものとして注目されてきた(4)。

この昌慶宮の西に隣接する昌徳宮は、二番目の王宮として太宗五年（一四〇五）に建立されたが、豊臣秀吉の侵略に際して景福宮と共に焼失し、一六〇七年に再建され

図2　昌慶宮（東から西を望む）弘化門・明政殿と李王家博物館本館

て以来、一八六八年に大院君が景福宮を再建して王宮を移すまでの二六〇年以上の間、一時をのぞいて王宮が置かれていた。後に述べるように、一九〇七年一〇月に即位して間もない純宗が昌徳宮に移り、再び王宮として用いられた。

このような昌慶宮内に李王家博物館が設置されるのだが、開館に至るまでの経緯は、おおよそ次のようなものであった。一九〇七年一一月、大韓帝国宮内府次官・小宮三保松によって、昌慶宮に博物館と動植物園を併設したい旨、内閣総理大臣・李完用と宮内府大臣・李允用に提議され、翌年八月には、博物館、動物園、植物園事業の管掌部署である御苑事務局が新設された。九月に博物館の陳列が完成すると、純宗や伊藤博文統監、韓国大臣らが観覧し、一九〇九年一一月には、昌慶宮内の動物園、植物園が竣工して開園式が挙行され、一般公開されることになる(5)。この時点では、昌慶宮の正殿である明政殿をはじめとする殿閣を補修して、博物館施設として整備し、これらを陳列館として用いていたが、一九一一年一一月には、明政殿の東北に隣接する小高い丘に日本風煉瓦造り二階建ての博物館が落成し、ここを博物館本館とした(6)。

従来、こうした李王家博物館の設立に至る経緯やその目的に関して、ほとんど語られることはなかった。ようやくにして近年、李王家博物館への関心が高まり、その設立の過程が解明されつつある(7)。そこで改めて問題としたいのは、博物館設立の意図についてである。これまでも植民地政策との関連性が追究されてきたものの、その設立の意図や目的については、十分な検討がなされてこなかった。

博物館設立に関わった当事者の一人である李王職事務官の末松熊彦によれば、設立の経緯は「元来李王家の一家に趣味を提供し、併せて朝鮮の古美術を保護蒐集せんとの希望を以て」小宮三保松が建築したという(8)。一方、小宮自身によれば、一九〇七年一一月四日に、李完用と李允用が修繕工事中の昌徳宮にやってきて、工事監督をしていた小宮に対して、新皇帝が昌徳宮に移御された際に、新たな生活に趣味を感じられるよう備えることが依頼され、その意を受けて小宮が計画を立案したうえで、六日には宮内府大臣に動物園・植物園と共に博物館の創設を提議し、宮内府大臣の賛意をえたという(9)。

つまり、李王家博物館設立は、小宮の独断で提議されたものではなく、あくまでも李完用や李允用らの意向にそってなされたことが小宮本人によって強調されている(10)。それゆえ、李王家博物館は、純宗の「慰楽のために昌徳宮修繕工事の過程で即興的に発議された」という指摘もある(11)。しかしながら、はたして当時の状況から、博物館設立をそのように捉えることが可能であるのか、検討してみる必要がある。

まず留意すべきは、小宮が日本人として大韓帝国の宮内府次官となり、発言権を有するに至った経緯である。すなわち、博物館設立の提議がなされた五カ月前(六月)には、高宗皇帝が日本の保護条約無効を列強に訴えようとして発覚したハーグ密使事件があり、七月には、日本政府はこの事件を口実に韓国国内の全権を掌握する方針を閣議決定している。そして伊藤統監と李完用内閣は、高宗に強要して皇太子に譲位させ、純宗が即位すると、純宗を徳寿宮から昌徳宮に移御させている。

日本政府は、高宗の退位強要に対抗する韓国側の様々な動きを弾圧するなかで、第三次日韓協約を結び(七月二四日)、これによって、次官以下の日本人官吏を通して韓国の内政支配権を確立したのであり、そのような過程を経て宮内府次官に就任したのが小宮であった。先に述べたように、博物館等の設立は、小宮が韓国政府側の意向に応えたというものの、こうした状況下で、韓国側の申し出にそって「即興的に発議された」とは考えがたい。

というのも、小宮はこの頃、大韓帝国帝室財産整理局長を兼職しており、一九〇六年に統監府が設置されて以降、日本政府は大韓帝国の宮中粛正に乗り出し、宮禁令を発布させ、日本人警官を宮中各門に配置するなど、宮中の取り締まりを強化していたからである。ついで、宮内府官制を改革させ、大韓帝国皇室に関する一切の事務および所属官吏の監督はすべて宮内府大臣の責任となし、一九〇七年三月までに、約一万人の減員を断行している。(12)

当時、統監府は、「皇帝ノ虚栄心ヲ迎合シテ種種ナル口実ノ下ニ内帑ヲ濫費シ、皇室費ノ大部分ハ殆ト此等雑輩小人ノ私服ヲ肥ヤス」ことに厳しく眼を光らせていたという。(13)要するに、官制の増設や土木工事の経費をともなう博物館、動物園・植物園の創設は、こうした統監府の政策に逆行することになるのである。

ところで、博物館が宮内府に深く関わっていたことで想起されるのは、日本の事例である。大韓帝国における博物館の設置に先立って、近代日本における博物館は、一八七二年に設立された文部省博物館を嚆矢とする。その後、地方博物館が設立されたり、一八七五年に太政官の管理下にあった博覧会事務局も博物館と改称（内務省管轄）されたりしたが、翌年には博物館という名称は内務省博物館のみに限定された。こうして博物館は短期間の内にその性格を変えながら、その所管も内務省から農商務省（一八八一年）へ、さらに宮内省（一八八六年）へと移されている。このような過程で注目されるのは、一八八六年に農商務省博物局の所管であった博物館が、宮内省に移管されたことである。これは前年の内閣制度の発足を契機に、皇室財産の形成をはじめとする皇室の基礎確立の問題などと関連するとの指摘がある[14]。要するに、内閣制度の確立を契機に天皇制の確立をはかる上で、文化財保護政策と皇室の権威伸張とが結びつき、ヨーロッパにおける王立博物館をモデルとして博物館の充実化がはかられたのである[15]。

一方、動物園は、博物館附属動物園として、一八八二年三月に発足し[16]、このとき農商務省に移管された博物館が上野公園に新築されて、開館式が国家的行事として挙行され、植物園と共に、動物園が公開された[17]。博物館の施設に動物園・植物園がともなうべきであるという主張は一八七二年にさかのぼるが、そのような具体的な姿は、このとき実現されたとみてよい[18]。一八八六年に博物館が宮内省に移管されると、動物園もまた同時に宮内省に移管されたように、動物園は博物館と一体の施設であった。

その後、一八八八年に、宮内省臨時全国宝物取調局の取締委員長・九鬼隆一は、宮内大臣・伊藤博文の下で帝国博物館の創設に尽力し、翌年五月に帝国博物館を設置して、初代総長に就任し、総長の統理の下に新たに帝国京都博物館、帝国奈良博物館を設置した。これが近代日本の博物館史上、大きな画期となった[19]。この九鬼による帝国博物館構想の出発点となった宮内省への博物館移管は、宮内大臣・伊藤博文の発案であったとされている[20]。

以上のような日本における博物館の設立過程を通覧するならば、小宮の博物館と動植物園設立の提議は、李完用らの意向によるというよりは、宮内省所管の下で確立した日本の博物館制度を念頭においたうえで、統監府側が事前に周到な計画を準備していたとみてよいであろう。事実、一九〇五年に統監府が設置されて以来、伊藤は統監として、まず「宮内府の分界を明らかにし、政府の責任の所在を確定し、これと同時に宮中を粛正して雑輩を駆逐し、旧弊を一洗する」必要から、高宗に宮禁令を発布させるなど、宮中の改革に専心していた[21]。

しかしながら、日本国内において内閣総理大臣と宮内大臣を兼務し、内閣制の発足にともなって宮中と府中とを分離し、独立した宮中を権威づけるべく博物館を宮内省に移管させた伊藤であるが、統監として大韓帝国の宮中でおこなった改革は、明らかに似て非なるものであった。併合によって、「今ヤ其ノ身辺ニ従前ノ如キ便佞ノ徒」を除去せしめ、李王(純宗)・李太王(高宗)を「国事ノ煩累ヲ免カレ、優悠自適最モ幸福ナル境遇」に至らしめた総督府は、施政四年を総括し、統監府以来の「旧韓国皇室及宮内府ノ整備」の成果として、「各種事業ノ経営」の冒頭で、「旧宮内府ニ於テ御苑事務局ヲ設ケ、昌徳宮ニ隣接セル旧昌慶宮ノ建物ヲ修理又ハ改築シテ博物館及動植物園ヲ新設」したことを大書特筆している。[22]

要するに、統監府の下で、大韓帝国宮内府に対して、日本の意のままになるような改革が執拗に進められていたのであって、博物館と動植物園の設置は、そのような施政の一環として認識されていたのである。したがって、昌慶宮への博物館、動植物園の設立には、まず伊藤をはじめとする統監府の明確な意志があったとみるべきであろう。一九〇八年九月、純宗が観覧し、伊藤も大臣たちと陪観しているように、昌慶宮への博物館設立には伊藤の意志が強く働いていた可能性が高い。[23]

一九一〇年併合の後、大韓帝国皇帝(純宗)は、王に封じられ日本皇室待遇となり、一二月には皇室令によって李王家の家政を処理するために新たに李王職を設け、李王職は宮内大臣の管理下におかれた。こうして、大韓帝国宮内府の事務は李王職に移され、その事務および職員の監督は朝鮮総督の所管となった。[24]

これにともない、宮内府御苑事務局の所管であった博物館には、一九一一年に李王職官制(一九一〇年一二月三〇日公布)が施行されると、李王職事務分掌規定に従って、掌苑係が博物館・動物園・植物園を管掌することになった。[25] さらに、この年四月二六日には、博物館と動物園、植物園を併せて昌慶宮一円を昌慶苑と呼称するようになり、宮闕としての面貌はいっそう薄れていくことになった。

とりわけ動物園・植物園の設置当初より、日本から持ち込まれた二百株の桜は後に種類と数を増やし、一九二四年からは、夜桜見物のために夜間公開されるなど、[26] 昌慶苑は、植民地朝鮮における最大の行楽地となってゆく。[27] 朝鮮王朝の王宮としての象徴空間は、昌慶苑の名の下に景観を一変させたのである。

2　景福宮・総督府博物館

景福宮は、朝鮮王朝の王宮として一三九五年に創建され、途中に開京への移都をはさんで一四二一年から文禄の役（壬辰倭乱）で一五九二年に焼失するまで、王宮としての位置を占めていた。その後、二七〇年の長きにわたって放置されていた景福宮は、高宗の即位後、大院君の執政によって一八六五年から再建工事がはじまり、一八六八年七月に竣工すると、高宗が一八九六年にロシア公使館に遷御するまで、王宮が置かれた。

韓国併合後、一八九六年以来廃宮となっていた景福宮では、その間にも建造物が撤去されていたが、一九一五年九月には、景福宮で施政五周年記念朝鮮物産共進会が開催され、かつての王宮は博覧会の会場となった。その際に、勤政殿の東に新たに美術館が建造され、物産共進会を利用して朝鮮古来の絵画・彫刻・仏像・仏具・書蹟工芸などの多くの美術品が蒐集陳列された(28)。

物産共進会では仮設建築が多く建立されたなかで、この美術館だけは永久的建築として残され(29)、この年一二月には、その時に展示された収集品を基礎に朝鮮総督府博物館として開館した。白亜の西洋式二階造りの建物は、正面に石段柱列を配し、内部は一、二階ともに中央の大ホールを中心にして左右一室ずつ、全部で六室に区切り、ここに主要陳列品を展示した(30)。また、昌慶宮内の李王職博物館と同様に、景福宮内の殿閣が博物館施設として利用された(31)。

博物館事務室には、高宗の養母の居殿であった慈慶殿が利用され、景福宮正殿・勤政殿の背後にあった思政殿、万春殿、千秋殿や殿廊は倉庫として用いられ、勤政殿の回廊には、近世の諸兵器、高麗石棺、石仏などが展示された。さらに修政殿には、大谷光瑞が西域から将来した壁画、遺物を展示し、慶会楼から光化門に至る空間には、朝鮮各地から搬入された石造の塔・碑・灯が並べられた。景福宮は「十二万坪余の大博物館」[32]となったのである。

こうした展示施設をもった総督府博物館は、組織上、朝鮮総督府内務部の古蹟調査と総督府学務局編輯課の資料調査のふたつの事業を統一し、それらの事業で収集した遺物を陳列して、一般の観覧に供するとともに、朝鮮全土の古蹟調査と保存をはかるために寺内正毅総督の「熱心な援助」によって成立した[33]。

総督府博物館設立の目的は、統監府時代から着手されていた国家事業としての古蹟調査事業によって収集、整理した確実な資料を陳列し、朝鮮文化の変遷を明らかにすることにあった[34]。総督府博物館の設立は古蹟調査事業と不可分の関係にあったのである。

総督府博物館が開館された翌年（一九一六年）七月、「古蹟及遺物保存規則」が発布され、日本で初めての古蹟に対する取締・保存・調査の綱目を規定するなど、朝鮮総督府博物館の設立と共に、古蹟調査事業の法制上の整備や事業の本格的な組織化が進展した。総督府博物館の特徴は、独立した機関とせず、当初は総督府の庶務局に所属させ、その後に所属部署はしばしば変わったが[35]、総督府所属機関としての位置は変わらなかった点にある。日本の敗戦によって閉館されるまで、独立した職制がなく、総督府所属の事務官が主任として博物館業務を統括し、二、三名の技師と五、六名の雇員を職員とし、必要最小限の人員で運営されていた。しかし、その業務は広範囲に及び、年次計画に基づく古蹟調査、

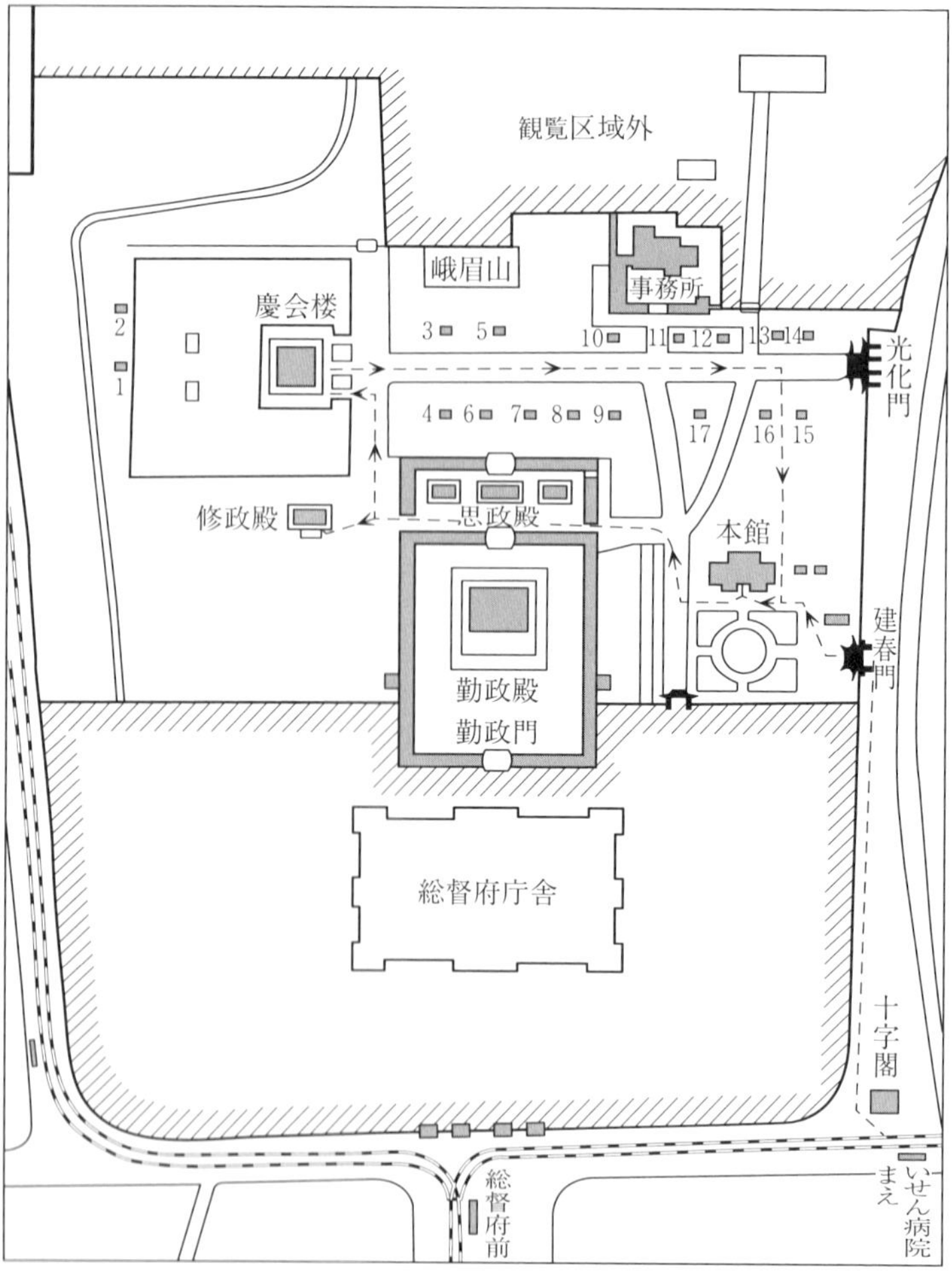

図3　朝鮮総督府博物館 観覧案内図（『博物館略案内』1931年）

寺院廟堂の大建築から塔灯・碑・礎・古墳・城柵の修理保存、図録・報告書・博物館報の印刷、博物館の陳列と陳列品の購入修補などに加えて、発掘、研究までを担っていた[36]。

ところで、総督府博物館は、既述のごとく、総督府自らが調査研究した確実な資料を陳列し、朝鮮古文化の特色と、大陸ならびに日本との関係を学術的に展示することを目的としていたが、この点が美術工芸館としての李王家博物館との違いと認識されていた[37]。しかしながら単に、展示内容や展示方法の違いだけでは、李王家博物館とは別に、あえて総督府博物館を新設する理由にはなりえない。

そこで留意すべきは、黒板勝美が一九一二年頃より、唱え続けていた「国立博物館」構想である。博物館はもはや雑然と凡百の品物を集めて陳列するという時代ではなく、そのような陳列に満足せずに、いかに意義ある博物館を創りえるかを研究しなければならないと黒板は提起していた。そして博物館に史蹟保存がともなわなければその効果は過半を失うものであり、ヨーロッパ諸国ではこれを並行させていないところはなく、そればかりか「国立博物館が其事務を監督して居て、各地の小博物館を始め、史蹟遺物の保管に任じて居る処がある程である」と力説していた[38]。

この点は一九一八年に、さらに明確な主張となってあらわれ、「古墳発掘や、その発掘品の始末はまた国立博物館の管掌に属すべき物である。場合によっては国立博物館が進んで古墳などの調査に当たらねばならぬ」といい、「史蹟保存もまた国立博物館の任務の一つである」ことが強調されている[39]。要するに、博物館と古蹟の調査事業と保存管理とが国立博物館という一つの機関に統合されるべきであるというのである。

総督府博物館の主任として長年にわたって統括責任者を務めた藤田亮策は、朝鮮においては「内地の夫れに一歩を先んじて、統一的な調査と、精確な其の結果を報告し得たこと」を自負し、「国として支出して国の事業として調査・保存・陳列の三つの仕事を合併して」一つの機関で、全く理想的な研究がとげられてきたと述べている。つまり、総督府博物館は、内地ではなしえないような、黒板が目指した国立博物館が行うべき業務が先駆的になされていたとみることができる[40]。黒板は「帝室博物館はどこどこまでも帝室御物を陳列して国民に拝観せしむるところで、皇室に対する国民の思想を益々強く、且つ深からしむるには最も必要なる機関」であって、それとは別に、国家もまた国立博物館を建てて、保存に力をつくし、古寺社の国宝を陳列するための設備や、個人の蒐集物を国家に引き上げて陳列する必要があると主張していた[41]。

したがって、黒板が帝室博物館とは別の国立博物館の必要を説いたように、李王家博物館とは別に、国立博物館としての役割をもつ博物館として、総督府博物館が設立されたとみることができる。実際に、総督府博物館は、植民地に設置されたものではあったが、「調査の方法においても、最も良い経験を持ち、精密な学術的研究においても、内地の調査研究に与えた影響の大きいことは何人も認める」意義をもつと当事者によって認識されていたのである[42]。

そこで、総督府博物館がめざした学術性に関して軽視できないのは、その展示の仕方である。後に平壌博物館長となった小泉顕夫は、本館に六室ある展示室の中でも重要なのは、「三国時代古墳出土品」と「楽浪帯方郡時代遺物」の二つの部屋であることを指摘しているが[43]、この博物館の陳列を順次見てゆけば、「朝鮮半島が三国時代に至る前に、続々と漢族が移住して、そこに漢人の植民地が作られた」楽浪帯方郡時代から、「後半期は儒教の影響や相継いだ戦乱と内部的党争等の為めに産業も工芸も衰へて、見るべきものが少ない」朝鮮時代が観覧者に印象づけられるようになっていたのである(44)。

こうした古代と朝鮮王朝後期に対する見方は、朝鮮総督府が進めていた歴史編纂事業と古蹟調査事業が目指していたものでもあった。すなわち、朝鮮総督府は、一九一六年『朝鮮半島史』編纂事業に着手するが、初代朝鮮総督・寺内正毅の「朝鮮半島史編纂要旨」によれば、朝鮮半島史編纂の主眼は、第一に、日本人と朝鮮人が同族であることを明らかにし、第二に、古代より時代を経るにしたがって疲弊・貧弱に陥ったことを述べ、併合によって人生の幸福を全うするに至ったことを論述することにあると明記している(45)。

古蹟調査事業は、朝鮮史編纂が重視した歴史の起源問題に考古学上の根拠をあたえるものであり、いわば車の両輪の関係にあって、朝鮮支配の正当化に重要な役割をはたした。こうした二つの事業の指針を定めたのは寺内総督であり、それを積極的に推進したのが黒板勝美であった(46)。黒板は誰よりも朝鮮の歴史の起源を問題にし、その画期が楽浪郡の設置にあることを繰り返し問題にした(47)。

また同時に黒板は、近代歴史学と考古学を駆使することによって、朝鮮人の民族精神を鼓舞する史書に対抗し、韓国併合の正当化を歴史編纂と古蹟調査事業によって積極的におしすすめていた寺内総督の政策を(48)、学術面で支えた。

景福宮に設置された総督府博物館は、こうした日本の朝鮮支配に関する国家的事業の成果を展示する場となったのである。そこは、朝鮮王朝建国以来の神聖なる空間であり、末期にいたり王朝最後の閃光をとどめた権力の象徴空間であった。景福宮で開催された施政五周年記念朝鮮物産共進会によって、かつての王宮としての空間は再組織化され、この場所に埋め込まれた王室の権威を無化していった。さらに宴の後に残された白亜の殿堂は、博物館として利用され、そこに歴史的由来の明確な遺物を展示することによって、時間と空間の管理者が誰であるかを如実に物語るモニュメントにしたてあげられ、かつての聖なる空間は、全く新たな空間を形成することになった。

総督府が発掘した楽浪郡以来の古代遺跡・遺物は、檀君建国以来の悠久の歴史を訴え、日本の支配に抵抗した知識人たちにも衝撃的な威力を発揮していた。一九二〇年代に檀君論を展開した崔南善は、総督府の古蹟調査事業に対して「恐らく世界の人類によって永遠の感謝を得る出来事かも知れず、また我々もそこに加わり、そのくらいの感謝を捧げるのが当然かも知れない」と言いつつ、「日本人の手ではじめて朝鮮人生命の痕跡が闡明されたことは、どれだけ大きな民族的羞恥であるか(傍点筆者)」と悲嘆している[49]。ここにも朝鮮人にとって、古蹟調査事業と、総督府博物館における遺物展示がもっていた影響力の大きさをかいま見ることができる。

3 徳寿宮・李王家美術館

徳寿宮は元来、成宗の長兄・月山大君の私邸であったが、壬辰倭乱の際に宣祖が行宮として利用し、ついで光海君が行宮で即位すると、ここを王宮とし慶運宮とした。その後、一八九六年に高宗は景福宮からロシア公使館に移ると同時に、慶運宮を改修して、翌年二月にはここに遷御して王宮とし、この年一〇月には、国号を朝鮮から大韓と変え、慶運宮において大韓帝国は誕生した。統監府の圧力によって純宗が即位し、さらに昌徳宮へ王宮が移されるまで、慶運宮は大韓帝国の皇宮であったことになる。高宗は、一九〇七年七月に純宗に譲位すると、太皇帝宮は徳寿宮と改められ、慶運宮もまた徳寿宮と呼ばれることになった[50]。

徳寿宮は高宗(李太王)が譲位後に、いわば抑留されていたところであるが、一九一九年に高宗が死去すると、一九三三年に李王職は、宮殿内の石造殿に徳寿宮美術館(李王家美術館)[51]を設立した。石造殿が着工されたのは、徳寿宮が皇宮であった時代(一九〇〇年)であり、その竣工は、皇宮が昌徳宮に移った二年後の一九〇九年であった。

もともと石造殿築造の発意は、度支部総税務司であった英国人ブラウンによるもので、設計は英国人技師ハーディングが担当した。基礎工事は朝鮮人技師によって進められたものの、一九〇二年に工事は中断し、一九〇三年に日本の大倉組が請け負っている[52]。これが現在「石造殿東館」と呼ばれているもので、一二九万円の巨費を投じて造営されたという[53]。一九一八年に、李完用は華麗な洋館・石造殿のある徳寿宮こそ李王殿下の居所にふさわしいとして、昌徳宮からの遷居を斎藤實総督に上申している[54]。徳寿宮石造殿の壮麗なたたずまいは当時から注目されていたのである。

上述のように、徳寿宮は大韓帝国期の高宗ゆかりの宮殿であったが、それが歴史的にも由緒ある宮殿であることが徳寿宮美術館の創設を契機に、さまざまに喧伝されるようになる[55]。しかしながら実際には、高宗の死去後は自然の荒廃に任せられていたという[56]。そのような中で、一九三二年四月から徳寿宮内の殿閣の修理、庭園の修築がすすめられ[57]、翌年五月には、総工費約五万円をもって石造殿内部を改修し、美術館とすることが報道されている[58]。

当初、徳寿宮美術館は、九月の開館をめざしていたものの、工事の遅れで一〇月一日に延期された。

この日をもって徳寿宮もまた一般市民に広く開放されることになり、正殿であった中和殿にも内部に立ち入り拝観できるようにした。

注目されるのは、徳寿宮美術館の開館にいたる経緯である。当初、総督府は新聞を通じて、李王家が所蔵している古画書や「東京の帝室博物館やその他の所蔵者から名作を借りてきて」石造殿に陳列すると告知していた[59]。まず五月の段階では、石造殿を美術品展示が可能になるように改修する計画を発表し、そして改修後の石造殿には、李王家が所蔵している朝鮮古画が展示されることを『東亜日報』や『朝鮮日報』は報道していたのである[60]。ところが、開催がせまるにしたがって、石造殿での展示は、近代日本美術品が主となり、やがて、開催直前には、朝鮮美術品の展示は取りやめることになってしまう。これが、石造殿において一九三三年から一九四三年まで継続して開催された「李王家徳寿宮日本美術品展示」である[61]。

藤田亮策によれば、この日本美術品展示は、黒板勝美と李王職長官であった篠田治策との談合によって実現したものという[62]。黒板は、徳寿宮に建立された美術館に明治初期以来の日本の絵画・彫刻・工芸の近代作品を余すことなく、入れ替えひきかえ陳列替えをして、当時の東京においても困難な展示を一〇年以上にわたって継続した。その目的は、「朝鮮在住者の美術意識を高め、近代芸術に直接して豊かな生活へ誘引する[63]」というものであった。

しかしながら元来、徳寿宮美術館に展示されるはずのものは、近代日本美術とは無縁の李王家所蔵の朝鮮古画であった。朝鮮人の期待を裏切った徳寿宮内における日本美術品展示は、当然のことながら朝鮮人に不信感をあたえた。何よりも、かつての王宮が近代日本美術品の展示場になったことにつ

図４　李王家美術館（中央連結部分）／左：西館／右：東館

いての反応は複雑であった。

「詩人毛允淑《モユンスク》女士は「永遠の門が開かれなかったら、かえって愛しい憧憬の宮殿として眺めることができたものを……」と言いながら」徳寿宮が市民に開放されたことを慨嘆したという[64]。朝鮮王朝の象徴空間への哀惜の念は、一人毛允淑だけでなかったはずである。こうした朝鮮人の反応を知解していたからこそ、日本美術品展示は開催直前まで伏せられ、李王家所蔵の古書画展示を期待させる宣伝をせざるをえなかったのであろう。

石造殿では、日本美術品展示が毎年開催されていたが、石造殿の西に隣接して新館（石造殿西館）が一九三六年八月に着工され、一九三八年三月に竣工した。これは昌慶宮の李王家博物館の新館として計画されたものであった。新館造営の理由として、李王家博物館の陳列館が所々に分散していること、宮殿を利用しているため狭小で、採光や陳列品の保存などに欠点があることがあげられており、それに加え、石造殿において近代日本美術品が常設陳列されることになって、「その必要は一層痛感されるに至つた」[65]という。

一九三八年六月には、昌慶宮にあった李王家博物館所蔵品のうち、新羅、高麗、朝鮮時代の陶磁器や絵画など、一万一千点余りを新館(西館)に移転し、先に開館していた東館(徳寿宮美術館)とをあわせて、李王家美術館と改称した[66]。こうして李王家美術館は、この時に開館し、これにともなって昌慶宮の動植物園を残して李王家博物館のみが徳寿宮に移されることになった。

表面的にみれば、この間の変化は、李王家博物館の所蔵品が昌慶宮から徳寿宮西館に移転され、李王家美術館と名称を変えたに過ぎないように見える。しかし、この頃の日本における帝室博物館の動向を視野に収めると、興味深い事実が浮かび上がってくる。すなわち、一九二四年の皇太子成婚に際して、帝室博物館が所管していた上野公園と動物園が東京都に、京都帝室博物館も京都市に下賜され、その上で、東京帝室博物館は、歴史美術の博物館としての業務に集約されているのである。こうした措置は、前年の関東大震災によって、陳列館の大部分と、陳列品のほとんど全てを失うという事態を契機とするものであった[67]。その後、帝室博物館復興館は、一九三二年一二月に着工して一九三六年一一月に竣工し、翌年一一月の開館から施行すべく、帝室博物館官制が改正された。ここにおいて、帝室博物館は「古今の技芸品を蒐集し公衆の観覧に供する所」から「古今の美術品を蒐集して公衆の観覧に供し兼て美術の発達に資する事業を行ふ所」へと改められ、列品を「美術品」に改めるなど、美術博物館としての性格を明確にしたのであった[68]。

それはちょうど、石造殿西館が着工した一九三六年八月から、竣工した一九三八年三月の間にあたっており、李王家美術館としてその年六月に開館したという経緯からすれば、李王家博物館が李王家美術館へと改められた背景には、帝室博物館が美術博物館へと改編されたことがその前提にあったとみなければならないだろう。つまり李王家博物館の改編は、帝室博物館の改編と連動していたと推測されるのである。

ただし、李王家博物館は単に動植物園を切り離して、美術博物館へとその性格を改めただけではなかった。李王家美術館は、新たに建造された石造殿西館と、日本美術品展示が毎年開催されていた東館とが渡り廊下で連結され、「新古の美術を一堂に展観する」ことができるように設計されていたのである。そして「朝鮮古美術の集大成」と「同時に石造殿における明治・大正以来現代日本美術の精華を観覧し得る」よう工夫が施され、これによって「半島文化の啓発向上に資すること」が期待されていたのである(69)。

李王家博物館は、徳寿宮美術館と併せられて李王家美術館へと改編されたが、その展示には特別な意味づけが付加されていた。日本近代美術に合流させられた朝鮮王朝後半期の美術は、「儒教の影響や相継いだ戦乱と内部的党争等の為めに産業も工芸も衰へて、見るべきものが少」ないと一九三六年に刊行された朝鮮総督府『博物館略案内』に記されているように、こうした言説は当時広く流布していた。日本美術品展示の傍に引き寄せられた朝鮮の美術品は、もはや観覧するものに対し、近代日本美術品との対照によって、はじめて意味を発揮するものでしかなかったのである。ルネサンス様式の二棟の石造殿に陳列された朝鮮古美術と近代日本美術とのコントラストは、まさに朝鮮「文化の啓発向上」へと導く総督府の政策を代弁するものであった。

おわりに

以上、日本の統監府時代から、植民地統治時代にわたって、昌慶宮、景福宮、徳寿宮の各王宮に建立された李王家博物館、総督府博物館、李王家美術館の設立経緯を検討してきた。それら三つの宮殿は、一九世紀から二〇世紀にかけて王宮として利用された権力の象徴空間であったが、そのような空間に、日本政府の強力な意志によって博物館・美術館が建造された事実を確認した。

最後に、これまでの考察に基づいて二つの点を指摘したい。まず第一に、博物館とそれが設立された空間との関係である。すでに指摘したように、李王家博物館のモデルとなった帝国博物館（後の帝室博物館）の画期は、一八八六年の農商務省から宮内省への移管であった。この時に上野公園の全域が帝室「御料地」となり、宮内省の管理下におかれることになるが、上野公園に動物園・植物園とともに博物館が新築されたのは、それよりさかのぼる一八八二年のことであった。

上野公園の敷地内には、もともと天海僧正によって建立された寛永寺があり、そこは徳川家の墓所でもあった。博物館は寛永寺の本坊跡の構内に、本館と二つの陳列館が建てられ、一方、動物園は、かつての寒松院のあった跡地（寒松院ガ原）に創設された。寒松院のかたわらには、あの上野東照宮が位置していた。周知のように東照宮は徳川三百年、一五代にわたる江戸幕府の開祖家康をまつる宮社であり、江戸城の鎮守として尊崇された社陵であった。さらに本坊の後背には徳川家の墓所が広がっていた[70]。

要するに、朝鮮に先立ち、日本においても徳川旧体制の聖なる空間に、博物館と動植物園が設立されていたのであり、それが統監府設置以来、朝鮮の地にも反復されていたことになる。とすれば、いまいちど近代日本の施策の一環として、朝鮮における博物館設置の歴史的な意味が問われなくてはなるまい。

約言すれば、統監府は、朝鮮の内政権を確立するやいなや、王宮に隣接した昌慶宮に博物館や動植物園を設置し、その後に一般市民に広く開放するが、それによって、朝鮮王朝の聖なる空間は、大日本帝国の一空間に組み込まれたとみてよいであろう。その過程は、日本国内において、かつての各藩の城郭が博覧会によって庶民に広く公開されたことに通じるものがある(71)。このような過程を経て聖性の剥奪と無化は進行した。また日本列島の諸藩が近代日本の地方都市へと編成されたように、ソウルもまた近代日本の地方都市へと編入されたのである。「過去の権威を簒奪し、近代性で上塗りするその討伐支配の空間手法」は、内地→北海道→琉球で生まれ、台湾で試行され、朝鮮王朝の王都・漢城では成熟したやりかたで再現された(72)。そのような意味で、朝鮮王宮における博物館の設置は、植民地権力による教化の対象としての朝鮮人の創出でもあったといえよう。

さらに近代日本の一地方都市へと包摂されたソウルの神聖な空間は、一般市民に開放され、そこに設置された博物館には、朝鮮の美術品や考古遺物が展示された。近代日本は、朝鮮の伝統文化の管理者としての位置に立ち、朝鮮の地に君臨した。かつての朝鮮王朝の王宮に設置された博物館は、植民地経営のイデオロギー装置として機能したのである。

第二に指摘したい点は、植民地化の過程で朝鮮に設立された博物館の歴史的性格についてである。

既述のように、李王家博物館と総督府博物館の設置、さらに李王家博物館から李王家美術館への改編の過程は、日本における帝室博物館設立の過程と密接な関係をもっていた。しかし、それらは単に日本をモデルに設立されたというにとどまらず、新たな機能と役割を内包していた。日本においては帝室博物館への形成過程は、権力の奪取を正当化し、新たな権威樹立の過程であったのに対し、朝鮮においては王朝権力の解体と、権威と聖性の剥奪の過程そのものであった。それは博物館に陳列された古美術の扱いにも端的に現れていた。たとえば、日本国内において東大寺正倉院の所蔵品が御物として秘匿されていった[73]のに対して、朝鮮の古代美術品は徹底的に開示され、衰退の象徴とされた朝鮮王朝の美術品や、近代日本美術と対比されながら展示された。

　また、展示に至る過程においては、日本の博物館ではなしえない調査・研究の理想が追求された。すなわち、国家事業として古蹟調査が展開され、発掘技術、記録作成法、調査体制の編成など、戦後日本の考古学界が採用することになる発掘調査の基本的な枠組は、植民地朝鮮で博物館がおこなった古蹟調査によって準備されたものであった[74]。行政の支援の下に遺跡調査が公共事業として継続されたのは、内地ではなく、ただ植民地朝鮮においてであった。総督府博物館はこうした古蹟調査事業を統括し、調査、保存、陳列の一元化を体現するよう期待されたのである。植民地権力の下で培われ、蓄積された豊かな経験は、今日に引き継がれることになる。その意味で、本章の主題は、日本の敗戦後と韓国の解放後を論じなければ完結しないが、それは次の課題とせざるをえない。

第一〇章　植民地期朝鮮におけるマルクス主義史学
――白南雲『朝鮮社会経済史』を中心に――

はじめに

一九三〇年代に相次いで刊行された白南雲《ペンナムン》(一八九五―一九七九)の『朝鮮社会経済史』と『朝鮮封建社会経済史』上は、この時代の朝鮮人による唯物史観の受容とその学術的到達点を示す記念碑的な著作である。[1]「当時の学問水準に制約されてはいたが、朝鮮研究がもっぱら日本人官学者の手中に独占されていた悪条件のもとで、朝鮮人として自力でこの課題に最初にとりくみ、戦後の史的唯物論に継承されるようなユニークな成果」[2]と評される所以である。

ただ、二つの著作を個別にみれば、高麗時代を考察の対象とする『朝鮮封建社会経済史』上で展開された封建制論が解放後の南北朝鮮の学界に継承され、南北各々にその後の研究が学的に位置づけられるなど積極的な評価がなされているのに対して[3]、一方「原始氏族共産体及び奴隷経済史」という内題をもつ『朝鮮社会経済史』については、もっぱら朝鮮古代史研究の実証性のレベルからの論評が中心となり、マルクス主義的発展段階説の機械的な適用に関わる批判的な評価に終始する感がある。

たとえば、解放後の韓国においては、その一元論的発展法則の適用という方法論があたえた「打撃」が斯界にとっていかに深刻なものであったかを論じ、否定的な側面が強調されることすらある(4)。要するに、その学問的な歴史的評価は、朝鮮古代史研究という枠組から見れば、決して高いとは言えないのである。

本章で注目したいのは、唯物史観の立場から初めて朝鮮古代史を体系的に叙述しようとした白南雲とその著作『朝鮮社会経済史』を通してみられる、近代朝鮮におけるマルクス主義史学の受容の契機とその背景についてである。白南雲は解放後には、一九七九年に生涯を終えるまで、朝鮮民主主義人民共和国において教育相、最高人民会議議長を歴任するなど、共和国政界、学界の指導的な立場にあった。朝鮮人の唯物史観は白南雲とともに共和国に引き継がれたのであるが、このように巨視的に見れば、『朝鮮社会経済史』はその後の朝鮮における唯物史観を方向づけたともいえるであろう(5)。

ひるがえってみるに、日本におけるマルクス主義史学の開始は、一九二七年頃の野呂栄太郎や服部之総による近代史研究に求められ、古代史については、一九三二年に唯物論研究会が結成され、その後、渡部義通らの研究成果が一九三六年から翌年にかけて『日本歴史教程』として刊行される。白南雲の『朝鮮社会経済史』が改造社の経済学全書の一冊として刊行されたのは一九三三年であり、彼の思想形成は、こうした日本のマルクス主義史学と密接な関係をもっていたと推測される(6)。

白南雲は一九二〇年代前半に東京高等商業学校で学び、一九二五年からは母国の延禧専門学校商科の教授に就任するが、その後においても、彼の研究は日本学界との緊密な関係の中で営まれてゆく(7)。まさに白南雲の学問的な営為は、上述した日本のマルクス主義史学の動向と深く関わりながら、同時代人として遂行されたのである。

そこで改めて留意したいのは、一九三三年に刊行された『朝鮮社会経済史』が朝鮮人の古代史認識に果たした歴史的な役割についてである。日本のマルクス主義史学の影響を受けながらも、現実的な課題を異にすれば、おのずとその思想に向き合う位相は違わざるをえないはずである。また同時代の渡部義通らの古代史研究とその後の日本古代史研究に果たした役割との対比から、両者の位置関係が浮き彫りになるであろう。

二〇世紀は世界中の民族や国家がその始源を探求するという情熱が噴出した時代でもある。今日、南北朝鮮では、四、五千年前に民族の起源を想定し、爾来、同質性の高い「単一民族」による公定の歴史が語られているが、二〇世紀初頭以来、朝鮮人にとって古代史がもつ意味は国家、民族の存亡に関わって重大な関心事であり続けた[8]。近代朝鮮人にとっての古代史の意義を考える際に、白南雲が『朝鮮社会経済史』で企図した試みは決して軽視できないものがある。

そもそも一九三〇年代には、白南雲のみならず、李北満《イ・ブンマン》、李清源《イチョンウォン》、金洸鎮《キムグァンジン》らによって史的唯物論の立場から朝鮮古代史研究に関する論文、著作が集中的に発表される[9]。それらを目の当たりにする時、かくも集中的に発表された背景は何であったのか、彼らはなぜマルクス主義史学に接近したのか、唯物史観による歴史研究は、なぜ古代史を対象としなければならなかったのか、それは当時の現実の朝鮮社会と如何なる関連を有していたのか等々といった疑問がわいてくる。

それらの回答への手がかりは、彼らが大きな影響を受けた同時代の日本における古代史研究である。すでに多くの指摘があるように、渡部義通らの手になる『日本歴史教程』は、戦後歴史学の再出発に際しても継承すべき業績として高い評価が与えられている(10)。『日本歴史教程』をとりまく研究状況は、一九三〇年代の日本歴史学界を特徴づける重要な動向であった。朝鮮人研究者によるマルクス主義史学は、時期的にも重なる日本のマルクス主義史学研究とどのような関係があったのか。この時期の朝鮮人によるマルクス主義史学をどのように捉えることができるのか。そして朝鮮人によるマルクス主義史学の独自の意義はどこにあったのか。本章は、そのような問いに対する基礎的な作業でもある。

1 「原始氏族共産体及び奴隷経済史」と檀君神話

既述のように、一九三〇年代には白南雲をはじめ李北満、李清源、金洸鎮ら朝鮮人によって史的唯物論の立場から朝鮮古代史に関する論文、著作が集中的に発表される。それらのなかにあって、その先駆性、体系性においても白南雲の『朝鮮社会経済史』は格別な位置にある。三篇一七章からなる『朝鮮社会経済史』の全体の構成は以下のようになっている。

緒論
　第一章　朝鮮経済史方法論
　第二章　檀君神話に対する批判的見解
本論
第一篇　原始氏族社会
第三章　氏族社会に関する学説

第四章　朝鮮に於ける親族制度の用語の分析
第五章　朝鮮に於けるプナルア式家族形態
第六章　姓氏制
第七章　原始朝鮮の生産形態
第八章　原始氏族共同体
第二篇　原始部族国家の諸形態
第九章　三韓
第十章　扶余
第十一章　高句麗
第十二章　東沃沮
第十三章　濊貊に於ける村落共産体の残跡
第十四章　挹婁の未開状態と対偶婚の痕跡
第三篇　奴隷国家時代
第十五章　高句麗
第十六章　百済
第十七章　新羅
総結論

以上の一七章で展開される論旨は次のとおりである。[11] すなわち、まず原始共産制社会の末期、二世紀前後の三韓時代に、国家成立に至る過渡的段階として原始部族国家が形成される。それは部族同盟団体によって構成される社会であり、あくまでも国家の萌芽形態に過ぎないが、集団的所有に基づく種族奴隷制が階級対立として一般化する時代であった。この種族奴隷制は、征服戦争による奴隷の量的拡大を背景に個人的所有にもとづく一般的奴隷制へと発展し、奴隷制国家(高句麗、百済、新羅)への道を開く。こうして成立した奴隷制社会は、王族・貴族階級、地方豪族、一般農民、奴隷という階級構成をとる。このうち奴隷は主に王族や貴族階級に所有され、土地国有の原則下で彼ら王族・貴族に賜与された土地の耕作に従事していた。他方、一般農民は土地占有者ではあるが、国家の小作人として過酷な収奪にさらされているため、没落する運命にあり、社会的労働の主体たりえなかった。奴隷労働が量的にも質的にも一般農民のそれを上回っていた。そして統一新羅期に入ると、大土地所有制の展開と特権獲得によるその荘園化、すなわち封建的私領の形成がすすむ。同時に奴隷と一般農民の農奴化も進行し、封建制への移行が準備される。要するに、奴隷制社会における直接的生産者としての奴隷と一般農民の二類型を指摘しつつ、結果としてギリシア・ローマ型の奴隷制社会と同質の社会が想定されているのである(12)。

こうした論理構成からなる『朝鮮社会経済史』は、白南雲自身の次のような朝鮮経済史の全体構想の一部であった。すなわち、その序文によれば(13)、

第一、原始氏族共産体の態様

第二、三国の鼎立時代に於ける奴隷経済

第三、三国時代の末期頃から最近世に至る迄のアジア的封建社会の特質

第四、アジア的封建国家の崩壊過程と資本主義の萌芽形態
第五、外来資本主義発展の日程と国際的関係
第六、イデオロギー発展の総過程

みられるように、原始氏族共産制の段階、三国時代の奴隷経済段階、三国末期から最近世までのアジア的封建制段階、アジア的封建国家の崩壊と資本主義萌芽段階、外来資本主義発展の段階という五つの経済的構成の継起的諸段階を設定し、『朝鮮社会経済史』においては第三の途中までがなされ、その続編が『朝鮮封建社会経済史』上であり、アジア的封建国家としての高麗王朝が考察の対象となっている。それ以降の課題は、『朝鮮封建社会経済史』下でなされることが予告されていたが、それが果たされることはなかった。

ところで、『朝鮮社会経済史』は、上記のような全体構想の一部であり、その内容は論旨に示したとおりなのであるが、そもそも白南雲が上記の構想で目指したものは、留学時代の師であった福田徳三の封建制欠如論およびその影響を受けて主張された「特殊史観」を批判して、朝鮮史の発展が世界史的普遍の一特殊形態であることを明らかにすることであった。換言すれば、朝鮮社会の特殊性と停滞性を強調して植民地支配を正当化しようとする当時の主流となっていた議論に対し、世界史的な発展法則が朝鮮史においても例外なく貫徹していることを示そうとするものであった。

『朝鮮社会経済史』刊行後にも、森谷克己によって奴隷制欠如論が唱えられるなど[14]、宿命的停滞論が日本人研究者によって強調される中で[15]、世界史的規模における資本主義の一環を形成している朝鮮史の継起的変動の法則を把握せんとすることは、それ自体決して容易な課題ではなかった。それゆえ、

社会構成体論の一般性と特殊性の解釈に苦心しながらも、図式的な適用の段階を抜けきれずにいたことは否定できない事実でもある。

そのような評価を是認しつつも、私が注目したいのは、朝鮮史を世界史的普遍性の中に位置づけるという試みによって、白南雲が『朝鮮社会経済史』で取り組もうとした実践的な課題[16]についてである。確かに『朝鮮社会経済史』は、朝鮮における古代奴隷制の実在を論証しようとすることに主眼がある。しかし、同書は単なる奴隷制論にとどまることなく、それを通じて、克服すべき現実的な課題が何であるかを、ある時はそれを明示し、ある時は隠喩を用いて暗示しようと努めている。『朝鮮社会経済史』は、朝鮮人が直面していた現実的課題を克服するために、白南雲によって捉えられた現実とそれを克服するための方法論でもあったが、そのような視点はこれまで希薄であったように思われる[17]。

たとえば、白南雲は『朝鮮社会経済史』を通じて、奴隷制国家の実在を諸史料を駆使して立証しようとするが、それに優るとも劣らず彼が力を注いでいるのは、緒論で取り上げている「檀君神話に対する批判」の徹底化である。むしろ『朝鮮社会経済史』を虚心坦懐に検討してみれば、緒論から総結論に至るまで、一貫しているのは、朝鮮人自らが唱えた「特殊史観」への批判であり、その代案としての唯物史観による奴隷制国家論の主張である。

それでは、白南雲が批判の対象に据えた朝鮮特殊史観とは何であろうか。第一章「朝鮮経済史方法論」によれば、「特殊史観」とは、大きくは近代日本がドイツから受容した歴史学であり、より具体的には朝鮮総督府など日本人による朝鮮史研究や、近代歴史学の方法論を日本から受容した朝鮮人の朝鮮史研究を指していた。そうした両者の関係について白南雲は次のように述べる。

不幸なる刻印としての「特殊史観」なる舶来品を日本から輸入したものもわが先輩であらう。彼の特殊史観たる歴史学派のイデオロギーは、全く新興独乙資本主義の英国に対抗する国民的運動の所産であつたのだが、これが新興日本の資本主義的国情と適合されたために大量輸入をなした結果、日本の史学界は兎も角飛躍的に発展し来たのである。これに反してわが先輩の機敏な輸入は、国情激変のために培基を失はれ、骨董品蒐集の遍歴学徒(Fahrende Shüler)として政治的には見捨てられた情勢ではあるが、少くとも観念的には朝鮮文化史の独自的な小宇宙(mikrokosmus)として特殊化せんとする企図は割合に根強く習慣づけられてゐる。この種の特殊性の他にこれとは外観的に異なる官製の特殊性なるものが別に規定され流布されてゐる。それは役人諸公の「朝鮮特殊事情」なるイデオロギーが即ちそれである。この両型の特殊性の差異を求めるならば、前者の神秘的感傷的であるに対し後者の独占的政治的であることを指摘することが出来るが、本質的には人類社会発展の歴史的法則の共通性を拒否する点に於ては全く同軌的であり従つて反動的である。この両型――実は相似形の――特殊性は朝鮮史学の領域の開拓のためには精力的に排撃すべき現実的対象である。(18)

いわば文化本質論的な歴史学に冠せられた「特殊史観」の最たるものとして、批判の俎上に乗せられるのが檀君神話であった。神話上の始祖・檀君王倹とは、一五世紀後半に編纂された『東国通鑑』によって唐尭二五年(紀元前二三三三年)の朝鮮建国者として定位されたが、文献上確認される最古の記録は一二八〇年代に僧一然によって編纂された『三国遺事』にさかのぼる。朝鮮王朝時代には慕華思想によって箕子東来伝説に及ばなかったものの、二〇世紀初頭に至り、啓蒙思想家たちによって様々な角度から取り上げられるや、民族の始源の歴史として瞬く間に民衆に浸透し、やがて併合後には独立運動を支える思想的基盤として朝鮮総督府の警戒すべき対象ともなっていた(19)。そのような檀君神話について白南雲は総結論において、

> 更に申采浩、崔南善両氏の如きは檀君神話を守り本尊として、朝鮮民族の実在的始祖としてその特殊文化史を説くのだが「タングン」は氏族社会の末期に当る農業共産体に於ける酋長の特殊な呼称にすぎないのである。それを万世一系的に朝鮮民族は檀君の子孫だなんて吹聴してゐるが、原始的氏族共産体乃至《ないし》は民族形成の歴史観念を全く理解し得ない非歴史的な見解である(20)。

と厳しく批判し、史料考証を加えながら檀君を原始共産制の末期に位置づけて、それが歴史的産物であることの意義と重要性を力説している。

ところで、上述のように白南雲が日本の植民主義史学のみならず、申采浩《シンチェホ》、崔南善《チェナムソン》をはじめとする民族主義史学を「特殊史観」として厳しく批判している事実は、『朝鮮社会経済史』の全体構成にとって決して軽視すべきでない問題である。しかしながら、彼の設定した課題とその目的については、これまで自覚的な検討はなされてこなかった(21)。すでに李基白《イキベク》の指摘があるように、「従来、不思議にも、この事実を黙殺してしまおうとする印象を受けるのは納得がいかないこと」であり、「両者(白南雲らの社会経済史学と民族主義史学)がともに日帝の植民主義的な史観と対立するものであったことは明らかであるが、この一つのことのみでもって、両者が結びついてきたとか、あるいはまた、容易に結びつき得ると考えるのは、思考の飛躍であろう(22)」。

しかも、『朝鮮社会経済史』を通して白南雲が強調するのは、日本人による植民主義史観よりは、

むしろ朝鮮人の特殊史観への批判であって、白南雲のこうした主張を同時代の文脈から切り離してしまったり、彼の主張を葛藤競合の領域から引き離したりすることは、『朝鮮社会経済史』で企図した彼の戦略を捉えがたくするだけでなく、その意図を根底から取り違えてしまうであろう。そこで、白南雲が『朝鮮社会経済史』において、主たる批判の対象としていた朝鮮人の特殊史観とは何か、なぜ特殊史観を批判することが急務であったのか見てみることにしたい。

2　実践的課題としての特殊史観批判

白南雲は、「史学の実践性」をくり返し強調したが、それではなぜ、そのような立場から檀君神話を朝鮮人の歴史と文化の象徴とする民族主義史学を「特殊史観」として排撃する必要があったのだろうか。既述のように啓蒙思想家たちの活動によって檀君神話が朝鮮人の心をとらえ、広く朝鮮社会に浸透するのは二〇世紀初頭のことであった。檀君神話を中核に据えた民族主義史学は、清国からの独立と、日本の侵略と支配に抵抗し、植民地支配からの独立をめざす朝鮮人たちの精神的なよりどころとなっていた[23]。

それゆえ、独立運動を精神面で支えた檀君信仰や在野の史籍への対応策として、朝鮮総督府は一九一六年に『朝鮮半島史』編纂と朝鮮古蹟調査事業を推進した。しかしながら、その効果は不十分と見なされ、一九二二年に朝鮮史編纂委員会を設け、一九二五年には勅令公布によって朝鮮史編修会を設置して、編年体の通史『朝鮮史』の編纂が国家プロジェクトとして着手される[24]。この間の経緯については、その編纂の中心を担った稲葉岩吉によって次のように回想されている。

半島を眺めると、檀君信仰が著しく擡頭して来た。……檀君信仰は、輓近《ばんきん》、二三子の提唱により て急速に発展し、かつて一顧だも酬いられざりし朝鮮史研究は不揃の足並ながら、鮮人間の一大 潮勢をなした。今や日韓同源論などですまされなくなつたから、朝鮮総督府は、寧《むし》ろ進んで朝鮮 史編纂を計画し、之が潮勢を正当に導き、錯覚なからしめぬやう努力するをもつて時宜を得たり とし、茲《ここ》に朝鮮史編修会の勅令公布を見た、それは大正十四年夏のことである。(25)

実際に崔南善は、檀君神話を一三世紀モンゴルによる朝鮮侵略時の歴史的産物と見なす今西龍の所説と対抗するように(26)、一九二二年以来、朝鮮史編纂委員会や朝鮮史編修会において檀君の位置づけをめぐる質疑を繰り返したり、一九二六年には、東亜日報に「檀君論」「檀君否認の妄」を執筆したり、一九二八年には、「不咸文化論」で今西の檀君論の批判を試みている。さらに、朝鮮古蹟調査事業がいかなるねらいをもっていたかを最も敏感に洞察したのもまた崔南善であり、文明化という名目の下での同化政策に対して「朝鮮学」なる民族固有文化の顕揚で対抗したのも崔南善であった(27)。

一方、それより先んじて一九〇八年より発表される申采浩の「読史新論」に描かれた歴史は、檀君建国に始まり、九二六年の渤海の滅亡による「父祖の地」の喪失に終わる歴史であった。遠い過去の満州に対する要求を言い募り、その領土がいかに分散されたかを論述しながら、こうした領有の記憶がいかに消し去られたかを訴えた。檀君の衰退から、多くの王国が覇権を求めて絶えず競い合い、ついに渤海の滅亡と共に、鴨緑江以北の土地は、契丹などの異民族に譲渡されてしまったと申采浩はみなした。申采浩は、根幹となる民族として扶余族を出発点におきつつも、民族の登場は、その祖先である檀君の出現において示された。「読史新論」は、檀君を歴史の始点にして扶余、三国、(統一)新羅、渤海と叙述したが、そうした歴史は血統により定義され、敵対する諸民族により常に危険にさらされている朝鮮民族の盛衰を強調するものになっていた(28)。

このような申采浩や崔南善の所説は朝鮮総督府からも警戒の対象と見なされたのであるが、白南雲はなぜ「特殊史観」として排撃しなければならなかったのか。朝鮮人が「特殊史観」を唱えることの弊害を、白南雲は『朝鮮社会経済史』の中で、イギリスとインドの関係をもちいて次のように述べる。

文明人たる征服群は非文明人(!)たる被征服群の現状維持を以つて、凡《あら》ゆる政策の基準となすのである。茲《ここ》に歴史法則への反動化が強化されるのである。か丶る場合に於て若《も》しも被征服群自らが自己の特殊性を高調するならば、それはいはゆる更生の道ではなくして、無意識的に奴隷化への邪道に陥るのだ。何故なれば一般的歴史法則の必然的発展性を拒否することになるからである。例へば印度の人士が単にその特殊文化を高調するならば、それは感傷的な伝統自慢に終るのみにして、英国の帝国主義的拘束から解脱すべき更生の道にはならんのである。又、英国政府が印度の特殊事情を高調する場合には、その前進すべき通路の遮断を意味するものにすぎないのである。斯様《かよう》にして印度に於ける歴史法則の運動過程を無視する限り、印度の紳士にせよ英国の官吏にせよ結果に於ては同一の陣営に属することとなり、印度文明の伝統を本質的に理解することも出来なければ、印度民族の必然的な歴史的動向を見透すことも出来ない。否なその動向を拒否する点に於て一致するであらう(29)。

すなわち、歴史法則の運動過程を無視して、被征服者が民族文化の独自性をやみくもに主張したり、征服者が被征服者の特殊事情を強調したりすることは、被征服者が自己の伝統文化を真に理解できないばかりか、「帝国主義的拘束から解脱すべき更生の道」へ通じる「必然的な歴史的動向を見透すことも出来ない。否なその動向を拒否する」ことになると指摘する。イギリスとインドの事例になぞらえながら、申采浩や崔南善が唱えるような「特殊史観」では、植民地からの解放と独立には全く有効でないことが婉曲に表明されている。

実は、こうした帝国主義と文化問題は、すでに白南雲が一九二七年に発表した「朝鮮自治運動に対する社会学的考察」[30]のなかで当時の社会的文脈に即して明快に論じていたものである。表題に掲げられた自治運動とは、一九二〇年代前半に民族主義勢力の一部から、帝国日本の許可する範囲内での経済実力養成、民族改良、自治権獲得の主張が出はじめ、帝国日本と妥協して植民地支配を認めた上で地域会議を開設し、これを通じて大衆の政治訓練を積み、将来に独立するという自治論を推進する運動である。[31]こうした自治運動は一九二六年後半に入り非妥協民族主義者と社会主義者の強力な反対によっていったん霧散したが、二六年末から二七年始めにかけて両者による民族協同戦線体結成が本格化すると、これに対して朝鮮総督府は自治運動を支援しつつ、長期的な朝鮮支配のために自治会議開設計画案を準備するなど、この間保留していた自治制実施問題を正面から検討することになる。[32]白南雲の自治論に対する見解はまさにこの時期のものである。彼は自治論の本質を次のように述べている。

元来、政治的自治は、征服群が被征服群に対する統治策の一範疇に過ぎないのである。それゆえ、原則として被征服群が自発的に自治を主張する場合はごくまれで、万一主張する場合は、征服群の統治上の煩悩を反証することができるだけでなく、その懐柔的態度を啓示した証拠と見ることができるのである。このように論断する根拠はこうである。すなわち、制度化した奴隷は、その生殺与奪権を掌握した主人の命令のとおりに労役する義務だけで、生存権、人格権を主張する何らの保証がないのである。植民地民と奴隷とは実質上、もちろん相異なる点が多いものの、本質的概念は、被征服群はそれ(奴隷)だ。それなら、植民地在来民を巨大な奴隷群といえるし、植民地民に対する統治策を奴隷待遇の最高形態とみることもできる。……朝鮮は日本の殖銭地で、朝鮮人はその被征服群だ。そうすると、朝鮮自治説は、はたして朝鮮人全体の要求であるのか。統治当局が許諾しようとする自治なのか。……心理的に解剖すれば自治統治の概念は悲観的産物だ(33)。総督府側が主導し朝鮮人民族主義者の一部が呼応した自治論を上述のように分析したうえで、民族主義史学者が唱えてきた朝鮮固有文化がはたす役割を、自治論の文脈の中で次のように位置づけている。

しかし武力征服であれ、平和征服であれ、ある国土を確保した以上は、征服群自体の権威と直接に利益関係を永続確保するために、植民地の既成文化、風俗、習慣、信念のようなものを準拠として適用するくらいの統治策を樹立するのが近世植民政策の趨勢だ。こうして自治はいずれにせよ植民政策の高度形態を構成するのだ(34)。

前に引いたように、植民地在来民は巨大な奴隷群であり、自治統治策は植民地の民に対する奴隷待遇の最高形態と白南雲は規定していた。こうした最高形態にある征服−被征服関係を永続的に確保するためにこそ、征服者は被征服者たちの既存の文化、風俗、習慣、信念などを統治の拠り所として用いるのであり、そのような統治策は植民政策の趨勢になっているというのである。要するに、白南雲によれば、民族の固有性のみを強調する特殊史観は、必ずしも日本の支配に抵抗し、脱植民地化を促すとは限らず、逆に自治論の本質である「植民政策の高度形態」を維持するイデオロギー装置になりかねないのである。それゆえに、特殊史観は白南雲にとって容認しえない問題なのである。

ところで、白南雲はこの論文の中で、植民地支配の動態に対して、結合－分化－分離の段階を設定し、結合から分化、分離への過程を次のように説く。

政治的征服で結合された二つの社会の関係は、その征服国家が言語普及、結婚葬礼、官吏採用など、いわゆる文化政策であれ、武断的急進的であれ、被征服群を同化しようとするのが原則だ。その理由は、計画的に任意的に単一社会を組織するのが安全確実なわけだ。しかし被征服地の状況にしたがい最初の計画である同化策が思いどおりにならないときは統治群が後見的関係を掌握して、その他の奇形的形態を許容するのである。すなわち社会的受精作用が受胎出来ないことを看破して、統治群の監視下に、離籍するのが即ち自治統治だ。(35)

つまり、結合段階では同化による単一社会を目指すが、同化策がうまくいかなければ、被征服者の一部を後見し、これを監視の下に置いて分化し分離する。これこそが自治統治であるというのである。ただし、この日本と朝鮮の「結合」を植民地と見なすか、非植民地と見なすかによって日本側には三とおりの解釈があるという。第一は、同祖同源、一視同仁による「日本の還元地」とみる解釈。第二は、朝鮮という実在性を排斥して日本という外包概念で代位しようとする人道的帝国主義とみる解釈。第三に、「朝鮮の固有文化を認定すると同時に民族間の感情を融和して」漸次、自治統治を許容する植民地とみる解釈。以上のような三とおりの解釈を示した上で、第一、第二は、日本延長主義であるとすれば、第三は（植民地）文化主義であって、従属的に分離するのはかまわないという見地に立った直接統治から自治統治に推移する過渡政策論とみなしている[36]。そのうえで、白南雲は、第三の立場から結語において、「自治運動は民族的気迫を麻痺させると同時に、階級統一意識を攪乱して、ついには社会分裂の継起になる」ことを危機感をもって指摘している[37]。

第三の立場を「文化主義」と名づけているように、白南雲が文化を帝国主義として捉えている点は注目される。歴史的世界に背を向けて民族本質論にとどまっていては、帝国主義からの真の解放は成就しえないという確固とした見通しがうかがえるからである。

こうしてみてくれば、白南雲が『朝鮮社会経済史』で展開した特殊史観批判が、「自治運動」の正否という一九二〇年代当時の植民地朝鮮が抱えていた問題を、自らの切実な思想課題として捉えていたことが理解されるであろう。経済史家として植民地政策に精通していた白南雲は[38]、植民地支配や総督府が推し進めようとした自治政策に対抗しながら、申采浩や崔南善の特殊史観では一九二七年以降の現実を打開する力にはなりえないことを、以上のような論理構成のなかでとらえていたのである。

3　戦略としてのマルクス主義史学

前節でみたように、『朝鮮社会経済史』において特殊史観を批判しつつ民族の始源や奴隷制を問題にすることは、白南雲にとって一九二〇年代後半以降の植民地朝鮮が抱えていた社会内部の葛藤、矛盾に解答を与えようとする実践的課題に深く関わっていた。あたかも一九二七年二月に民族共同戦線組織である新幹会が結成されている。植民地支配下での民族内部の朝鮮認識の対立を克服するために、植民地体制、帝国主義的抑圧に対する抵抗の主体として国民共同体を創出する必要が痛感されている時でもあった。

民族の歴史や文化の独自性を神秘化する国粋主義的見解が決して現実的な課題の克服にはつながらないことを自覚していた白南雲にとって、既述のとおり特殊史観批判は日本の支配に対抗していく方法論でもあった。こうした観点から改めて『朝鮮社会経済史』をみるとき極めて興味深いのは、これまで引用した白南雲の檀君言説批判に頻出する「万世一系的」「選ばれた天孫族」「守り本尊」「神人(!)たる檀君の子孫」といった表現である。天皇制イデオロギーに関わる語句を用いながら檀君言説の批判を試みようとする論法の中に、彼が檀君言説をどのように捉え、批判しようとしていたかが示されていると思われるからである。

すでに掲げた引用文にも見られるように、白南雲は日本と朝鮮との特殊史観の相似形を看取していたが、実際に、白南雲や彼の周囲では、崔南善が創出した「朝鮮学」にも日本の国学との共鳴関係を嗅ぎ取っていた[39]。民族共同体のために闘争しながらも、近代日本が西洋との対抗関係の中で形成した日本の文化的な枠組の中で、朝鮮人が文化主体を形成していた事実を独自の手法で批判的に描いていたと見ることができる[40]。

ところで、白南雲が朝鮮人の特殊史観の批判に用いている「天孫族」なる言葉は、一九三〇年以降、雑誌などに頻出するようになるが、子安宣邦は、その背景を一九三〇年を前後する時期に、歴史的、文化的アイデンティティをもって結ばれた人間集団としての民族の意義が大きく附加されて、新たに優越的に差異化された種族概念「日本民族」が構成されたことに関わっていたという。[41]

さらに、こうした「日本民族」は王権神話に基づいて「天孫民族」として再構成される事実を指摘しつつ、「天孫民族」こそ昭和ファシズム期の天皇制国家日本が生みだした神話的民族概念であることを論じている。[42] そのうえで、「天孫民族」とは、日本帝国に領有されて新たな国民となった外地住民に対して、本土住民を神話的民族概念をもって優越的に差異化する概念であり、「日本民族」は、同心円的に二重化され、その中心の円内に「天孫民族」が存在するというように、「天孫族」概念の発生の由来とその構造を説いている。とすると、白南雲は、朝鮮民族をはじめとする被支配民族との関係で生じた「天孫族」なる概念を、同時代の日本における言論状況の文脈を利用し、それを逆手にとりながら、「天孫族」なる言葉を用いて特殊史観の批判を企てていたと推測できる。

この点を裏づけるのは、白南雲が『朝鮮社会経済史』の刊行直後に、自著について語った次のような論述である。

もうひとつ一般的所感を率直に告白するならば、古代文献批判の自由についてである。すなわち、古代史に関する資料を批判的に比較的自由に駆使できるという点はむしろ興に乗ずる機会となった。例えば、檀君王倹を農業共同体の崩壊期に、しだいに出現した原始的貴族酋長の特殊な称号と規定したことも、まずもって国粋的特殊文化史家には唐突な不敬語に取られるだろうが、それより少なくとも光武年間には、この種の語句は、たとえ科学的規定であるとしても、書きえないということを考えた瞬間に、歴史的運命に思いを致さずにはいられず、三国中の後進である新羅の建国紀年を正統化するために金富軾が偽作したことや、三国の勧農政策の欺瞞性、官司制度の特質などに関する史学的批判のようなことも、少なくとも隆熙年間であれば、不遜な筆舌と責めを受けていたということを考えた瞬間に一種の感傷的な気もちになった。このような点を、ファッショ化する国家で、現実の政権または国体に関しては一言半句の批判的な言辞も口に出来ないのと比較するとき、批判の自由を感じるよりも、批判の悲哀を感じるにいたった。(43)

『朝鮮社会経済史』の執筆において史料批判を自由に駆使しえたことや、始祖として神秘化されていた檀君を農業共同体(原始氏族共同体)解体期の首長の称号として規定したこと、また『三国史記』の新羅建国紀年を正したことなどに対して、「国粋的特殊文化史家」によって「不敬」「不遜」の責めを受けかねない行為であると自らの所業を説明している。ここには、光武年間(一八九七―一九〇七)、隆熙年間(一九〇七―一〇)には到底なしえない言動であったとの断りがあるが、大韓帝国期にこうした言論抑圧が実際にあったか否かは不明である。しかし、より確かなのは、文脈上、大韓帝国皇帝が存在した時代を読者に喚起させることによって、同時代の日本の状況をカムフラージュしつつ類比的に論じようとする文飾に関わっていたと自ら述べている点である。

というのも、ここに記された内容は、同時代の日本の事情に通じているものならば、誰もが何を暗示しているかを想起できたと考えられるからである。文献批判についての言辞は、明らかに津田左右吉の『古事記及日本書紀の研究』(一九二四年)、『日本上代史研究』(一九三〇年)、『上代日本の社会及び思想』(一九三三年)など『古事記』『日本書紀』の批判的研究が白南雲の念頭にあったであろう。さらに、「ファッショ化する国家で、現実の政権または国体に関しては一言半句の批判的な言辞も口に出来ない」状況とは、明らかに治安維持法施行後の日本を指し示した発言であろう。

白南雲のこうした言動に関わって連想されるのは、渡部義通ら日本人研究者の動向である。渡部義通は、古代史研究に沈潜していく契機を次のように語っている。

治安維持法は、いま同志たちを牢獄に投げ込んでいる。われわれの最大の〝罪科〟は〝国体の破壊〟ということだが、その〝国体〟とはなんであるのか、いつどのように成立・発展してきたのか、そのことを歴史上に検討すること、科学的にそれを明らかにすること、それはわれわれを断罪しようとしている本尊にたいする挑戦であるし、この闘いになくてはならない武器を供することになるはずだ。そのためには、日本の原始社会から階級社会の成立、国家の起源、その国家の性格などが究明されなくてはならない。――これが、いわば〝発心〟の動機だった。……古代史研究を意図したのは、はじめに述べたように、日本の〝国体〟観念の原点ともいうべきスメラミコト体制の階級的な性格と、その起源を暴露するというところにあった。[44]

渡部義通のこうした回想と先に引いた白南雲の論述とには、相互に気脈の通じるところがある。そればかりでなく、白南雲が誇らしげに語っている文献批判についても、渡部義通は「古代史研究を本格的に開始しうる前提的な眼を開いてくれた」のが津田左右吉の研究であった事実を力説している。[45]

つまり、白南雲が方法的武器として用いた史料批判は、当時の日本においては、すでにマルクス主義古代史研究に重要な資源を供給していたのであるが、ここに渡部義通と軌を一にする「方法」をみいだすことができる。言いかえれば、「君主制の廃止」「国体と天皇制」に強い関心を寄せていた渡部義通らの古代史研究は、白南雲のテクストとしての『朝鮮社会経済史』を理解する際に重要な手がかりとなるように思われる。

先にも指摘したように『朝鮮社会経済史』には、「万世一系的」「選ばれた天孫族」「守り本尊」「神人(!)たる檀君の子孫」なる語句が頻出し、それらは特殊史観がいかに非歴史的な民族本質論であるかを批判する際に用いられている。それはまさに、渡部義通がめざした「日本の〝国体〟観念の原点ともいうべきスメラミコト体制の階級的な性格と、その起源を暴露する」もくろみに通ずるものである。

民族主義史学者たちが説く朝鮮文化の固有性や純粋性に対して、白南雲がそれらを脱神聖化、脱神秘化するのに用いたのがまさに天皇制イデオロギー批判の手法であった。たとえば、

内外学者の古代朝鮮史に対する文化史的見解即ち、非歴史的な表面的、観念的の見方に対しては余は反対の態度を取るのである。唯一の科学的方法論から大観すれば、わが朝鮮民族は特に選ばれた天孫族でもなく、神人(!)たる檀君の子孫でもなく、民族性若くは国民性そのものが今日の「朝鮮人」たるべく運命づけられた特殊性のものでもなく、謂はば早熟性の民族として正常的な歴史法則の軌道を通り来つたものであり、今後辿るべき更生への動向も亦歴史法則の運動過程に依るであらう。(46)

とあって、その他にも『朝鮮社会経済史』の引用文献など随所に、一九三〇年代に唯物論研究会に結集した人々の問題意識を共有していたことが窺える。むしろ白南雲は、戦略的にこの点を意識していたふしがある。すなわち、白南雲は『朝鮮社会経済史』を日本語で発表したことについて、

特に朝鮮語で発表出来なかったことは、言いがたい事情と苦痛を感じた理由があったが、出版後にいまさらながら、苦痛と同時に一般人士に申し訳ないと告白しなければならない……しかし不

完全な著作だが、これが朝鮮民族の歴史的現実に対する理論的検討の第一歩となるならば、一種の苦痛を自覚しながらも、科学の水準に照応できそうな言葉が使いやすいという事情があったということを再度告白すると同時に、特に斯界の同好諸氏の了解を期待したい(47)。

と述懐しているのだが、「朝鮮民族の歴史的現実に対する理論的な検討」のために、「科学の水準に照応できそうな言葉が使いやすい」というくだりは、テクストとしての『朝鮮社会経済史』を分析する際に留意してよい点であろう。

それは白南雲が同時代の日本における唯物史観に基づく歴史研究の動向に絶えず注目していたことに関わっていたと推測されるからである。たとえば、白南雲は『朝鮮社会経済史』の中で、親族制度および親族名称の分析によって、母系氏族制の存在を論証しようと試みており(48)、その過程で郭沫若の『支那古代社会史論』(49)が引用されている。白南雲が重要な典拠として用いたこの郭沫若の中国古代母系氏族制に始めに注目したのは渡部義通であった。彼は一九三〇年八月に山部六郎の名で「日本氏族制度に関する二、三の論点」(50)を執筆しているが、これはエンゲルスの『家族・私有財産及び国家の起源』を参考に日本における母系制の存在を追究したものであった。渡部義通は三・一五事件で捕らわれ、後に出獄すると、東京での居住が認められなかったために、三〇年四月から六カ月間、千葉県市川町に住んでいたが、そこで偶然にも亡命中の郭沫若と出会い親交を深めることになる。当時、郭沫若は執筆中の『中国古代社会』が完成間近でもあり、渡部義通は郭沫若に頻繁に会って、その内容や問題点を議論するなかで、中国古代の母系氏族の問題についても詳細な解説を聞いていたという(51)。

白南雲が『朝鮮社会経済史』で展開した母系制問題は、渡部義通と郭沫若との出会いなくしてはありえなかったともいえよう。そのような知的交流の余波は、時を移さず、朝鮮の白南雲に届いていたのである。

おわりに

白南雲は、『朝鮮社会経済史』の緒論で「世界史的方法論の下に於てのみ、過去の民族生活発展史を内面的に理解せられると共に、現実の威圧的特殊性に対し絶望を知らざる積極的の解決策を見出すであらう[52]」と宣言し、総結論において「朝鮮の記録の歴史はこの奴隷国家の発生史から始まるべきものであり、朝鮮の階級闘争史はこれから始まる」のであって、「正常的な歴史法則の軌道を通り来つた」からには、「今後辿るべき更生への動向も亦歴史法則の運動過程に依るであらう[53]」と植民地支配からの解放をこの書に託すかのように述べている。

渡部義通の古代史研究がコミンテルンの決定した「日本問題に関わるテーゼ(いわゆる二七テーゼ)」に深く関わっていたように[54]、白南雲の『朝鮮社会経史』もまた、一九二七年前後の植民地支配下の朝鮮における現実的な課題に応えようとしたものであった点は、近代日本と朝鮮の唯物史観による古代史研究の契機を知る上で軽視できない。

後に日本において『日本歴史教程』を刊行するなど、初めて本格的に古代奴隷制を検討した唯物論研究会が誕生したのは一九三二年であった。ただし当初の課題は、日本における社会経済的構成(時代区分)とりわけアジア的生産様式の日本への適用問題であり、奴隷制が本格的に議論がなされるのは一九三五年以降のことである(55)。古代奴隷制は、日本と朝鮮で各々、同時代の課題に取り組む中で検討されるのであるが、白南雲は、同時代の日本の研究動向に関心を寄せつつ、朝鮮の現実に向き合いながら単独で、この課題に取り組んだことになる。このような位相を見定めながら、両者の研究の独自性を検討するのは次の課題である。

第一一章　近代日本のアジア認識

――津田左右吉の中国・朝鮮認識を中心に――

はじめに

近代以降の日本の歴史学にとって、アジア認識はもっとも重要な他者像であり、前近代史研究の成果を含めて、その認識の枠組は常に同時代の日本とアジアとの関係と密接に関わってきた。近代日本のアジア認識について、戦後日本の歴史学は批判的に対峙してきたとも言えるが、一九九〇年以降、国民国家論や植民地主義研究の深化によって、これまでとは位相を異にした次元で捉える必要がある。(1)本章は上述のような認識から、歴史学研究におけるアジア認識を史学史的な視点から論じることを目的とする。

そこで、アジア認識とりわけ中国・朝鮮認識を歴史的に捉える視座を得るために、現今の日常に立ち現れているネガティブなアジア認識について、近代日本のアジア認識から、その原像(プロトタイプ)を取り出し、そのようなアジア認識の歴史的な背景を検討するという方法をとってみることにしたい。

この一〇年ほどマスメディアを中心に氾濫しているのは、異様なまでの中国・朝鮮に対する差別、蔑視観である[2]。たとえば、ある夕刊紙は、二〇一二年八月における李明博《イミョンバク》韓国大統領の竹島上陸以来、四年以上にわたって連日、ありとあらゆる韓国批判を一面に掲げ続けてきた。韓国批判の材料がないときには、中国批判がそれに代えられてきた。その一方で、テレビを中心とするマスメディアで露出しているのは、自己偏愛とも言うべき自己中心的で素朴な日本人、日本文化の礼賛である。こうした現象は、近年に至ってにわかに出来した現象ではなく、歴史的にもさかのぼると考えられる。

本章においては、今日に至るアジア認識はいかなる時代状況の中で形成されたのか、そのようなアジア認識の構造的な特質を日本近代とりわけ植民地主義との関わりの中で捉えてみたい。その際に考察対象として、日本思想史研究者にして中国思想、中国史、朝鮮史研究において多大な業績を残した津田左右吉の中国・朝鮮観を中心に（モデルとして）検討することにする。改めて断るまでもないが、本章は津田の中国・朝鮮観の善し悪しを問題にするのではない。まずは、津田が中国・朝鮮をどのように認識したのか、厳密な文献考証学者として知られる津田の中国・朝鮮認識は、どのような解釈や価値評価にもとづくものなのか、それはいかなる条件のもとに成立したのかを検討することは、現今の日本における中国・朝鮮観を検討する上で、現実を捉える視座となりえると考えている。

1　津田左右吉の中国・朝鮮観

津田左右吉のアジア認識については、これまでも様々な論者によって言及されている。ここで津田の中国・朝鮮に対する認識を取り上げるのは、そこには多くの近代日本人が無意識のうちに共有したアジア認識のプロトタイプが見て取れると考えるからである。そのような認識がいかなる歴史的条件のもとに生まれたのか、その認識の構造はいかなるものなのか、近代日本の日本史・東洋史・東洋思想史研究に多大な影響を及ぼした津田を通して、今日に至る日本歴史学のアジア認識を検討していくことにする。

改めて津田の特徴的なアジア認識を列挙してみたい。それは『津田左右吉全集』に収録された一九一一年の「鼠日記」(当時三八歳)に集中的に現れている。(3) 当時の津田はちょうど恩師の白鳥庫吉の導きによって満鉄東京支社に設立された満鮮歴史地理調査部で高麗以前の朝鮮歴史地理研究に従事していた頃であり、そこにおける研究は、後に世界に誇る近代日本の正統的東洋史学の世界に誇るべき業績といわれた。(4) そのような研究に従事していたときの津田の内面的な生活世界を垣間みることができる。

•いくら片付いても物置は物置だ、四壁に高くつまれた満架の書冊は、其の黴くさい臭ひ、其のドス黒く古びた色、手垢と塵埃と蠹魚《とぎょ》の糞とにまみれて、錯雑参差として積み重ねられた有様が、見るからに敗残の空気を室内に漲らせて居るので、其の中に立つて居ると頭が刻々に腐蝕せられてゆくやうである、それも其の筈である、これ等の書物にはチャンとヨボとの過去が記されてあるでは無いか、権謀と術数と、貪慾と暴戻と、虚礼でつゝんだ険忍の行と、巧言で飾つた酷薄の心とが其の幾千巻の冊子の一枚一枚に潜んで居るでは無いか、馬の蹄にふみにじられて泥土に塗れた死屍が算を乱して横たはつてをる、丹と緑青とで毒々しくぬりたてた宮闕《きゅうけつ》の一隅には重くろしく着かざつた宮女が毒をのまされて悶死してをる、桂内閣の支那人めいた専横と陰険とは、さすがに日本人だけあつて、本ものほどに甚だしくは無いが、それでも彼等の発する毒気に心と身とをいためられるものはどれだけあるか知れない、現実を遠ざかつた過去の影ではあるが、支那人の頭から出て、支那人の手になつたこれ等の書物から起る汚濁の空気におれの頭が圧しつけられて、たまらなくイヤな気になるのは無理でも無からう、考へるとこんなところに巣をくつてを る鼠の生活もみじめなものである、

こんなことを思ひつゝ「イヤな書物だ」といふと、傍らに居る梧影〔池内宏―筆者注〕が、「人間の作つたものはみんな穢いさ」といふ、「さうでもない」と反対すると、「君等は自分の気に入つた一方面を見て美しいと思つて居るが、それは偏見だ、人間のすることは何でも美しいものはないよ、おれの方が公平だ」といふ、おれはひとりで思つた、「公平は神のことである、人間は本来偏頗なものだ」、（八月九日）

・けふは大いに勉強した、午後になつて一気呵成に十二、三枚、書きとばした、ヨボを吹きとばす位わけは無い、と大いに威張つて置く、其の実少々苦しかつた、（八月二十二日）

・曇るのか曇らぬのか、あついのか寒いのか、さつぱり要領を得ない天気が毎日つゞくから、之を西園寺日和と命名する、満鉄だらうが、韓鉄だらうが、やるならウンとやつて、そこら中の餓鬼どもの目の玉の飛び出すやうなことをやればいゝのに、埒のあかない話さ、（九月二十九日）

・ガラス越しの日なたぼつこをして居るうちに、いつのまにかゐねむりをした、漢城も平壌もごつちやになつて百済も高句麗もボンヤリ消えてゆく、――朝鮮にはふさはしい気分だ、（十二月五日）

中国人や朝鮮人を蔑視して、「チャン」「ヨボ」といった蔑称を用いることは当時の庶民の間では広く行われていたことであるが、朝鮮・中国を研究対象としていた津田が日記の中で両国の現在と過去とを心底嫌悪し、それをあからさまに吐露していたことについては、多くの研究者にとって驚くべきこととして引用され、議論の対象となってきた(5)。

とりわけ、このような津田の中国蔑視の由来について、増淵龍夫は次のように指摘する。津田が普遍と信じるものは西洋文化であり、それを我がものにしたのが近代日本であった。それゆえ、西洋文化＝世界文化から取り残された中国を蔑視する国民的な自負と結びついているという。その普遍的基準は、津田の内面において近代日本の自意識に支えられていたものであるから、普遍を基準にして特殊を測定するということは、「世界文化をわがものにした」近代日本の自意識から「世界文化にとりのこされた」中国に対する蔑視の視角をもって、中国思想を批判的に類型化することになるという(6)。要するに、津田にあっては、西洋が普遍的存在すなわち基準として機能し、他の諸国・地域は、西洋との相違すなわち距離すなわち遅れに基づいて歴史なる時空間のなかに序列化され、位置づけられる(7)ことを意味する。

また、増淵は、津田の国民主義的な世界は、特殊性ゆえに批判的に類型化されざるをえないと指摘する。一九世紀以来の歴史学は、分類することへの欲望に憑かれているといわれるが、分類することへの欲望の先には「序列化すること」への欲望が存在する(8)。以下にみるように、津田にはそのような性行が顕著である。

よく知られているように、若き日の津田の最大の関心事は、明治維新研究であったが(9)、津田の上記のような問題意識は、明治以降の日本の文化構造に根ざす基本問題であった。また、津田の「中国蔑視の視角は日清戦争以後の日本の一般的な国際感覚と対称する関係にある」と増淵はみている。[10] 後に論じるように、史学史的な視点からも、この時期には東洋史学が研究においても教育においても学問分野として成立することは留意してよい。

ところで、日清・日露戦争後に、軌を一にして国策としての日本の朝鮮・満州史研究が新たに成立した東洋史学において本格化するが、前述の満鉄調査部はそのような中心的な役割を果たした。津田はそこでの仕事に従事したある日、次のような感慨を述べている。

今日、帝国座を前に見て居ると、きのふの舞台面がおもかげに浮かぶ、もう一度見ようとはおもはぬが、始終ハムレットの台辞や、オフェリヤの唄が空耳にきこえるやうだ、芸術の天地はなつかしい、それをおもふと百済がどうとか、新羅がどうとか、どちらにしても自分の inner life に一向さしひゞきの無い問題にあたまをつかふのが馬鹿気てならぬ、（五月二十三日）

当時、津田が従事していた満鮮歴史地理研究は、内面生活（inner life）に全く関係のない世界であったという。大室幹雄が『アジアンタム頌』で詳細に描くように、津田は「西洋」の文学、演劇、絵画、音楽などの芸術世界に深く沈潜し、その後も絵画や音楽の評論を書き続けている。[11] そのような西洋文化に大いなる関心を抱く津田にとって、朝鮮・中国研究は全く不本意であったのであろう。

それでは、なぜ津田は、その後も中国を研究対象としたのか。一九二〇年、津田は四七歳の時に早稲田大学文学部教授に嘱任され、当初は、史学科において「国史及東洋史」を講じていたが、[12] 二四年より「支那哲学研究」を講じるようになり、二八年頃には、史学科から哲学科に移っている。津田は、中国嫌いでありながら、あえて中国研究に従事する理由を次のように述べている[13]。

或る人が来て、「君は支那が嫌ひだといふのに支那のことをやつてゐる、可笑しいぢやないか」といふ。そこで僕が説明してやつた。糞や小便をうまさうだともよい香だとも思つてゐるものは無いが、それでも毎日それを試験管のなかへ入れたり、顕微鏡でのぞいたりしてゐる学者がある。僕の支那研究にも第一にそれがあると思ひ給へ、これはいかなる事物にせよ、其の本質、其の真相を知らうとする純粋の学問的興味のためである。次には我々の思想にも考にも、長い日本の文化の歴史の結果として支那的要素が多く含まれてゐる。だから、日本の文化、もつと切実にいへば自分自身の思想を明かにするためには、其の支那的要素、従つて支那文化、の本質を明かにせねばならぬ、これが第二である。それから、如何にきらひでも支那人も人間である。支那思想も人間の生んだものである。だから、支那思想の研究は結局人間の研究である。人間の研究は人間精神の現はれである。ここから単なる学問的興味を超越した、人間としての興味が生ずる。これが第三である。なお支那人とてもわるいところばかりあるのではない。どこかに人間らしい人間として尊むべきところが無ければ、あれだけの文化は発達しない。嫌なもののうちからよいものを見出さう、塵埃の裡から珠玉を発見しようとする興味もそこから湧く。これが第四である。

（一九二六年五月二四日、二五日追記）

見られるように、津田は中国嫌いを自任しながらも中国研究に携わる理由を四つにまとめている。すなわち、①純粋の学問的関心、②日本文化、自分自身の思想を明らかにするため、③単なる学問的興味を超越した人間としての興味、④塵埃の裡から珠玉を発見しようとする興味、という。津田の中国に対する学問的な関心が糞尿研究に譬えられるような奇矯なものであったとしても、当時の漢学中心の日本の学界において、津田の中国思想研究は、正しく画期的な研究であり、「今日なお彼の巨大な業績の学界へ寄与した功績の大であることは否定するものはいない」とすら増淵はいう[14]。はたして、手放しでそのように断言することができるのだろうか。

2　『支那思想と日本』にみる津田左右吉の中国観

『支那思想と日本』は、一九三〇年代の日中戦争の合理化・正当化のための大東亜共栄圏や日支両民族の運命共同体論などに対する批判とみなされて、高く評価され、戦後にも読み継がれてきた。事実、一九三八年に同書が刊行された翌年一二月に、蓑田胸喜が津田を不敬罪で告訴し、翌年一月には津田は早稲田大学を辞職せざるをえなくなる。さらに一九四〇年二月には津田の古代史関係の著作が発禁処分となり、三月には津田及び出版元の岩波書店が出版法違反で起訴されている。このような経緯もあって、『支那思想と日本』は、時局に抗って支配的な潮流に対する批判のように受け取られてきた。とりわけ、軽視できないのは、蓑田胸喜が津田を告訴する直前(一一月)に、東京大学における津田の講義に蓑田はじめ右翼団体原理日本社の者らが押しかけ、津田に対して『支那思想と日本』の内容をめぐって詰問した様子について回想したエッセーを、戦後に丸山真男が発表したことである[15]。上記のような津田への評価は戦後のある時期から強化されていったようにみられる。

家永三郎もまた津田について今日に至るまで最も体系的な著作である『津田左右吉の思想史的研

究』において、つぎのような津田の『支那思想と日本』の「まへがき」を引用した上で、津田の同書の強い動機を示す部分として、「まへがき」冒頭近くに書かれた次のような箇所に注目した。[16]

Ａ　この二篇は、いづれも今度の事変の前に書かれたものであるが、事変によつて日本と支那との文化上の交渉が現実の問題として新によび起されて来た今日、再びそれを世に出すのは、必しも意味のないことではあるまいと思ふ。**日本人が日本人みづからの文化と支那人のそれとに対し、また支那人が支那人みづからの文化と日本人のそれとに対して、正しい見解をもつことの必要が今日ほど切実に感ぜられる時は無い。もしその見解にまちがつたところがあり、さうしてそのまちがつた見解に本づいて何等かのしごとが企てられるやうなことがあるとしたら、そのなりゆきには恐るべきものがあらうと気づかはれるからである。**（太字による強調は引用者。以下同様）

このような一文に対して家永は、津田の学問的な信念を読み取り、津田の上掲の文章に対して次のように述べている。

対中国政策についての津田の真剣な憂慮が、この書の刊行の動機となっていることを物語る文字であり、そこには、日本と中国とを安易に同文同種の国と称し、日・満・支の一体化による米英排撃を呼号する侵略戦争謳歌の空疎なプロパガンダの横行への義憤の念がありありと読みとられるのである。そのかぎり、津田は中国侵略を正当化するための非科学的なアジア主義の流行をきびしく批判した抵抗者としての積極的な役割を演じたのである。[17]

見られるように家永は津田に極めて高い評価を与えているのであるが、家永の『支那思想と日本』に対するこうした理解は、その後も学界で広く共有されたものでもある。しかしながら、そこには根本的な誤解があることを見逃すべきでない。

というのも、今日では、ほとんど無視されているが、石母田正は、いち早く津田の『支那思想と日本』に対する家永のような理解が大きな誤りを内包しており、「津田の思想の本質を誤って評価」していることを指摘していた。そのような誤解の一因となっているのは、『支那思想と日本』の「まへがき」の旧版と新版との大きな変化である。すなわち戦後の新版(『シナ思想と日本』)の「まへがき」は、「大幅に訂正しているので、日中関係にたいする津田の見解を知るためには両者を比較して読む必要がある」ことを石母田は強調していた(18)。

そのうえで、石母田は、津田の『支那思想と日本』の主張の核心は、日本と中国とが別個の歴史をもち別個の文化や文明をつくりあげてきた異質の世界であって、両者を含む東洋という世界、あるいは東洋文化というものは歴史的にも存在せず、現代においても存在しないという点にあるとして、かかる主張が当時の大東亜共栄圏とか、日支両民族が運命共同体をなしているなどといわれた時代にあって支配的な潮流に対する批判のように受け止められてきたのに対し、このような理解は津田の思想の本質を誤って評価させる理由にもなったことを喝破している(19)。

まずもって、元来が異質の世界とする中国と日本の関係をいかに設定するかが津田にとって最大の関心事であり、世界文化をわがものとした日本が中国を指導するような関係をつくりだすことが大きな眼目であった。それゆえ、日中両民族が異質の文明であるという主張は、決して両者の平等関係と共存関係を設定するためではなく、その目的は中国民族の支配のための論の一部をなしているという。すなわち、かつて津田が、日本が支那に対していろ〳〵の方面にはたらくことが絶対に必要となつて来た。日本は今、支那人の抗日思想をうち破り、両民族が、支那に於いて、互に手をつないではたらくことのできるやうな新しい状勢をつくり出さうとして、いのちがけの努力をしてゐる。[20]

と述べている箇所を捉えて、石母田は旧版『支那思想と日本』の「まへがき」から読み取れるのは、「日本人が中国を研究するのは、その過去と現代の歴史から学ぶためではなくて、「これから後の支那人に対する指導方針」、いいかえれば中国民族支配の政策を決定するのに必要なかぎりにおいてのみである。この書物の課題は、日中戦争にさいして、日本の帝国主義的侵略および中国民族支配を歴史的に基礎づけるための論理を展開することにあったことはうたがいない」[21]という。しかるに、そのような部分は戦後版では、理由を明記することなく、すべて削除されていることに注意を喚起している。また、この削除を、侵略戦争及び戦後における日本や中国の歴史の変革による反省の結果であると考えるならば、それは事実と相違しているという。その証左として、「まへがき」の大半の削除の代わりに、末尾には、中国革命以後の事態に対する津田の新しい見解が新版で増補されていて、ロシア革命後の中国の共産主義化に対し、

シナの知識人にはもと〳〵ソ聯の政治を摸倣するに適する素質がある。彼等は過去に於いて武力を背景とする政治上の強権には何時でも服従し、或はそれに迎合し、それによつて何等かの地位をその間に占めようとした。昔から王室の更迭が正当視せられて来たのは、これがためである。[22]

と記されていることをもって、津田が戦後の新版でも、なお中国人蔑視を引き継いでいる点に注意を喚起している。

このように石母田は旧版「まへがき」の問題点を概括的に指摘し、そのうえで、旧版にみられる中国侵略と中国民族支配の歴史的根拠が中国民族とその歴史的伝統にたいする蔑視にあったことを、新版の増補部分からもうかがいとることができるとしている。

従来、旧版で大幅に削除された箇所については、部分的に指摘するのみであった。石母田の指摘するように、津田の『支那思想と日本』の刊行目的は、旧版の「まへがき」にこそ明確に述べられており、そこに津田の「思想の本質」が現れている。そこで、本章で問題とすべき近代日本のアジア認識の本質ともいうべき問題がこの「まへがき」に凝縮されているという事実に鑑み、まずは、旧版「まへがき」の内容を改めて検討し、あわせて大幅に削除され改定された理由についても検討したい。

3 「まへがき」に現れた中国観と戦後版の改編

新版「まへがき」において大幅に削除されている箇所の中でも軽視できないのは、石母田が指摘するように、従来の『支那思想と日本』の評価を決定的に改めなければならない具体的な論述部分である。旧版「まへがき」は次のように記されていた。

B　なほ世間では、これから後の日本が支那に対して政治的経済的または文化的に活動しなければならぬ、もしくはそれらの方面において両民族が提携しなければならぬ、といふことと、日本の過去の文化と支那のそれとを同じ一つの東洋文化として見るといふこととが、混雑して考へられてゐるのではないかと思はれるが、この二つはもと〳〵全く別のことである。日本と支那との文化が過去にどういふ関係であつたとしても、それにはかゝはらず、これから後は、日本が支那に対していろ〳〵の方面にはたらくことが絶対に必要となつて来た。日本は今、支那人の抗日思想をうち破り、両民族が、支那に於いて、互に手をつないではたらくことのできるやうな新しい状勢をつくり出さうとして、いのちがけの努力をしてゐる。しかしそれには、日本人と支那人とが、上に述べたやうにして別々の文化をかたちづくり別々の民族性を養つて来た、全くちがつた二つの民族であることを、十分に知つてかゝらねばならぬ。日本人みづからそれを明かにさとるのみでなく、支那人にもよくそれをのみこませなくてはならぬ。特に今日に於いては、日本は、長い過去の歴史が次第に養つて来た独自の精神とそれによつて創造せられて来た独自の文化との力によつて、現代の世界文化を新しくわがものとし、日本みづからの文化に世界性を有たせて来たのであつて、その点に於いて今までの支那とはひどく違つてゐることを、はつきり支那人に知らせなくてはならぬ。文化上の提携といつても、実は、現代の世界文化をわがものとしてゐる日本が、まだそれまでになつていない支那を導く意味でなければならず、さうしてそれを導くのは、これらの違ひを明かにした上でのことである。漫然、日本人と支那人とを、または日本の文化と支那のそれとを混同して考へ、それによつて東洋人とか東洋文化とかいふ語を作つてみたところで、それが支那人に何の感じをも与へないことは、もうとつくに試験ずみになつてゐるではないか。(23)

まず、この旧版「まへがき」の傍線部分は、新版において削除されていることに注意したい。その削除の理由は後に述べることにして、そこで注目すべきは、津田にとって当時の「事変」以後に、政府が推進している「支那に対して政治的経済的または文化的」活動をすることや「両民族が提携しなければならぬ」こと、「両民族が、支那に於いて、互に手をつないではたらくことのできるやうな新しい状勢をつくり出さうとして、いのちがけの努力をしてゐる」こと自体を否定していないことである。津田が強調しているのは、そのような提携をしなければならない現実を肯定した上で、「日本の過去の文化と支那のそれとを同じ一つの東洋文化として見る」ことは、「支那人の抗日思想」を打ち破るべく、「いのちがけの努力」をしている事態を見誤らせるという危機感である。

なぜ、支那と日本とが一体として東洋を形成しているなどと見てはならないのか。一体、津田が警戒する「支那人の抗日意識」とは、もともと微弱であったにもかかわらず、日本に対する軽侮心、民族意識、国家意識が急速に強化されて、抗日という形をとって現れている、これは日本を弱いと見たところから生じた軽侮心とが結びついたためであると津田は見る。そのような状況にあって、日本では漢字を用いたり、漢詩をまねてつくったりしているが、このようなことは「支那人をして日本人に対する親しみを感じさせるやくにたつよりは、日本の文化を支那のに従属してゐるものと思はせ日本人を軽侮させるはたらきをする方が大きい」。「自分らよりも優れてゐると思つてゐるものが自分らと同じことをすれば、それには親しみを感ずるが、劣つてゐると思つてゐるものがさういふことをすれば、それはたゞ自分らの優越感を強めるのみである(24)」、そのような中国人が日本人に優越感を持ち、軽侮するような両者の関係を一体と見るような「東洋」なる考えは現今の事態に対して断じて取りえないというのである。

その際に重要なのは、日本人の誤った東洋認識もさることながら、それに優るとも劣らず注意すべき点は、中国人に、日本人に対する間違った優越感を抱かせることであるとして、下記のように繰り返し指摘していることである。

・おのづから日本の文化としての独自性が具はつてゐること、についての十分の自覚が無く、それを単なる西洋文化の模倣であるやうにいひふらしたり、するもののあるのは、支那人のこの誤つた日本観を助成するやうなものであり、また日本に対しては今日でもなほなくしきらぬ支那人の中華意識なり優越感なりに迎合するやうなものである。(25)

・日本人は東洋文化の名によつて支那の過去の文化を崇拝しそれに執着してゐるといふやうなまちがつた感じを彼等に抱かせることは、上に述べたとは別の意味に於いて、日本が支那の若い知識人の軽侮もしくは反感を招くものであり、彼等の心をヨオロッパやアメリカに向けさせるものであることをも、考へねばならぬ。日本人がこれから手を携へてゆかねばならぬのは、支那の若い知識人であるから、日本人はさういふ人たちの心を日本にむけさせるやうに努力しつゝ、彼等の運動を正しい方向に導いてゆかねばならぬのである。支那も今は思想の転換期に立つてゐることを知らねばならぬ。(26)

・日本人が支那に対して効果のあるはたらきをするには、日本が世界性を有つてゐる現代の日本文化をます〳〵高めていつて、ヨオロッパやアメリカのそれよりも優れたものにしなければならぬといふことが、おのづからわかるであらう。日本の文化がさうなつてこそ、さうして支那人が日本の文化よりもヨオロッパやアメリカのの方が優れてゐると考へなくなつてこそ、支那に対して日本の文化の力を十分にはたらかせ、支那人をしてほんとうに日本を理解させ日本を尊敬させることができるのである。[27]

・さうしてかかる研究が多方面に行はれることは、おのづから学問の世界に於いて支那人を導くことにもなり、日本の現代文化の力を支那人に対して示すことにもなる。[28]

こうした中国人の日本に対する評価についての津田の危機感は、当時における津田の核心的な心情ともいうべきものであった。たとえば、『支那思想と日本』の刊行直後に、『中央公論』(一九三九年三月)に発表した「日本におけるシナ学の使命」には、次のように記している。

C　卓越したシナ研究が日本人によつて提供せられるといふことは、シナ人に日本の学術、従つて日本の文化、を尊重させるについて大なるはたらきをなすものである。(反対に日本のシナ学がシナの学問に追従するものであるとすれば、それはシナ人の軽侮を招く外に効果は無い。)(中略)日本人がシナ人に対し漫然たる人種的優越感を以て臨むやうなことは固より避けねばならぬが、事実優越してゐることについては、それだけの自信をもつことは必要である。**シナ人をして日本人に対する優越感を有たせるやうなことがあつてならぬことは、いふまでもない。日本の文化がシナの文化の助をかりなければならないやうな状態は、現在において絶対に無いからである。**[29]

と述べていることからも、津田の危機感がどこにあったかが理解できる。津田にとって日本が中国に対して絶対に優位に立つべきであり、何よりも日本と中国との差別化と序列化が学術的に求められていたのである。

そのような危機感が縷々述べられた後、『支那思想と日本』旧版の「まへがき」の末尾は次のような言葉で締めくくられている。

D　日本は今、支那に対して行つてゐる大なる活動に向つてあらゆる力を集中してゐる。この活動は、すべての方面に於いて、十分にまた徹底的に行はれねばならぬ。さうしてそれが行ひ得られるのは、上に述べたやうにして歴史的に発達して来た日本人に独自な精神と、世界性を有つてゐる現代文化、その根本となつてゐる現代科学、及びそれによつて新に養はれた精神のはたらきとが、一つに融けあつたところから生ずる強い力の故である。ところが、この日本の状態と全く反対であるのが今日の支那の現実の姿である。今度の事変こそは、これまでの日本と支那との文化、日本人と支那人との生活が、全く違つたものであり、この二つの民族が全く違つた世界の住民であつたこと、それと共にまた、日本人に独自な精神と現代文化現代科学及びその精神とが決して相もとるものではないことを、最もよく示すものといはねばならぬ。現に支那に於いて諸方面に活動し、いろ〳〵の意味いろ〳〵のしかたで支那人と接触してゐる日本人には、そのことが明かに知られてゐるであらう。この書に収めた二篇は、要するにこの明かな現在の事実の歴史的由来を考へたものに過ぎない(30)。

つまりは、日本が中国における「大いなる活動」を徹底的に行うために、「歴史的に発達して来た日本人に独自な精神と、世界性を有つてゐる現代文化、その根本となつてゐる現代科学、及びそれによつて新に養はれた精神のはたらきとが、一つに融けあつたところから生ずる強い力」(=「日本人に独自な精神と現代文化現代科学及びその精神」)でもって、「この日本の状態と全く反対である」「今日の支那の現実」を変えることが、この書の目的であることを「まへがき」で強調しているのである。

こうして見ると、前節に家永が「まへがき」冒頭近くの文章Aを引用して、津田の真剣な憂慮は、

「米英排撃を呼号する侵略戦争謳歌の空疎なプロパガンダの横行への義憤の念がありありと読みとられる」などという指摘は、全く文脈を無視した評価であることが理解されよう。津田が「まへがき」Aで指摘したかったのは、Dの最初に述べられているように、中国における政治的活動を徹底的に行わなければならず、その遂行のためには、中国人が日本に対して優越感を持ち、軽侮するような、両者の関係を一体と見るような「東洋」なる考えは断じて取りえないという一点につきる。だからこそ、「まへがき」Aで、「そのまちがつた見解に本づいて何等かのしごとが企てられるやうなことがあるとしたら、そのなりゆきには恐るべきものがあらう」と注意を喚起していると見なければならない。

すでに指摘したように、戦後に刊行された新版の「まへがき」は一九三八年の旧版を大幅に削除し、簡略なものに改めている。この削除について石母田は、「侵略戦争及び戦後における日本や中国の歴史の変革による反省の結果であると考えるならば、それは事実と相違している」と指摘していた。しかしながら、津田が戦後に旧版の「まへがき」を大幅に削除した理由は不明とせざるをえなかった。

ところが、最近になって戦後の検閲で収集された出版物検閲資料（米国メリーランド大学図書館所蔵のプランゲ文庫）の調査によって、再版時に当局に『支那思想と日本』が提出され、削除指示があったことが明らかにされた[31]。それによると、当局の検閲による削除指示は、上で引用したまえがきBの傍線のあるゴチックの部分とDの全文の二カ所であった。

石母田は、戦後の新版『シナ思想と日本』に大幅な削除があるものの、津田の中国への蔑視観が継続していることに着目し、「侵略戦争および戦後における日本や中国の歴史の変革による反省」は認められないとしたが、プランゲ文庫所蔵本の二カ所の削除指示の発見によって、「まへがき」の大幅な改編は、津田自身の考えというよりは、当局の検閲に関わっていた事実が判明したのである。

塩野加織によれば、『支那思想と日本』の「まへがき」は、旧版では全一四頁、約六一五〇字であったが、戦後の新版では全六頁約三〇〇〇字に減じられているという。削除指示の箇所Bのゴチック部分とDとを併せて、約七〇〇字であるが、BとDとの間には、本章で述べたように、①中国人に日本を理解させ日本を尊敬させること、②中国人をして日本人に対する優越感をもたせないことを、様々な事例をもって述べている部分がある。

そのような大幅に削除改編された戦後版の「まへがき」について津田は、次のように冒頭で記している。

この書は一九三八年(昭和一三年)出版の「支那思想と日本」の増刷であつて、一二の誤植を正したほかは、すべて原版のまゝである。たゞ原版の「まへがき」には、はじめて出版せられた時のニホンとシナとの情勢を考慮に入れて書いたところがあり、従つて今日ではいふ必要の無いことが、いくらか、そこに述べてあるから、これだけは書きかへることにした。[32]

とある。しかし、新版の「まえがき」の末尾で、津田は『支那思想と日本』を刊行した理由の一つは、シナの知識人のうちには、どうかすると、ニホンには独自の文化が無く、過去のニホンの文化はシナのの模倣に過ぎなかつた、といふような考をもつてゐるのがあるらしく、またニホン人のうちにも、ニホンの過去の文化の独自性についての理解が無く、それをシナの文化に従属してゐるものででもあつたように思ひ、その意味で東洋文化といふ称呼を用ゐるものがあるらしく見える。かういふ考の誤であることを明かにするのが、この書を出版した一つの理由であつた。[33]

と述べ、もう一つの理由として、Aで引用したゴチックの部分をそのまま提示して、そのように「書いておいたのも、このためであつた。これは、今でもやはり、意味のあることではなからうか」と記し、「原版の「まへがき」では(中略)漢文は普通教育の教科から除かねばならぬこと、またニホン人は、学問の立ち場からいつても、シナの文化に対する学問的研究と批判とをつとめねばならぬこと、などを述べておいたが、これらは今日かへつて強く主張すべきことであらうと思はれる[34]」などと強弁している。

津田にとって、戦後において新版の刊行にあたって検閲にあったとしても、日本と中国が一体となった東洋や東洋文化なるものは絶対に認められなかったのである。しかしながら、検閲の結果、「まへがき」Bの削除指示のあった部分に近い記述である、「全くちがつた二つの民族であることを(中略)支那人にもよくそれをのみこませなくてはならぬ。」とある部分は自ら削除し、「ニホンは(中略)はつきり知らなくてはならぬ」と、中国人に働きかけるのではなく自らの認識の問題に変更している。津田の危機感は、「東洋」などという中国と日本を一体と考えるような認識が、中国人をして日本人に優越感を抱かせるのみであるということであった。『支那思想と日本』の検閲の事実を通して、津田の学問的な信念がどのようなものであったのかをかいま見ることができる。

4　国民共同体とアジア認識

津田は日本と中国とが文化を共有する東洋文化を断固と拒絶した。津田にとって日本文化と中国文化は全く異なるものでなければならなかった。同一であるかのような言説は、中国人をして日本人に対する優越感をもたせることにつながるだけであると見ていた。

ところで、両文化を隔てる「民族」「国民」の問題は、津田には独自の考えがあった。津田にとって最初の体系的な著作は『文学に現はれたる我が国民思想の研究(貴族文学の時代)』(一九一六年)であるが、それ以後の著作においても、津田の「民族」の捉え方には、大きな特徴があって、近代以前にすでに「民族」があり、さらに国民以前に民族があったことになっている。民族国家＝国民国家の成立は、近代にあるのではなく、古代前期(五世紀以前)にあったという。[35] 家永は、津田の断片的な言辞を捉えて、「固定的国民性の否定」を強調しているが、[36] それは、あくまで同一民族の「風俗とか国民的精神とか国民性とかいふものが、昔から今まで動かないで固まつてゐたもの」でないというに過ぎない。

津田は日本人の国民性、国民生活、風俗、国民的精神を固定的に捉えてはならないことを繰り返す一方で、中国人に対しては、

• 何れにしてもたちのよくないものは取扱に困る。民族としての支那人も同様である。「中国」の虚名と空疎な「東洋文化」の幻影とを誇りとして、旧人も新人も、ごまかしばかりをいつてゐる。さうして正直に忠言をすれば、敵意を含んでそれに対する。厄介至極な隣人である(一九二七年三月二三日)。[37]

• 南京の騒ぎは言語道断だが(中略)、震災の時、朝鮮人の虐殺をやつた日本人もあまり大きな口はきけないが、あれは虐殺で掠奪はしなかつた。今度は虐殺はしなかつたが掠奪をした。そこに

どういふ意味があるか、僕にはわからぬが、とにかく、支那人が上等な人間でないことだけは、日々明かになつてゆく。実は三千年の前から同じことである(同年三月二九日)[38]。

・シナ人の生活のありさまに大なる変りが無く、一般に文化が停滞してゐたことと、つながりがある。シナ民族の生活が、いつも同じやうなものであつて、人の力によつてそれを改めてゆきよくしてゆくことが考へられないとすれば、その生活は自己の名利を求めるほかに無くなるのは、自然のことである[39]。

と固定的民族性を強調している。また、朝鮮人に対しても次のように述べる。

朝鮮人は国文学をもたなかつた。それほど文化上の独立性が欠けてゐる民族である。さうして、それと同じ原因から生じた現象として民族があまりひねくれてゐる。純真さが無い(一九二五年七月二二日夜、二三日朝記す)[40]。

このように日本民族に対して、常に否定的な中国人・朝鮮人が対置されることによって、日本民族の評価は、よりポジティブなものに強化される構造になっている。

すでに石母田の指摘があるが、津田は戦後も、「再び歴史教育について」[41]のなかで「日本が韓国を併合するに至つたのも、半島人のかゝる心理が悪質の行動となつて現はれたところに理由があつた」、日本による「朝鮮併合」の責任は、日本にあるのではなく、朝鮮人独特の心理とその悪質な行動にあるとする。津田によれば、朝鮮人は外部の強い勢力には屈従するが、相手が弱くなれば強者の態度をとり、非理非道なことを行うのが彼らの習癖で、これこそが日本が朝鮮民族に対して植民地支配を行わなければならなかった理由とする[42]。ここでの朝鮮人の「習癖」は、『支那思想と日本』で述べた中国人の民族性と全く同じである。津田にとって日本人の国民共同体の形成のためには、日本と中国・朝鮮は区別され、差別されなければならないのである。

津田の異様な中国・朝鮮認識は、決して、津田の学問の影の一部でない[43]。津田が求めてやまなかった国民主義の歴史学（国史）、文学（国文学）と対になって、日本国民主義の成立の根拠となる構造になっているとみなければならない。津田の国史、国文学、国民主義の定立にとって必要不可欠な部分であり、津田にとって、中国・朝鮮との差別化が必須であったのである[44]。

そもそも、一九世紀後半、身分制や親族関係が後退し、国民化が進行するに従って、産業化された社会で人種差別はますます国家の統治原理となっていったが[45]、津田の国民主義的歴史学の中には、そのような人種主義的差別を明確に見てとることができる。たとえば、前節で引用したCには、「日本人がシナ人に対し漫然たる人種的優越感を以て臨むやうなことは固より避けねばならぬが、事実優越してゐることについては、それだけの自信をもつことは必要である。シナ人をして日本人に対する優越感を有たせるやうなことがあつてならぬことは、いふまでもない。日本の文化がシナの文化の助をかりなければならないやうな状態は、現在において絶対に無いからである」と述べている。傍線部は人種主義を留保しているようなレトリックになっているが、優越性の自信の裏づけとしての人種主義を持ち出していることに変わりはない。

津田のような人種的な国民主義が成立するためには、ネガティブな他者を絶対に必要とする。近代日本の国民主義の定立のために、中国・朝鮮との差別化が必須であり、そのためには劣等な隣人を必要とした。それによって、日本国民を規定する境界を作り、それを守ってこそ、近代日本の主体を成立せしめることができるのである。「西洋」との対抗関係の上で、国民主体を立ち上げるためには、自己と異なる劣った他者を必要としたのである。

近代日本の東洋史学の成立は、まさにそのような時期であった。朝鮮、満州、中央アジア、中国、東南アジアと進展する東洋史学のフィールドは、「西洋」にとってのオリエント学と同様に、日本にとってのオリエントであった。そのねらいは、日本の歴史の中にあるヨーロッパ的な要素を捉えることによって、オリエントから日本のイメージを消し去り、中国と朝鮮から日本自身にとってのオリエントを創出することにあった(46)。

それゆえ、そのような東洋には、決して日本が含まれてはならないのである。西洋、日本、東洋の三者の成立は、津田の学問にとって、大前提となるものであった。

ここで最後に、津田が一九三八年一一月に『支那思想と日本』を新書として刊行する契機を考えてみよう。すでに収められた二篇の論文「日本に於ける支那思想移植史」(一九三三年)と「文化史上に於ける東洋の特殊性」(一九三六年)とは既発表のものであった。それらの論文を一書にして刊行するために書かれた「まへがき」の執筆は一九三八年一〇月になっている。この時に津田に何が起きたのだろうか。

そこで想起すべきは、これに先立つ三カ月前の一九三八年七月一九日に、近衛文麿内閣によって「支那政権内面指導大綱」(五相会議決定)の発表がなされた事実である。この「大綱」によれば、中国における抗日的風潮を一掃し、「一般漢民族ノ自発的協力」を促進するための方策として「威力」を背景とする強圧手段、「国民経済」の向上による人心収攬《しゅうらん》、そして「東洋文化」の復活による指導精神の確立の三点セットが掲げられていた。とりわけ「東洋文化」の復活については、「漢民族固有ノ文化就《なかんずく》中日支共通ノ文化ヲ尊重シテ東洋精神文明ヲ復活シ抗日的言論ヲ徹底禁圧シ日支提携を促進ス」とあった。この方針は抗日の一点で統一した中国の状況を転換させるための苦心の表れであったと松本三之介は評している(47)。

上掲の事実を見れば、なぜ、既発表の二篇の論文に旧版「まえがき」を付して『支那思想と日本』を刊行したか、津田の真意がどこにあったかが明確になるであろう。

津田は、「支那政権内面指導大綱」にあった「漢民族固有ノ文化就中日支共通ノ文化ヲ尊重シテ東洋精神文明ヲ復活シ抗日的言論ヲ徹底禁圧シ日支提携を促進ス」という政府の方針に対し、学問的な信念から危機感を抱いたのである。日本自身にとってのオリエントである中国と東洋文明を復活させることなど、全くありえない相談である。抗日に手を焼き、これに対抗する政治的措置を推進することに反対はせぬが、「まちがつた見解に本づいて何等かのしごとが企てられるやうなことがあるとしたら、そのなりゆきには恐るべきものがあらう」という提言であった。

おわりに

はじめに記したように、本章は、現今のマスコミに氾濫している異様なまでの中国・朝鮮に対する差別、蔑視観の由来や、アジア認識の構造的な特質を近代日本との関わりの中で捉えることを目指した。その考察対象として、津田左右吉の中国・朝鮮観を中心に、それをアジア認識のプロトタイプとみなして検討した。

　そこから浮かび上がってくるのは、日本の中国・朝鮮観は、日本の国民主義の成立、それに学問的根拠を提供しようとする学術体制の成立に深く関わっていた。近代日本における東洋史学の成立は、「西洋」にとってのオリエント学と同様に、日本にとっての「オリエント」学であった。そのねらいは、日本の歴史の中にあるヨーロッパ的な要素を捉えることによって、オリエントから日本のイメージを消し去り、中国と朝鮮から日本自身にとってのオリエントを創出することにあった。近代日本の主体の成立にとって、近隣諸国の差別は必要不可欠であった。

　一九九〇年以降に日本社会が直面しているのは、まさにポストコロニアル状況、すなわち、国家体制や経済支配としての植民地統治が終わったにもかかわらず、意識構造や自己同一性の様態としての植民地体制が存続する状態であるといわなければならない。経済的な優越性や政治的な特権としての植民地主義が失われたにもかかわらず、国民的な同一性の核としての植民地主義が存続している、否、存続させ、地球規模の変化にもかかわらず、それにしがみつかざるをえないのが現今の状況ではないだろうか(48)。

　本章は津田を通して、今日まで存続している日本のアジア観の構造的特質を明らかにしようとしたものであるが、植民地主義の克服の観点からの検討は十分にはなしえなかった。今後の課題とせざるをえない。

第Ⅳ部

東アジア世界論の行方

第一二章　東アジア世界論と日本史

はじめに

東アジア世界論とは、日本史を世界史の中に位置づけるべく、一九七〇年代に西嶋定生によって提唱された歴史理論であり、戦後日本の歴史学界において、いわばグランド・セオリーとしての役割をはたしてきた。意識するとしないとにかかわらず、日本の歴史学界において用いられる「東アジア」なる地域概念は、東アジア世界論の影響下にあるといえる(1)。

この東アジア世界論が提起されてから半世紀近くを経過しているが、当初より国内外に様々な批判があるにもかかわらず、日本における歴史教科書の叙述に始まり、日々生産されている学術論文の「東アジア史」の大枠を規定しているのは、少なくとも日本の学界においては依然として東アジア世界論であるとみてよいであろう(2)。

とはいえ、近年に至り東アジア世界論に対する批判は以前にもまして無視しえないものがある。しかしながら、トーマス・クーンが提唱するパラダイム論が教えるとおり、新たな理論による乗り越えがない限り、従前の支配的な理論に対する個別的な批判は力にはなりえない。ある理論が他の理論に取って替わるのは、個別的な批判の集積をもってなされるのではなく、従前の理論では説明できない諸事実が全く新たな説明原理(理論)で再解釈されるときである(3)。

現在のところ、東アジア世界論に替わる新たな理論が提唱されているわけではなく、東アジア世界論に対する個別的な批判が分散的になされる状況が継続している。留意すべきは、私自身を含め誤解に基づく批判が少なからずあることであり、議論は混迷を深めているようにすらみえる。東アジア世界論に替わる包括的な理論の構築のためには、東アジア世界論の内容を深く精査してみることが必須である。また、東アジア世界論が提唱された時点に立ち返って概念を吟味し、問題設定の歴史的背景についても検討する必要がある。

本章は、約半世紀にわたってグランド・セオリーとしての位置を占めてきた東アジア世界論と、その議論を裏づける基礎理論ともいうべき冊封《さくほう》体制論の批判的検討を通じて、東アジア世界論の射程と有効性の検証を試みるものである。

1 「東アジア世界」とその地域

東アジア世界論の要諦は、日本の歴史を日本列島の中だけで動いた歴史として理解するのではなく、列島そのものが包含される完結した構造の中に位置づけて、この構造の動きの一環として理解しようとするところにある(4)。その日本を含む自己完結的な構造をもった世界として構想されているのが「東アジア世界」である。

一般には「世界」と言えば、この地球上の全表面をさすものと理解されているが、文字どおり世界の歴史が一つになって動くのは、大航海時代と言われる一五、一六世紀以降のことであり、緊密な結びつきをするのは、さらに降って一九世紀である。こうした一体化された世界が出現する以前には、地球上には、たとえば「地中海世界」「南アジア世界」「イスラム世界」などの多数の諸世界が存在し、それらが各々独自の文化圏であるとともに、完結した政治構造をもっていたという特徴を捉え、「東アジア世界」もその一つであるとみなすのである。(5)

「東アジア世界」の方法的な概念が提起されてから半世紀近くを経る過程で、提唱者である西嶋による定義から離れて「東アジア世界」は多義的に理解され、利用される傾向がある。それゆえ、東アジア世界論に対する様々な批判も西嶋の定義とは異なるところでなされていることがある。そのような状況では、生産的な議論は望めない。そこで改めて「東アジア世界」をその定義とともに、主たる批判を通して再検討してみたい。

西嶋によれば、「東アジア世界」は、文化圏として完結した世界であるとともに、それ自体が自律的発展性をもつ歴史的世界であり、中国文明の発展にともなって、その影響はさらに周辺諸民族にも及び、そこに中国文明を中心とする自己完結的な文化圏が形成されるという。(6)また、「東アジア世界」が自己完結的世界であるというのは、この文化圏に共通する諸文化（漢字、儒教、律令制、仏教）が中国に起源をもつ、ないしはその影響を受けたものであること、その諸文化がこの文化圏内において独自的ないしは相互連関的に展開するという歴史構造をもっているという意味であると規定されている。

みられるように「東アジア世界」とは、自己完結的な文化圏が前提となっているのである。その上で、この文化的現象が「東アジア世界」の共通指標となるのは、文化が文化として独自に拡延した結果ではなく、その背景にはこの世界を規制する政治構造が存在したのであって、それを媒介として文化的諸現象が拡延したことに注意を喚起する。この政治構造は、中国王朝の直接的もしくは間接的な支配あるいは規制であるとして、「東アジア世界」の共通の指標となる諸文化が中国王朝の政治的権力ないしは権威に媒介されることによって伝播され拡延されたものであることが強調されている。(7)

こうした文化圏としての「東アジア世界」形成の政治構造様式こそが「冊封体制」と命名された政治秩序であって、それは漢代に端緒をもち、南北朝期に政治的世界として完成することによって中国の制度・文物が周辺諸国家に伝えられたという。かくして政治的世界としての「東アジア世界」は、同時に文化圏的世界としての「東アジア世界」となると規定される。(8)

西嶋の提唱する東アジア世界論を改めて忠実にたどったのは、前述のとおり西嶋は文化圏と政治圏との異なる原理の一致、(9)いわばバイメタルのような二つの圏の一致を「東アジア世界」と規定しているにもかかわらず、一般的には政治圏としての冊封体制のみに着目し、「東アジア世界」を規定した国際秩序として抽出することによって、冊封体制の有効性への疑義と関わらせて東アジア世界論への批判が集中しているからである。

たとえば、山内晋次は、「東アジア世界」の政治圏としての冊封体制の「空間的な問題」と「時代的な問題」とを指摘している。(10)「時代的な問題」については次節で論じることとして、まず、空間的な問題を見てみたい。

すなわち、山内のいう東アジア世界論の空間的な問題とは、西嶋が「東アジア世界」を、「中国を中心とし、これにその周辺の朝鮮・日本・ヴェトナムおよびモンゴル高原とチベット高原の中間の西北廻廊地帯東部の諸地域をふくむもの」とし、「北方のモンゴル高原や西方のチベット高原、および西北廻廊地帯を越えた中央アジアの諸地域、あるいはヴェトナムを越えた東南アジアなどの諸地域は通常これ（東アジア世界）にふくまれない[11]」と規定したことに対する疑義である。

というのも、唐代の政治動向を事例にとれば、突厥《とっけつ》（中央アジア）や吐蕃《とばん》（西方チベット高原）、ウイグルとの関係が唐王朝の対外政策の根幹をなし、同時代の政局に重要な役割をはたしているにもかかわらず、それらの地域が考慮されないのは、突厥・吐蕃・ウイグルとの関係が冊封関係によるものではなく別の形式のもとに展開されているからであって、冊封体制論が中国、朝鮮、日本地域の歴史展開から帰納されたものであるがゆえに、「東アジア世界」の地域的範囲の妥当性に疑問があるというのである[12]。

さらに、「唐王朝が設定した国際的序列のなかで中心圏域を占める吐蕃・突厥・突騎施などの西・北諸国との関係を説明する論理を欠いた冊封体制論は、当時の中国を中心とする東アジア世界の全体構造を説明するにあたって、十分な有効性をもつといえるか」は疑わしいとして、「冊封体制論が中国を中心とする前近代の政治世界全体の構造や周辺諸国との関係の全体像を説明するかのように受け取られているのは大きな疑問ではなかろうか」と批判している[13]。

みられるように、「東アジア世界」の空間の問題が扱われながらも、直接関わるのは文化圏ではなく、文化圏の形成を駆動した冊封体制がおよぶ地域とその関係が問題とされている。山内が指摘するように、中国の西・北諸民族との関係が冊封体制では捉えられず、冊封とは別な論理と形式で中国皇帝と西・北諸民族との関係があったとすれば、それは「東アジア世界」の政治構造の有効性の問題である。後に詳述するように、冊封体制論が中国を中心とする前近代の政治世界全体の構造や周辺諸国との関係の全体像を説明する論理たりえないことは、山内の指摘のとおりである。ただし、文化圏の形成と冊封との関係を論じる西嶋の論理に矛盾はない。

その上で、山内の批判で問題視したいのは、政治圏としての冊封体制と文化圏としての地域設定が混同され、「東アジア世界」の文化圏に対する地域設定の意図を越えて批判する点である。たとえば、東アジア世界論は「ともすれば日・中・韓(朝)という範囲のみで考察を終えてしまう」「窮屈な三国史観的「東アジア史」」であると、その地域設定を批判している。[14] 海域を通した多様な「つながり」に注目する山内は、漢字・儒教・律令制・仏教が東アジアの文化的な指標とされていることに対し、「これまでの研究史において、それらの指標を探そう、あるいは当てはめようとして、かなり無理な状況がおこっているように感じられるのである。そもそも、そのような共通した指標をもち、ある程度自己完結的な歴史世界など、実態としてほとんど存在しないのではないか」とすら指摘している。[15][16]

一方、海域史の立場から、村井章介は古琉球史を事例に、そのような研究は「東アジア世界という硬直した枠組みから日本史を解放する知的冒険となる」[17]と述べるとともに、「東アジア世界を硬直した枠組みとして拒絶し、日本史を読み解く歴史的文脈として伸縮自在な地域を設定するとき、それらの地域たちは、あるひとつの形に収斂するよりは、無限に拡散していくだろう」と指摘する。[18]

そもそも、「硬直した枠組み」と批判される西嶋の文化圏とは、「自己完結的な世界」と規定するものの、必ずしも地域を固定的に限定しているわけではない。たとえば、「その領域は流動的であって、固定的に理解すべきでない」と述べており、具体的には、唐末・五代、宋代を事例に、商業活動や流通経済に言及し、宋銭がその市場圏である「東アジア世界」の各地に流通するのみならず、南海地域を越えてアフリカ沿岸にまで及ぶことを否定するものでもない。むしろ、モノ・ヒトの「つながり」をも視野に収めているといえる[19]。

また、当然のことながら他の地域世界との接触を否定するものでは全くない。西嶋の東アジア世界論の文化圏についての重要な論点は、前近代においては他の世界の影響は中国文化を変質させるものではなく、また流入した西方文化は中国文化と同化し、さらに中国の諸文化として「東アジア世界」に伝えられたのであり、それゆえこの場合も「東アジア世界」の自己完結性は存続しているとみなすことにある[20]。東アジア世界論は、まず文化圏として「東アジア世界」を規定しており、そのような立場からの地域設定としては、長い前近代のタイム・スパンのなかで遊牧民の居住地域や東南アジアを大局的にみて除外すること自体は、論理上は問題となりえない。

2　「東アジア世界」と冊封体制

文化圏としての「東アジア世界」を形成した原動力とも言うべき冊封体制については、前節でも部分的に言及したように、今日まで多様な批判がなされてきた。そもそも冊封体制の要をなす冊封とは、具体的には、中国の皇帝が漢代以降、周辺諸国・諸民族の首長にも中国の爵位・官職を与えて、これと中国皇帝とが君臣関係を結ぶことを指す。こうした中国皇帝と周辺諸国・諸民族の首長との間に、官爵の授受を媒介にして結ばれる関係は、冊命（任命書）によって封ぜられる行為にちなんで冊封体制と名づけられた。

このような「東アジア世界」の政治圏としての冊封体制の政治構造は、実のところ、限られた時代（六—八世紀）と地域（東辺諸国＝高句麗・百済・新羅・倭・渤海）において検証され、理論化されたものである。[21] 山内が冊封体制のもつ「時代的な問題」として「政治圏としての東アジア世界は主に唐代までの歴史状況から帰納されており、その論理がそれ以降の時代にも有効的に適用されうるのか否かも検証されていない[22]」と批判するゆえんである。

ところが、冊封体制論は限られた時代と地域から抽出された政治構造を前提にして、対象とする地域をベトナムにも押し広げられ、官爵を媒介とする関係（冊封）だけでなく朝貢関係までをも含めて、漢代以降、清朝末期に至るまで二〇〇〇年にわたる「東アジア世界」の政治構造として規定されることになる。

こうした西嶋の政治圏としての冊封体制の構造と地域については、当初より堀敏一の批判があった。すなわち、漢代以降、中国皇帝の支配は郡県制による支配と、それを越えた異民族の首長に対する支配とに二分されるが、中国皇帝と異民族の首長との関係は広く羈縻《きび》とよぶべきであると指摘する。この羈縻には多様な形態があり、羈縻州（異民族の首長を媒介にした間接支配の地域）、和蕃公主《わばんこうしゅ》（異民族の首長に公主（皇帝や王族の娘）を送る婚姻政策）、朝貢関係などの様々なレベルがあって、冊封はそのような羈縻の一部にすぎないというのである。[23]

ここにみられる西嶋の政治圏と堀の国際秩序としての羈縻との地域的なズレは、西嶋の政治圏がそもそも文化圏形成を媒介する政治構造として冊封に注目して設定されたことによる。つまり、「東アジア世界」の政治圏とは、必ずしも前近代中国のすべての国際関係を包括する秩序を意図しているわけではなかったことに起因する。

たとえば、和蕃公主は、漢の高祖が匈奴の冒頓単于《ぼくとつぜんう》に自分の娘を送ったことに始まり、北魏・隋唐に至るまで各中国王朝は遊牧諸国・諸民族の首長に公主を送っている(24)。要するに、和蕃公主は遊牧民族との間に君臣関係とは異なる擬制的家族関係を形成し、儒教イデオロギーに基づき、君臣秩序の埒外にある遊牧諸民族を取り込む政策にほかならない。それゆえ、西嶋はこのような諸民族と中国王朝との関係を冊封とは「別の体制と論理」が働いた地域として文化圏から除外したのである。

この和蕃公主の事例は前節でみたように、山内が「空間の問題」として指摘した点でもあり、冊封体制は、こうした冊封とは別の論理の国際関係を欠いている点に批判が集中した。それゆえ今日の研究状況においては、もはや冊封体制だけで隋唐時代の国際秩序を論じることは不可能になっているとの指摘もなされている(25)。

上述のような西嶋の東アジア世界論の文化圏形成に拘束された冊封体制という政治構造が抱える諸問題に対して、漢代から清代に至るまでの中国を中心とした国際秩序を改めて再検討した上で、冊封体制に替えて前近代中国王朝(天子)を中心とする秩序として提起されたのが檀上寛の「天朝体制」である(26)。

漢代以降の中国の天下観は、檀上によれば、二つの観点から区別して理解されている。その一つである狭義の天下とは中国王朝が実際に治めている実効的支配領域に相当し、具体的には郡県制のしかれている地域(中華)を指す。これに対し、もう一つの広義の天下とは中国王朝とその周辺諸国・諸民族の両方を併せた範囲(中華+夷狄《いてき》)となる(27)。

儒教の理念は狭義の天下と広義の天下を貫通させて、天子を中心とする礼治(徳治)の体系とその運営者である天朝(朝廷)を生みだしたが、檀上は、この天子ないし天朝による広狭二つの天下での礼治主義の統治構造を「天朝体制」と名づけている(28)。

こうした天朝体制の下では、堀が指摘する和蕃公主のように、唐宋時代において中国王朝と遊牧諸国家との間で盟約が結ばれ、国際秩序として父子・兄弟・舅甥などの宗法《そうほう》秩序が適用されるのも、広義の天下を一家にみたてた擬制的家族関係によって華と夷の秩序を設定したものとなる。冊封体制で除外された関係は、天朝体制の下で、中国王朝と遊牧諸民族との宗法秩序として明確に位置づけられることになる(29)。

ところで、冊封関係については、西嶋の冊封体制論に対しても隋唐代以降になると冊封と朝貢との差異が明確でなく、混同されていることへの批判がなされていた。この冊封と朝貢の両者の関係については、檀上は次のように明快に説いている。すなわち、冊封とは、中国皇帝が周辺諸民族に官爵を与えて、皇帝を頂点とした国内の身分秩序の外縁に位置づけることであり、冊封によって両者の間に君臣関係が成立する。冊封された首長が、中国皇帝に対して定期的に君臣関係を確認する朝貢の礼を実践する限りにおいて、この体制は維持されたのである(30)。中国王朝にとって当該の首長(蕃王)は冊封国であると同時に朝貢国でもあるので、中国と個々の冊封国との関係の総体が朝貢体制にほかならない。言うまでもなく、冊封国は朝貢国であるが、朝貢国の全てが冊封国であったわけではない。朝貢国の中には冊封国と非冊封国の二つのタイプが存在するのであり、それゆえ、天朝体制においては、冊封を中国の外交関係として朝貢体制の範疇で捉えている。

さらに檀上に従えば、そもそも朝貢体制とは、天子を頂点として冊封と朝貢を基礎とする礼の体系で成り立つ国際関係であるが、天朝体制は朝貢体制に限られるわけではない。というのも、朝貢体制は、広義の天下における国交面での概念であり、広義の天下には国交以外の別の華夷の関係が存在するからである。たとえば、中国の商人や外国商人(蕃商)が従事する国際交易である互市《ごし》があった。この互市には、北辺での遊牧民、狩猟民と行うものと、海上交易との二つが存在し、特に後者は宋元時代には活発化し朝貢貿易に代わって主流を占めるに至る。明代には「朝貢一元体制」[31]の下で互市はなくなるが、清代に至るとますます盛行するがゆえに、「互市体制」なる概念すら提起されている[32]。それはともかく、天朝体制にはこうした民間の華夷の関係も含まれており、それらにも礼的に正当化できる論理が用意されていたことを檀上は明らかにしている[33]。

つまり天朝体制には、遊牧国家との盟約形式の華夷の関係があり、君臣関係とは異なる父子・兄弟・舅甥などの宗法秩序があって、華と夷の双方の利害、力関係を調整しながら、朝貢関係とは別の論理で国際秩序を規定していたのである。以上を要するに、天朝体制の下での広義の天下において華夷の関係は、朝貢(冊封)、盟約(宗法秩序)、互市の三種があり、これらの関係が錯綜する中で華夷秩序は支えられていたことになる。

ここまで檀上の所説に従って、天朝体制の下での華夷秩序の構造を紹介したが、天朝体制がより説得力を発揮するのは、まずは冊封体制の「時代的な問題」の克服についてである。従来、冊封体制論の議論は古代に偏っていたが、冊封の論理とは異なる宋元以降、明清代に至るまでの外交関係や経済関係をも視野に収めている。何よりも、その利点は中国を中心とする前近代の政治世界全体の構造や周辺諸国との関係の全体像を説明する論理としての整合性にある。

また、次節の「東アジア世界論と文化圏の形成」に関わって、天朝体制の下での天下の華夷の関係、すなわち朝貢、盟約、互市の三種については、「東アジア世界」の諸国にも受容され展開されていることに注目されるからである。

たとえば、高句麗は、四世紀末から五世紀初頭において新羅や百済との間に「朝貢・属民」関係を結んだり、五世紀には新羅との間を「兄弟」関係と表現したりしているが、これらの関係は広開土王碑[34](四一四年)や中原高句麗碑(五世紀後半)といった同時代史料によって確認できる。また、新羅においても、六七〇年代の唐との抗争の過程で、新羅の文武王は高句麗国王・安勝を冊封したり、盟約の関係を結んだりしたことが認められるが、このような新羅の行為を唐側は「僭帝」とみなしていた[35]。一方、古代日本においても、新羅、百済との朝貢関係はいうまでもなく、日本と渤海との間には、朝貢(冊封)、宗法秩序(舅甥関係)を見出すことができる。このように西嶋が冊封体制を検証した東辺諸国間においても、天朝体制の下での華夷秩序を模倣していたことが推測できる。

それゆえ、天朝体制は、次節で検討する中国文化の伝播と受容を解明する上でも重要な視角になりうるものと考えられるのである。

3　東アジア世界論と文化圏の形成

西嶋は「東アジア世界」の文化圏形成を中国皇帝と周辺諸国・諸民族の首長との冊封関係に求めた。しかしながら、中国を中心とする前近代の政治世界全体の構造や周辺諸国との関係は、冊封のみをもって成立していたわけではない。前節で見たとおり、必ずしも冊封だけが「東アジア世界」の文化圏形成に関わっていたわけではなく、むしろ、天朝体制という天子・天朝の下に形成された多元的な政治構造に留意する必要がある。そこで問題となるのは、西嶋が「東アジア世界」の文化圏の形成にとって重要な意義をみいだした冊封体制は、天朝体制をもって替えることができるのか否かということになろう。

そのような課題を検討する前に、改めて西嶋による、文化圏の形成と冊封の関係について見てみたい。というのも、西嶋は、「東アジア世界」における文化圏の形成を中国皇帝との冊封関係に求めたが、中国文化を受容した周辺諸国の具体的な事例を見ていくと、冊封関係の有無が文化圏の形成に直接つながるわけではない事例が多く検出されるからである。たとえば、六世紀の新羅の場合、中国王朝との冊封関係が全く無かったにもかかわらず、漢字文化が国内政治において広く流通しており、行政法や刑罰法(律令)の整備はもとより、仏教や儒教の受容も相当程度に浸透していたことが諸史料によって明らかにされている(36)。また、日本列島においても、「東アジア世界」の文化指標とされる中国を起源とした諸文化が深く浸透する時期は、七世紀末から八世紀初頭にかけてであるが、この時期には中国王朝との間に冊封関係が無いだけではなく、外交交渉すら行われていない[37]。そのような文化現象を冊封関係とどのように結びつけることが可能なのかが問われなければならないであろう。

こうした課題について参照すべきは、西嶋が中国文化受容の政治的社会的諸条件に言及する中で、周辺諸国の中国文化の受容は「中国王朝との冊封関係から離脱した場所で行なわれながら、実は冊封体制の論理の外で行なわれたものではなかった」と指摘している点である。つまり、一見すれば冊封関係が介在しないようにみえても、それは冊封体制の論理の外で中国文化の受容がなされたわけではないと明言しており、この点に留意しなければならない。

すなわち、西嶋に従えば、冊封関係の設定とは、周辺民族の首長を中国王朝の国家秩序の中に包含することによって、この秩序体系をその地域に拡延することであるから、冊封された首長たちはその支配体制を中国王朝に似せて整備しようとする。彼らが中国からの冊封を求めたのは、彼らの周辺に対する支配的地位を得ようとしたためでもあったから、中国と周辺首長との関係として設定された冊封関係は、さらにこれら首長とその周辺との関係として拡延されることになる。つまり、太陽系の惑星がさらに衛星をもつごとく、冊封体制の中に小冊封体制が生じ、やがてその小冊封体制は自己を完結した世界であるかのごとく錯覚するようになる、と説いている[38]。

そうした具体的な事例として、西嶋は高句麗が百済や新羅を始めとする周辺国家を朝貢国とし、冊封を行う国として自己を表現している広開土王碑に着目している。このような論理から見れば、六世紀以後の日本が中国王朝との冊封関係から離脱していても、それは冊封体制の論理の外に離脱したことを意味しないというのである[39]。

これを裏づけるように、前述のとおり六世紀の新羅においては、国内政治に広く漢字文化が流通しており、律令の施行を始め仏教・儒教の受容も相当の水準にあったが[40]、それは新羅王の中国王朝からの初めての冊封(五六五年)以前のことであった。こうした新羅の中国文化の受容について、西嶋の指摘のとおり、新羅は高句麗に朝貢し高句麗の「属民」(政治的従属関係)にあったのであるから、高句麗を中心とする小冊封体制の政治構造によって新羅にもたらされたと考えることも可能である[41]。実際に、新羅の漢字文化は、高句麗的な要素が濃厚であり、百済の漢字文化との差異が木簡などを通して判明している[42]。

また前述のごとく、七世紀末から八世紀初頭において日本列島には唐の政治制度を積極的に導入する動向があった。たとえば、大宝律令の編纂をはじめ、藤原京・平城京などの中国的都城の造営、年号の制定、銭貨の発行など、皇帝制度そのものの導入であったとも言われているが[43]、これらは冊封とは全く無縁のところで導入されたのである。

こうした現象を西嶋は次のように説明する。すなわち、六世紀以降の日本は自己を中心とした小世界を想定しており、このことが中国王朝との冊封関係から離脱しても、積極的に中国文化の摂取を必要とした理由と考えられる。国家仏教の受容や律令制の導入なども、自己を小宇宙の主宰者に擬定した日本の主体的な関心事であり、このことが七世紀以降の中国への通交と主体的な文化摂取となったという[44]。

さらに興味深いのは、日本史上、最も中国文化が浸透した時期として江戸時代をあげて次のような解釈を示している点である。すなわち、江戸時代の日本は政治体制としての「東アジア世界」から離脱していたが、それにもかかわらず、中国文化がこれほど日本に定着したのは、日本が「東アジア世界」の中で自己完結した小世界を作り出していたことに求められるとし、「日本自体が小中華帝国となり、天下が日本という領域に縮小したとき、そのことはあたかも東アジア世界からの離脱がなされたかのごとくにみえる。しかしそれがあくまで大きな世界の中に出現したミクロの世界であるかぎり、そこには独自の価値体系の創出ということはありえなかった。それゆえ小世界としての自己閉塞が進行すればするほど、その価値体系を充溢しようとする志向は中国文化への心酔とならざるをえなかった」(45)と指摘している。

これに加えて、中国文化に対する体現願望が中国と正式な国交もない江戸時代に昂揚されていたとすれば、その理由は、中国との交流が存在しないという現実の中に求めざるをえないという。また、政治的に中国の王朝権威から離脱しているということは、日本国内において完結する権威の樹立を要求するのであって、それは幕府という政治権力の超越性を世界観として定着させようとするがゆえに、鎖国政策を遂行して、「自己の支配体制を天下そのものに同一化した幕府権力は、東アジア世界の中における小世界として、自己を完結化するのであり、そのために世界政治の哲学である儒教をその体制維持の教学としたのであった」と解している。その上で「(江戸時代の)儒学者たちの中国文化への体制願望は、かならずしも現実の中国への同化を意図するものではなく、いわば物神化された中国文化への同化願望であり、したがって中国文化という超越的権威への自己同一化の願望であった」(46)と述べる。

みられるように、冊封体制の政治機制が間接的であれ、中国王朝の政治権力ないし権威を媒介にして中国文化が伝播され拡延されていく論理が余すことなく説明されている。西嶋に倣っていえば、自己の支配体制を天下そのものに同一化した周辺国の王朝権力は、「東アジア世界」における小世界として、自己を完結化しようとするのであって、そのために逆に中国文化に束縛されざるをえないのである。前近代のベトナムにおける中国化は、脱中国化をも意味していたという桃木至朗の指摘にもあるように[47]、「東アジア世界」において自己を中心とする世界を形成し完結化しようとすれば、中国文化の受容が促進されていくという構造をみてとることができる。

ところで、冊封を媒介せずとも文化圏が形成されたのは、それが冊封体制の論理の外で行われたからではないとすると、注目すべきは、冊封の論理を内面化した中国周辺諸国が自己を中心とした政治権力の超越性を世界観として定着させようとする自己運動（体制の力学）についてである。なぜならば、まさに江戸時代の東アジアには、「冊封体制などというものは存在しなかった[48]」という指摘が夫馬進によってなされているからである。その根拠として、清朝が名実共に冊封国であるとみなしたのは、朝鮮・越南（ベトナム）・琉球の三カ国であり、その琉球でさえも一見すれば中国との冊封が続いていたかに見えながら、琉球が一六〇九年に薩摩に編入（日本の属国化）されて以後は、中国と日本との間に国交がなかったことを前提に初めて可能であったこと[49]をあげている。

夫馬によれば、「日本、琉球、朝鮮、中国の四国は、琉球が表面上は恭順な朝貢国としてふるまう一方で、その実、日本の属国であることを隠し通すことによって、東アジアの安定を図ろうとしていた点で共同謀議していたといってよい。それは中国と日本に国交がないことを前提とし、暗黙の内に成り立った共同謀議であった。（中略）この共同謀議に日本が加わり、その属国であった琉球が「主役」である以上、ここに成り立つ国際秩序を冊封体制などとは呼びえない[50]」と断じ、当時の国際秩序はモザイク構造で成り立っていたという。

しかし、日本の属国であった琉球はその事実を隠さなければ中国への朝貢が許されず、また、朝鮮はそのことを知っていたがゆえに、朝鮮と琉球との間に国交がなかった（もちえなかった）とすれば、これらの諸国の外交には、冊封の規制が強く働いていたという何よりの証拠となるであろう。冊封による文化圏の形成は、事実上の冊封関係の有無にかかわらず、その論理が貫徹していたように、中国、朝鮮、ベトナム、琉球、日本には、冊封の規制が内面化され、「東アジア世界」の政治圏として機能していたとみるべきであろう[51]。

かつて、山内晋次は、「東アジア世界」における自己完結的な文化圏としての世界について疑念を表明しながら、「もし、ことさらに中国・朝鮮・日本地域において冊封が重要な役割を演じていたと結論づけられるならば、それはなぜなのか、あらためてその地域の歴史的特性が追求されなければならない[52]」と指摘したが、冊封の規制がこの地域においていかなるメカニズムとして機能していたかは上述のとおりである。また、それこそがこの地域の歴史的特性といえよう。

これに関わって留意すべきは、日本、朝鮮、ベトナムには、自己を中心とする世界観が顕著に認められ、それらは「日本型華夷意識」、「朝鮮小中華思想」、「ベトナム型華夷意識」などと言われてきたことである[53]。そうした各国の世界像は、中華帝国のそれを複製、模倣することによって成立していた。琉球を含め[54]、これらの諸国は中国の華夷秩序を内面化して各々に政治秩序を構築し、中国に起源する文化を自己の世界に押し広げていた。これらの地域の共通点は、西嶋が説く冊封体制の政治構造の論理に求めることができるのではないだろうか。

冊封体制は天朝体制をもって替えることができるか否かという、本節の最初に掲げた問いにたちかえれば、西嶋の論述が示すように、冊封は「東アジア世界」の文化圏の形成の説明原理となっているが、「東アジア世界」全体の構造を視野に収めた天朝体制は多重の華夷秩序を包含し、そこに冊封が含まれているがゆえに、「東アジア世界」における文化圏の形成には、天朝体制がもつ政治秩序全体の構造が関わっていたと言うべきではないかと思われる。これまで、日本、朝鮮、ベトナムにおいて各々に華夷秩序が指摘されてきたが、それらの華夷秩序の祖型をなしているのは歴代中国王朝の天朝体制に他ならないからである。

4　東アジア世界論の地域への問い

西嶋は「東アジア世界」という文化圏と政治圏の一致した地域世界の歴史的な展開の中に日本史を位置づけようとした。では、なぜ世界史としての「東アジア世界の日本史」が問われたのだろうか。そもそも、国家の領域を越えた地域(「n地域」)への歴史的探究は、研究主体が直面した現実の課題を無視してはありえない。実際に西嶋は、歴史研究が未来を志向する現在と過去との対話であることをくり返し強調している。

そこで、西嶋にとって何ゆえに「東アジア世界」の形成が歴史的に問題にされなければならなかったのか、そうした問いを発した東アジア世界論の「現在」を考えてみたい。このような関心から西嶋が向き合った現実的課題を求めてゆくと、それが一九五〇年代に遡り、その当時の歴史研究と深くかかわっていた事実にたどり着く。そうした経緯を明確に伝えるのは最晩年のエッセー「世界史像について」である。[55]

この一文は、『岩波講座世界歴史』(一九六九—七四年刊)の編集委員として、当時いかに編纂に取り組んだかを述懐したものである。これによると、『世界歴史』の編集方針を策定するに際して、自ら執筆者の一人として参画した、上原専禄編『日本国民の世界史』(岩波書店、一九六〇年)での構想を発展させ、新しい世界史像を構築することが当初からもくろまれていたという。また実際に、「その結果として構想された世界史像は次の二点を基軸とするもので」、「第一は、地球上の諸地域が単一の世界、すなわち汎地球的な近代世界となるのは厳密には十九世紀以降であるということ、第二は、それ以前の地球上には複数の世界が併存しかつ生滅していたということであった」と述べているが、これはまさに上原の世界史像の形成の根幹をなす発想であった。[56]

世界史像の自主的な形成を国民的な課題として掲げ、生涯これを追究した歴史家として知られる上原専禄は、一九五〇、六〇年代にかけて、折に触れて日本人の世界史における現代アジアへの問題意識が希薄であることを訴えていた。日本はアメリカの政治的従属下にあり、そのままでは戦後のアジア・アフリカ諸国と直接向き合うことができず、これでは真に世界史を生きることができないと上原には深刻に感じられていた。第一次世界大戦以後の世界秩序は、ヨーロッパ人が支配の対象としてつくりあげたヨーロッパ人の秩序(単一の世界)であり、これをアジア・アフリカ諸国と連帯して、その支配・従属の構造を否定し、構造転換をはたすことが現代の切実な課題とうけとめられていた。[57]

上原によれば、近代以前には一体化された世界はいまだ存在せず、固有の文化と地域的なまとまりを有し、互いに独立した複数の歴史的世界が併存するにすぎない。この多世界の併存状態が世界資本主義の発展により、単一世界へと構造転換させられる時代がまさに近代であった(58)。

そうした一体化された世界がどのようにして成立したのか、それがどのように展開したのか、あの「東アジア世界」「南アジア世界」「イスラム世界」「西ヨーロッパ世界」といった諸世界が、今どのようなあり方をとりはじめているのかを、改めて検討することによって、現代の歴史的特徴と問題状況とを明らかにしようとするものであった。

このような視点から世界に向き合うとき、一九五〇、六〇年代にかけての東アジアの現実は、中国・朝鮮・日本・ベトナムの四つの地域が世界政治の問題構造の中で密接に関わって存在しているとみなされた。すなわち、四つの地域のそれぞれが民族の独立という問題を抱えており、アメリカのベトナム戦争を媒介に、いずれも国家矛盾、民族矛盾の対立が現象する共通の場としての地域世界を形成していると捉えられたのである(59)。

具体的には、朝鮮半島は大韓民国と朝鮮民主主義人民共和国とに、中国大陸は中華人民共和国と中華民国(台湾)とに、インドシナは北ベトナムと南ベトナムとに分断され、日本では沖縄問題があるように、こうした矛盾を抱えた地域世界としての東アジアは、アメリカの帝国主義的支配に対して闘わざるをえない点で、問題の共通性、一体性をもつ地域として意識されたのである。このようにして共通項が捉えられたからこそ、ベトナムは東アジアの不可欠の一部であり、これらの地域は現代の矛盾を共有する政治圏としてのみならず、その矛盾解決のための共通基盤としての文化圏に属することが前近代に遡って浮かび上がってくるのである。

西嶋は、こうした現実的かつ実践的な課題に取り組んだ上原の問題意識を継承したのであって、少なくとも上原の世界史像の構想を前提にして東アジア世界論が提起された契機を、その回想から読み取ることができる。(60)

上原によって捉えられた東アジア地域の現実を前提にして、このような一体性や有機的連関性をもつ東アジアが古代以来、歴史的にも根拠のある地域世界を形成してきた点について、具体的な歴史過程の中で跡づけを試み、理論的に体系化したのが東アジア世界論なのである。要するに、東アジア世界論の構想は、戦後日本人の直面している危機に向き合うことに起源するのであって、東アジア世界論が胚胎し誕生した当時における日本とアジアという現実的な課題に密接に関わっていたことになる。

以上のように、西嶋の世界史の構想は、一九五〇、六〇年代における上原専禄の「世界史像の形成」に求めることができる。それゆえ、西嶋が向き合った現実を上原の問題意識から類推することは不当ではなかろう。そうした世界史の構想から、諸矛盾が集積した地域世界としての「東アジア」は一体どのような起源をもち、どのように解体されたのかという問いがうまれ、「東アジア世界」の起源、形成、崩壊が問題となり、これが歴史的対象となったといえるであろう。その起源と形成については前節までにおいて辿ったが、「東アジア世界」の崩壊は、西嶋にとってどのように捉えられているのかみてみよう。

西嶋は、端的に「日本はこの世界を解体した直接的下手人」であるとみなし、「東アジア世界」の崩壊過程を次のように述べている。「日本は、東アジア世界から離脱して近代世界に参加することによって、東アジア世界の解体を促進したばかりでなく、さらに朝鮮・中国を餌食とすることによって、その解体を積極的に進めたのである。いわば日本は、東アジア世界が生み落とした鬼子であり、この鬼子は自己の母胎を喰い破ることによって、東アジア世界を解体させながら、近代世界の一員となった[61]」というのである。

さらに、「東アジア世界」が解体される場合に、そこから派生される形態は、三つあるとする。その第一に、自己を欧米的近代国家に転化させ、資本制社会への道を推進して、近代世界に参加した日本があり、第二に、国家としての旧体制を変化させることなく、近代世界の重圧を受け続けた中国があり、第三に、近代世界の重圧を受けてその主権を喪失し、植民地とされた国として、ベトナムと朝鮮があるという。この形態のベトナムと朝鮮は、いずれも清朝の冊封国であったが、それゆえフランスの勢力がベトナムに入ると清仏戦争が起こり、日本の勢力が朝鮮に入ると日清戦争が起こったという[62]。その後、日清戦争によって清朝の勢力が駆逐されたことは、「東アジア世界」における清朝の冊封体制が最終的に解体したことを示すものであり、それゆえに、「東アジア世界」の直接的解体者を日本とする。

このようにみていくと、「東アジア世界」が解体され、その地域が汎地球的な近代世界に吸収されるということは、近代世界がそれ自体のもつ論理によって自己を拡大したということにすぎないが、それは欧米列強の圧力にのみよるものではなくて、「東アジア世界」の一国である日本の行動が重要な意味をもっていたことになる[63]。

そして、「東アジア世界」の解体過程がこのようであるがゆえに、その解体後の東アジアにおいて、諸民族・諸国家の相互連帯を著しく困難にした点に注目する。とくにこの世界の解体とともに、そこに共通していた中国文化に対する価値観が変動し、これに代わってヨーロッパ文化が高く評価されるようになると、東アジアのみに共通する連帯意識はさらに希薄になった。この時代の歴史を動かす原理はもはや冊封体制とか君臣関係という、東アジアのみに意味をもつ特殊なものではなくて、資本主義の高度発展形態である帝国主義の論理であるからである。

西嶋は、「東アジア世界」の崩壊におけるこの地域世界の価値の激変と新たな帝国主義の論理に日本が自己同一化することで、東アジアの解体が促されたことを強調している。冊封体制は近代世界によって解体された旧世界の秩序であるが、この旧世界の解体に直接手を下したのは、旧世界から離脱して近代世界に参加した日本であった。帝国主義国家としての日本が朝鮮を併合し、これを植民地としたとき、近代的条約だけでなく、冊封という古い形式によって両国の君主間の序列を規定した、そのことが、この「東アジア世界」の解体を象徴しているとみなしている(64)。「東アジア世界」の解体は、新たな万国公法と天朝体制という二つの異なる手続きを同時に必要としたのである。

おわりに

西嶋の東アジア世界論は様々な批判がありながらも、日本の歴史学研究において大きな位置を占めていることを、それらの批判を吟味しながら、改めて確認しえたのではないだろうか。様々な批判の中には、東アジア世界論の再検討をせまる点もあるが、西嶋の所説に対する誤解に基づく批判も少なくない。その中でも最後に言及せざるをえないのは、西嶋の東アジア世界論と「一国史」の克服についての問題である。

村井章介は、戦後歴史学において日本史を一国史の枠組から解き放とうとする試みは、しばしば「東アジア世界」を合い言葉に行われてきたと指摘する。そしてここで言う「一国史」とは、国民を理念上の構成員とする現代社会において支配的な、「国益」をあらゆる価値に優先させる志向を、歴史に投影したものと規定し、こうした一国史を打ち破るために、東アジア世界論はどの程度有効な視点を提供できるのだろうかと問うている。(65)

しかし、西嶋が共同執筆者となった『日本国民の世界史』の発想をみればわかるように、そもそも西嶋は国民を主体とした世界史像の形成を念頭に置いているのであって、西嶋自身の著作からも、当初より一国史を克服するというような問題意識は希薄である。村井が言う「一国史の非歴史性」の克服は発想の次元にもなく、当然のことながら克服すべき課題ともなっていない。あくまでも、日本の歴史を日本列島の中で動いた歴史として理解するのではなく、日本列島そのものが包含される完結した構造の中に位置づけて、この興亡の一環として理解しようとするところにその眼目がある。ここには従前の日本史という一国史の枠組に対する疑いは全くないといってもよい。(66)

少なくとも日本の歴史学界で一国史の克服が顕在化するのは、冷戦後のことである。(67)そのような新たな現実の中で研究上の課題となった論点をもって東アジア世界論の問題意識や問題設定にない議論を批判するのは不当ではないだろうか。言うまでもなく、東アジア世界論が一国史の克服を問題にしていないから、この課題が問題でないというのではない。一国史の克服は東アジア世界論ではなしえず、別途の方法論をもって探究されるべき大きな課題として残り続けている。

むしろ、東アジア世界論の方法上の発想を継承するならば、ここで検討すべきは、この地域の現在をどのように把握して、いかにこの地域の歴史に向き合うべきかということであろう。そのような立場からみるとき、私たちが現在直面している問題と、西嶋が課題とした問題との関係を検証することが改めて求められているように思われる。

そこで、西嶋の東アジア世界論や上原の「世界史像の自主的な形成」に基づきつつ、東アジアの地域秩序の変動を振り返れば、次のようになるであろう[68]。一九世紀後半に「東アジア世界」の中国を中心とする秩序である冊封体制(天朝体制)が動揺、解体し、在来の朝貢(冊封)体制は消滅する。日本は万国公法原理を体得した新興近代国家として、清朝中国の覇権に挑戦し、やがて日清・日露戦争を経て二〇世紀前半には、「東亜」や「大東亜」の盟主としての帝国秩序の形成を目指すことになる[69]。しかし日本による地域覇権の秩序構想は、一九四五年にアメリカを始めとする連合国との戦争によって破局を迎える。その後、この地域における秩序はアメリカによって再編される。東アジアの地域覇権を事実上掌握したのは日本・台湾・韓国・南ベトナム等と軍事同盟を結んだアメリカである。冷戦終結後には中国の地域大国化など一定の変化はあるものの、この地域にアメリカが最も大きな影響力を行使していることに変わりはない[70]。

さらに、日本を取りまく近年の東アジアの状況を振り返れば、二〇〇九年の衆議院総選挙を前にして民主党は、緊密で対等な日米関係をつくるために日米地位協定の改定を提起して、米軍再編や在日米軍のあり方についても見直しの方向で臨むとし、「東アジア共同体」の構想を掲げた[71]。日米関係に拘束されずに、もう少し自由に東アジア圏の諸国との間に新たな信頼関係を樹立して、経済協力を含め、多角的な自主外交を展開することが目指された。沖縄の基地問題への取り組みもその一環であった。ところが、成立した民主党政権は、それを目指しながらも挫折した。その末期には東アジア共同体論は棚上げされ、当初目指されていた自主外交、東アジア共同体の志向は従来の日米従属体制に逆らうものとして、徹底的に自己否定された。[72] 政権交代後の自民党・公明党連立与党は、対米従属を強化し、先頃(二〇一五年九月)成立した安全保障法制には、自衛隊の事実上の国軍化、集団的自衛権の行使による米軍の軍事作戦への参加、米軍基地の存置を前提とした自衛隊と在日米軍の連携強化が謳われている。[73]

このように日本の現在に向き合ってみれば、東アジア地域の世界史状況は、西嶋や上原が向き合った東アジア地域の諸矛盾が継続して伏在している、とみなすことができるのではないだろうか。興味深いのは、ここ数年の間に対米従属が強化されるにともなって、東アジア諸国の和解が困難になり、「東アジア」という言葉が公共空間において使用されなくなるという現象である。東アジアという「広域概念をめぐる闘争」は現在の日本において、すぐれて現実的な課題となっているのである。[74]

二〇〇五年に中国で「反日デモ」が燃えさかった折に、陳光興は「アジアにおける独立の問題」と題する論文の中で、中国及び台湾知識界の立場から「アジアにおいて、脱帝国化の問題を考える場合に、西洋帝国主義の侵入、日本帝国主義の暴力、戦後アメリカが行った冷戦構造の維持による帝国主義のアジアへの拡張を反省的に再検討するという次元のみならず、帝国として他者に圧迫を加えうることにも自制的に真剣に考えなければならない」[75]と述べている。そして「日本は果たして独立国家なのか」と問い、「その根本的な目的は、東アジア内部の和解が進展しないという核心的な問題を解決することにある。日本の問題はすなわち「我々の」問題でもある。中国及び台湾の知識界においてもアメリカ崇拝の傾向は日本より絶対に低いとは言い切れず、視野の中に隣人はなく強者しか映っていないこともまた同様である」と指摘する。西嶋や上原が課題として訴えた東アジア地域が抱える諸矛盾は、東アジアの隣人にも広く課題として共有されているというべきであろう。

「東アジア世界」の起源、形成、解体の過程や、その後の世界史の中の東アジアに対して歴史的に向き合うことは、「アジアにおける和解、統合、独立に向けての先決条件[76]」を問うことになりうるのではないかと思われる。

第一三章　「東アジア」という歴史観
――東アジア世界論からみた歴史と文学――

はじめに

今日、一般に東アジア世界論と呼ばれている「東アジア」という歴史観について、その発想を端的に物語るのは、西嶋定生が石母田正との対話を回想したエッセーの次の部分ではないだろうか。(1)

それは一九四七年のことであったと思う。(中略)石母田さんは、日本の歴史は海によって大陸から切断されているので、そこでは他民族の侵入などによる外部からの作用のないばあいの歴史の発展状況が観察できるという点で、歴史学における貴重な研究領域である、という意味のことを語ったと思う。それに対して私は、海に囲まれた日本といえども、大陸の歴史と関連しながらその歴史を発展させたのであり、日本の歴史を隔絶された孤立世界の歴史として扱うことはおかしいと述べたと思う(このとき石母田さんは、日本史の研究は歴史学における純粋培養基的観察を可能にするると述べたと思うが、それは大塚久雄さんの用語によって、私が石母田さんの考え方を理解した結果であるかもしれない)。

ここには、日本の歴史を日本列島の中で自己完結的に展開した歴史として理解するのではなく、日本列島そのものを包含する東アジアという地域の中に位置づけて、その相互関係の中で日本史を捉えようとする東アジアという歴史観の核心がよく示されている。

その後、こうした歴史観は、西嶋によって東アジア世界論と呼ばれる理論にまとめあげられるが、要するに日本史を東アジア世界という自己完結的な世界の興亡の一環として理解しようとするところにその眼目がある。(2) ここで言う東アジア世界とは、文化圏として完結した世界であると共に、それ自体が自立的な発展性をもつ歴史的世界であり、中国文明の発展にともなって、その影響はさらに周辺諸民族にも及び、そこに中国文明を中心とする自己完結的な文化圏が形成されるという。また、東アジア世界が自己完結的な世界であるというのは、この文化圏に共通する諸文化(漢字、儒教、律令制、漢訳仏教)が中国に起源をもつ、ないしはその影響を受けたものであること、その諸文化がこの文化圏において独自的ないしは相互関連的に展開するという歴史構造をもっているという意味であると規定されている。

このように定義された文化圏を前提として、その上で、この文化的現象が「東アジア世界」の共通指標となるのは、文化が文化として独自に拡延した結果ではなく、その背景にはこの世界を規制する政治構造が存在したのであって、それを媒介として文化的諸現象が拡延したことに注意を喚起している。この政治構造は、中国王朝の直接的もしくは間接的な支配あるいは規制であるとして、東アジア世界の共通の指標となる諸文化が中国王朝の政治的権力ないしは権威に媒介されることによって伝播され拡延されたものであることが強調されている。

こうした文化圏としての東アジア世界形成の政治構造様式こそが、冊封体制と命名される政治秩序であって、それは漢代に端緒をもち、南北朝期に政治的世界として完成することによって中国の制度・文物が周辺諸国家に伝えられるという。つまりは政治的世界としての東アジア世界は同時に文化的世界としての東アジア世界となるのである。

上述した東アジア世界論は一九七〇年代の初頭に理論化されて以来、日本の歴史学界はもとより、歴史教育においても、世界史教育の基本的な枠組として援用されてきた。

1 東アジア世界論と日本文学

歴史学界の外に目を転じてみても、こうした東アジアという歴史観は、広く共有されている。たとえば、近年刊行された小峯和明の編著『日本文学史』は、第一章に相当する部分(「東アジアの漢文文化圏と日本の文学史」)の冒頭(「日本古典の誕生」)は「東アジアの漢文文化圏――トランス・アジアへ」との見出しによって叙述が始まっている。しかも、そのまとめの部分は下記のように締めくくられている。

従来の日本の国文学は、日本内部の内向きだけでやってきた。日本だけで充足できたわけで、いうなれば学問の鎖国に近い状態であった。和漢比較研究はあるが、ほとんど日中比較の一対一対応の、日本が中国をどう受け入れたのかの受容論ばかりに終始してきた。間の朝鮮半島を飛ばし、結果として無視ないし排除してきたわけで、最も近いはずの地域の文学や文化を視野に入れていないという、大きな方法論の欠如があった。根本的な研究姿勢の欠落があった、といわざるをえない。現にわれわれが一般に熟知している朝鮮古典文学がどの程度あるか、翻訳を含めてどれほど読みやすいテクストが提供されているか、を見渡してみれば容易に気づかされることである。これにベトナムや琉球をも視野に入れて多面的、多角的に双方向から見ていかなければならないだろう(3)。

『日本文学史』と銘打った通史の冒頭で、東アジア世界の中の日本文学が宣言されているのである。

さらに、小峯はハルオ・シラネと共に、雑誌『文学』誌上で、「トランス・アジアの文学」(二〇一四年五、六月号)、「漢文文化圏と演劇・語り物――何を共有するか」(二〇一五年一一、一二月号)といった座談会において、各々朝鮮文学、朝鮮演劇に造詣の深い染谷智幸、金文京を招いての議論があり、いずれも前近代の日中韓を縦横に往還する文学論、演劇論が展開されている。

従来、東アジア諸国において一国ごとに語られてきた文学史を、いかにトランス・アジアの地平で語るのかは今後の大きな課題であり、中国を中心とする東アジア漢字文化圏の中で、日本文学、朝鮮文学がどのような関係にあるのかを論じていくためには、引き続き文学史上の基礎研究の積み重ねが要請されるにちがいない。また、それと同時に、学問分野を超えた議論も必要になるのではないかと思われる。いずれにしても、今や東アジアという歴史観は、歴史学にとどまらず、文学史の世界でも、重要な課題として共有されるに至っていることを感じとることができるであろう。

ところで、小峯は、上記の座談会において東アジア規模で文学史を展望するという文脈のなかで、高麗時代の崔氏政権による私兵組織「都坊」(4)に注目し、武臣政権(一一九六―一二五八)と鎌倉幕府との近似性と同時代性に改めて着目している。実は、戦後日本の東洋史学界においても、つとに東アジアにおける同時代性については注目されていた。たとえば、前田直典「東アジヤに於ける古代の終末」（『歴史』一―四、一九四八年）は、東アジアの歴史は一体であって、その諸民族はそれぞれ独自の歴史発展をなしたものではなく、その相互間には連関性が存在すると指摘していた。すなわち、中国の文明の形成期は周辺諸民族に較べて一〇世紀以上、先駆的な発展をとげるが、古代から封建社会への移行をみると、その差は二、三世紀に短縮すると言い、封建社会の開始は中国では紀元後九、一〇世紀ごろであるが、朝鮮では高麗の中期であり、日本では鎌倉時代であって、いずれもほぼ一二世紀のことであるとした。そうすると、九世紀から一二世紀にかけての時期が東アジアにおける古代の終末に当たり、それゆえ、中国史における古代社会の終末は、唐末・五代の一〇世紀前後に設定すべきであるというのである。

前田の時代区分論は、中国史を東アジア史全体の中に位置づけて理解するという特徴をもっているが、東アジアの歴史の相互連関性と東アジア諸民族の歴史の共通性とは具体的にいかなるものかという課題を残すことになった(5)。

ちなみに、現在の日本の中国史学界において、いわゆる京都学派では内藤湖南以来、唐末・五代を中世から近世への移行と捉えている。これに対して、唐末・五代を古代から中世への移行と捉える考え方がむしろ日本の歴史学界では一般的ではあるが、国際的にみれば、内藤湖南説の影響力は絶大なものがある。

それはともかく、上述したような前田直典の提起した課題に正面から応えようとしたのが西嶋であった。西嶋は、すでに述べたように、自己完結した文化圏としての東アジア世界を提唱したが、それは、漢代以降、中国皇帝を中心に周辺諸民族の君長との間に、爵位・官職を媒介とする政治システム（冊封体制）が政治圏を形成し、この政治システムが漢字、儒教、律令、漢訳仏教を共有する文化圏の形成を促したことに注目した。こうした文化圏と政治圏が一体となった地域世界を「東アジア世界」と命名し、この地域世界の形成、発展、滅亡（一九一一年の辛亥革命）を論じた。この地域には、中国・韓国・日本・ベトナムなどが含まれる(6)。

東アジア世界は、漢代から辛亥革命に至る二〇〇〇年を視野に入れた地域世界であるが、唐の滅亡後にいったん消滅し、これに代わって東アジア交易圏が形成されたとみなし、これによって中国を中心とする文化的・政治的価値体系が弛緩したことに西嶋は着目する。まさにこの時に、中国の周辺諸民族の間では、漢字による自国語の表現という矛盾が表面化し、その結果として諸民族の間で固有の文字を作成するようになるという。それはまず、契丹において契丹文字が作成されたことに始まり、ついで西夏において西夏文字が作成され、契丹滅亡後にこれに代わった女真族の金王朝が一二世紀前半に女真文字を作成したことに現れているという(7)。

日本の仮名文字は一〇世紀になって突如として作成されたのではなく、それ以前に漢字を使用して日本語を表現する方法として万葉仮名のごとき用法が行われていたが、仮名文字のみで日本語を表現する文学の形成が定着したのは一〇世紀以降のこととみなしている。ここには、政治の世界における漢字文化への執着と、私生活における漢字文化からの離脱が認められるとも指摘する(8)。

これに対して、高麗やベトナムではそのようなことが生じることがなく、朝鮮固有の文字ハングルの作成が一五世紀のことであり、ベトナムの国字である字喃《チュノム》の現存最古の史料が一四世紀のことであることなどから、これらの諸国では一〇世紀の時点では漢字文化圏から離脱していなかったことになるという。また、こうした現象は、両国が、固有の文字を作成した他の諸国とは異なる国際関係に置かれていたことによるとみなす。すなわち、高麗の場合は、宋や契丹から冊封されるなど、中国諸王朝の政治的規制があったことや、新羅以来の吏読《イドゥ》という漢字による朝鮮語の表現方式が発達していたこと、高麗になって新羅時代以上に中国式の律令体制を強力に施行しようとしたためであると説明した。さらに、ベトナムも高麗と同様であったと述べている(9)。

しかしながら、後述するように、一〇世紀を境にみられる東アジア諸民族の変化を、単純に漢字文化圏からの離脱とみなすのは今日の研究状況を踏まえると困難なようである。この時期の変化を、改めて東アジア規模でとらえ直してみたい。

2　日本史研究における平安時代の再評価

日本古代史研究は、西嶋の東アジア世界論の提唱(一九七〇年)以来、国際関係はもとより、諸制度や文化史研究は、東アジア史の観点から追究されてきた。ただし、それよりも遡って一九六〇年代より、大宝律令制定(七〇一年)を一つの頂点(律令国家体制の成立)として、遣隋使から大宝律令までを、中国(隋・唐)との交流の中で中国文明化の過程として捉える視点は広く共有されてきたと言ってよい。ここでは中国律令の受容史が中心をなしていた。

ところが、近年二つを契機にして、日本列島の中国文明化を上述のように、日中間で捉えることへの疑義が浮上している。一つは、天聖令《てんせいれい》(一〇二九年)の発見であり[10]、もう一つは、韓国木簡の発見である[11]。まず、一九九九年の天聖令写本の発見以来、その内容分析が進展すると、天聖令から復元された唐令は大宝律令に酷似しており、大宝律令とその前段階の飛鳥浄御原令(六八九年)とが隔絶していることが明らかになってきた。すなわち飛鳥浄御原令と大宝律令との間には大きな断絶があり、遣隋使以来の継続的な文明化の到達点が大宝律令であるとは必ずしも言えないことが顕わになったのである[12]。

さらに、韓国木簡の発見と日本出土木簡との比較研究の進展により、七世紀初頭から浄御原令の段階までの古代日本の諸制度は、百済や新羅の諸制度である可能性が高まった。それらは、木簡の文書形式を始めとして、出挙制度や都城制に至るまで広範な具体的事例によって裏付けられつつある[13]。

つまり、浄御原令と大宝令との隔絶(断絶)とは、それ以前に百済・新羅・高句麗の三国を通して受容した中国文明から、直接、唐から受容する中国文明への移行ということができる。学説上、これまでも大宝律令は七世紀初頭以来の対中国外交の過程をへて次第に完成に至る到達点ではなく、大宝律令が提示した国制の枠組は、建設すべき国家の青写真であって、あるべき目標を示したものと見るべきで、法の施行と共に直ちに実現したわけではなかったという指摘があった[14]。あるべき目標として設定されたが、なかなか実現されず、その後に方針が転換され、ついに当初の目標とは異なる国制、文化が確立定着したとみるのである。

近年の日本礼制史研究に典型的に見られるように、桓武天皇(七八一—八〇六)以降、平城、嵯峨の三代(七八一—八二三)の天皇の時に宮廷が本格的に中国文明を取り入れていくことに注目されている。

さらに朝廷の儀式（礼制）は唐風化が深化していき、九世紀後半の貞観年間（八五九―八七六）に中国文明の受容は頂点を迎えると言われている[15]。

従来、九世紀後半は、遣唐使も廃止され「国風文化」が花開くと言われてきたが、国風文化と言っても、中国文化の影響を拒否するものではなく、中国文化の強い影響下で日本的文化を形成していく姿が注目されている。清少納言や紫式部に深い漢文教養があったように、九、一〇世紀に中国文化が幅広い層に浸透し、中級官人の娘たちにも漢籍に触れることが可能になったことこそ留意すべきであるという。また貴族社会への漢文の浸透のピークが一一世紀の初めの一条天皇（九八六―一〇一一）の頃にあり、中国文化を受容できる層も、そして中国文化の量もこれまでより格段に拡大して貴族層に広く行き渡り、これによって宮廷社会が成立したというのである[16]。

国風文化とは、遣唐使が廃止された後の「国を閉ざした時代」の産物ではなく、新羅商人や中国商人による民間交易が盛んになり、国家間ではなく、民間の貿易の比重が格段に大きくなった時代の産物でもあったと捉えられている。

先に、仮名文字に注目した西嶋の所説を紹介したが、そこでは、仮名文字のみで日本語を表現する文学の形成が定着したのは一〇世紀以降とみなし、「政治の世界における漢字文化への執着と、私生活における漢字文化からの離脱が認められる」と断じている。しかし、大津透が『和漢朗詠集』を事例に、「漢文と和歌が並列され、さらに漢文は中国と日本の作品が半々であるところが、この時代の中国風文化といわゆる国風文化が併存する特色をよく反映している[17]」と指摘するように、中国文明が社会に深く浸透することによって、国風（非中国的なるもの）が自覚されるようになった時代とみるべきであろう。そのような前提としての中国文明化の高まりは決して軽視すべきではないことに注意が喚起されているのである。

3　中国文明化からみた新羅下代・高麗前期

日本古代の中国文明化が深まる同時代の新羅下代（七八〇―九三五）は、ややもすると、新羅の王朝としての衰頽に力点が置かれてきた。ところが視点を変えてみると渡唐留学生が増大するだけでなく、多くの入唐僧も輩出するなど中国文明化が促進した時代でもある事実が注目される。新羅末・高麗初期に刻まれた石碑の内容を一見すれば分かるように、新羅社会に中国文明化が深化し、それまでは王都・慶州に偏していた文化が地方社会に拡散していく時代でもあった。多くの入唐僧が帰国して地方寺院が全国に建立されることに象徴されるように、新羅末期の地方分権化が進み、九世紀末には後三国と呼ばれる国家分裂がもたらされるなど、新羅社会がダイナミックに変動する時期でもある。

こうした下代における著しい特徴は、前述のように渡唐留学生の急増にある。この時代には、王子を始め貴人の子弟を唐に派遣し宮城で宿衛させたり、唐の太学《たいがく》に留学させたりした。学生は多いときには百余人に至り、彼らには買書銀が本国より支給されていた。留学生の中には、外国人に開かれていた賓貢科《ひんこうか》に登第した後に、唐朝廷に仕官するものも多く、唐末までに五八人、五代・後梁・後唐の間にも三二人に及んだ。新羅末・高麗初期の碑銘は、崔致遠《チェチウォン》や彼の従弟・崔彦滾《チェオンゴン》をはじめとする渡唐留学生の手になるものが多く残されている。

ちなみに崔致遠は景文王八年(八六八)に一二歳で唐に渡り、乾符元年(八七四)に賓貢科進士に及第して唐の官僚としても活躍した。八八五年に一七年ぶりに帰国している。

留学生と共に頻繁に唐に渡ったのは、すでに言及した求法僧たちであり、帰国した彼らの事績は各地に残る碑銘で知ることができる。要するに、新羅下代から高麗初期までは、新羅から唐に渡航するものたちが急増し、それにともなって王都のみならず新羅の地方社会の中国文明化が促進したことを見逃すべきではない。

また、重要な点は、九三六年に高麗による統一がなされた後にも、この傾向に拍車がかかり、なおも高麗中期にまで引き継がれ、光宗・靖宗・文宗を経て、睿宗・仁宗といった諸王(九四九—一一四六)にまで続くことである。これらの諸王の下で、文運は興隆し、仏典や中国書籍の収集と刊行に努めている。とりわけ、靖宗・文宗の頃からは、史伝・諸子百家・九経はもとより、医・卜・地理・律・算の諸本の雕版(版木)による印刷が盛んになり、書籍の印刷が学術の発達を促進したことは特筆すべきことである。(18)

この時期には、李資謙一族の外戚としての顕達と栄華、専横は平安時代の藤原氏と酷似し、高麗王朝において最も隆盛をほこったといわれる。外戚・慶源李氏一族は、平安期の一時期を画した藤原氏と同じ傾向を示すとの指摘もある。(19)

以上のように、一〇世紀初頭に、新羅から高麗への王朝交替はあるものの、新羅下代から高麗の一二世紀中頃までは、中国文明化の浸透が深まった時代であると同時に、刮目すべきは、それによって固有の文化に対する自覚が深まった時代でもあるという点である。そのような時代の文化を代表するものに郷歌《ヒャンガ》がある。この郷歌は、『三国遺事』などに二六首が伝わっているが、郷歌とは漢字の音訓を借りて朝鮮語を表記する方法（郷札《ヒャンチャル》）で表記された詩歌で、日本の『万葉集』の歌や記紀歌謡と似ているとされている。

一般には、郷歌なる名称は広く用いられ、古くに遡るように考えられているが、史料に従う限り、最古の用例は、『三国史記』に真聖王《チンソン》が郷歌の編纂を命じたことを、真聖王二年（八八八）条に、「（魏弘と）大矩《テグ》和尚に命じて、郷歌を修集せしむ。これを『三代目』と謂う」とあって、ここに記す「郷歌」がそれにあたる。

中国に対して、自国を「郷」と称した用例には、すでに浜田耕策が指摘するように、崔致遠が唐の地に在って、新羅からの使者を「郷使の金仁圭」（『桂苑筆耕』巻二〇、「上太尉別紙五首」）と記しており、一方、帰国後に記した崇福寺碑銘のなかで、「今、郷史を読むに」と、新羅の歴史ないし歴史書を「郷史」と記している。

さらに崔致遠による用例に加えるべきは、『三国史記』巻三二雑志・楽志所載の「崔致遠詩有郷楽雑詠五首」にみられる「郷楽」である。ところで、浜田は、これらの用例を根拠に、「郷」を冠する表現が崔致遠から始まったとは断言できないものの、最古の事例であることを指摘し、その含意は、「『郷』とは中華の外にある夷（東夷）ではなく、『中華』に内接、あるいは外接して、広域な『中華』の文化世界を構成する郷であるとする崔致遠の慕華主義の立場からの理解と用法であろう」と指摘する。[20] つまり、中華の立場から中華の辺境に対して「郷」と指称したというのである。

浜田の指摘は前者の二例（「郷使」「郷史」）については、そのまま従うべきであろう。ただし、重大な問題として看過できないのは、『三国史記』楽志所載の崔致遠「郷楽雑詠五首」を「新羅の音楽や遊戯を郷楽と呼んで、『郷楽雑詠』の五首を詠んだ」と浜田が解釈している点である。『三国史記』楽志所載の「金丸」「月顚」「大面」「則毒」「狻猊」五首は、各々異域から唐に入った舞楽であり、各々北族や西域に起源するものであって、これらの五首は、おそらくは崔致遠が唐朝において創作した詩であったはずである。つまり、崔致遠は新羅の音楽や遊戯を指して郷楽と呼んだのではない。むしろ、これらの用例から判明する重要な点は、「郷」とは、中国の東方だけでなく、北方、西方の辺境をも指していた事実である。

要するに、金富軾《キムプシク》等『三国史記』編者は、「郷楽雑詠」とある表記を根拠にして、一二世紀における高麗時代の「郷歌」の用例から誤認して、楽志に崔致遠の「郷楽雑詠五首」を載録したものとみなさなければならないのである。ここにいみじくも垣間見られるように、高麗時代の「郷」を冠する用語が、浜田の指摘するように新羅の崔致遠の用例から始まったとしても、その後に変容をきたし、全く新たな意味を帯びる用語に転化した政治的、文化的な背景に注意すべきである。

というのも、すでに多くの論者の指摘があるように、高麗時代は、前代の新羅時代末期からその兆候があったものの、さらに中国風の支配技術、名称、組織を採用しようとし、表面的にはそれを完成したとみえるほどに唐・宋の諸制度によって外見を整えている(21)。しかしながら、そうした傾向とは裏腹に、高麗的・民族的特色を保持しようとする傾向を一方に強くもっていた。それを象徴するのが「郷職《きょうしょく》」とよばれる高麗独自の爵制であり、郷職とはまさに高麗の国家的身分秩序体系を意味していた。すなわち、王室、国家に対する功労者、高齢者、軍人、胥吏《しょり》、長吏の上層（戸長）、両班《ヤンバン》、女真の酋長などにこれを与え、独自の秩序体系に吸収し、高麗独自の世界を形成していた。この世界は高麗固有の社会のみならず、高麗王朝の権力支配が直接及ばない女真社会をも包摂するのであり、外国の支配秩序と競合しながら維持、拡大された[22]。一〇世紀から一三世紀ごろまで、およそ三〇〇年にわたって維持された郷職の「郷」とは、中国に対する郷であって、国風、高麗風を意味した。それは浜田が崔致遠の用語（郷使・郷史）に与えた意味とは明らかに異なる。郷職と同じ用例には、唐楽に対して、郷楽があり、その他にも郷舞、郷俗、郷言、郷伝、郷札、郷薬、郷医などがある。まさに、郷歌はそのような類型の一つに変容した可能性がある。

すなわち、新羅真聖王の『三代目』編纂記事の用例には、浜田が指摘するような含意があったとしても、高麗時代に入り広く一般的に使用される「郷」字を冠する用語は、郷職的世界が形成された時代において、「郷歌」なる用語もそのニュアンスに変容があったのではないかと推測されるのである。すでに多くの指摘があるように、新羅には、土俗の歌のジャンルの一つとして「詞脳歌《サネガ》」があり、こちらが一般化していた[23]。つまり、郷歌は新羅末に使われ始めたばかりの唐を認識主体とした新たな呼称であったのである。それゆえに、『三国史記』楽志のような誤りも生じたのであろう。

あいにく、高麗時代には、これらの新羅時代の詞脳歌に匹敵する郷歌は、赫連挺《ヒョクヨンジョン》『均如伝《きんにょでん》（大華厳首座圓通両重大師均如伝）』（一〇世紀）にわずかに均如（九一七―九七三）の仏教歌謡が一一首伝わるに過ぎない。しかしながら、そこでも郷歌は均如の同時代の人・崔行帰《チェヘンギ》の訳歌としての漢詩（漢訳文）と対になって残されていることに注目される。

要するに、新羅末期の九世紀末に詞脳歌の歌集・『三代目』がまとめられるが、その時代にあっては、崔致遠のような中国の教養をもった知識人は、自国(新羅)を唐王朝の一地方と捉え、雛歌(ひなうた)=郷歌と称していたのであろう。実際に、崔致遠や従弟・崔彦湋の撰になる碑文は、入唐僧の出自や経歴を「唐新羅国」「有唐新羅国」「大唐新羅国」「大唐高麗」と書き始めている[24]。やがて、中華世界とは別個の郷職的世界の形成と軌を一にするかのように、高麗固有の世界を示すニュアンスをもって、改めて「郷歌」と呼ばれたのであろう。とすれば、『三代目』の編纂は、新羅下代以降の中国文明の浸透と、その強い影響のもとで、反作用のように自己を中心とする文化意識が形成され始めたことを物語る、朝鮮史上における国風の端緒とみることも可能であろう。

おわりに

東アジアという歴史観を意識することによって、従来、見落とされた新羅末・高麗前期の文化状況と同時代の日本の文化状況との共通項がみえてくるのではないかと思われる。これまで前近代の日本における中国文明の受容は、いわば中国と日本とを一対一の関係のモデルとして考えられてきた[25]。しかしながら、韓国における木簡研究などの出土文字資料の発見によって、今や「韓国古代木簡を踏まえずに、我が国古代の文字文化を語ることは不可能になりつつある」という国語学者による指摘もなされるようになってきた[26]。また、木簡のような文字の全国的な運用にみられるような七世紀後半のシステムの成立には、文字文化に熟達していた担い手の百済からの大量の人口移動が想定されている[27]。

さらに、これと併せて注目されるのは、日韓において仏教経典の調査から、角筆《かくひつ》(象牙などの先端で紙面を押し凹ませて文字・符号を書いた筆記具）による訓点の符号や文字が発見されていることである。角筆で記入された文字には、日本語に譬えれば、送り仮名や振り仮名に相当する新羅の口訣《クギョル》が発見されており、ヲコト点による訓読とあわせて、日本の漢文訓読の起源が新羅にある蓋然性が高くなっている。言うまでもなく八世紀の日本に漢文訓読は存在していたが、ほぼ同時期に新羅にも漢文訓読の存在が裏付けられることによって、日本の訓読の発達には新羅の影響があったことが提起されている(28)。

新羅の高僧・元暁《ウォニョ》の子である薛聡《ソルチョン》は、「方言をもって九経を読み、後世を訓導（教育）す。今（高麗）に至る学者は、これを宗（根本）とす」と『三国史記』薛聡伝に伝わるが、七世紀末には新羅で漢文訓読が定式化され、漢籍を訓読によって学ぶ多くの学習者を再生産していたことをこの記事は彷彿とさせる。新羅と日本では、共通の儒教経典や仏教経典を、漢語（中国語）学習を介在させることなく、各々自国語で読むことを本格化させていたのである。

このような両国において漢籍を自国語で読んだ者同士の交歓を伝えるエピソードが残されている。新羅の誓幢和尚碑《せいどうおしょうひ》（九世紀初）や『三国史記』には、七七九年七月に薛聡の子であり、元暁の孫である薛仲業《ソルチュンオプ》が新羅の使節一行に加わり来日した。その際に「日本国真人」（淡海三船《おうみのみふね》）から、元暁の『金剛三昧経論』を読みつつもその著者にまみえることができなかったが、いま元暁の孫である仲業に出会えた喜びを詩に託して贈られた事実が伝わっている。恐らく、薛仲業と淡海三船の二人のように、たとえ一部のエリートであったとはいえ、互いが共有する知識体系に基づくコミュニケーションは可能であったのであろう。すでにこの当時ですら共有した漢籍も少なくなかったのではないだろうか(29)。古代日本の初期の中国文明化は、朝鮮半島の漢字文化の受容と密接に結びついていたのである。そして新たな段階の中国文明化は、日本も新羅も共に、九世紀から深化していくのであり、それに伴って自国の固有の文化への自覚が深化する様相にも共通点があることを認めなければならない。

ところで、近年、新羅の歴史故事や奇異譚をまとめた説話集である『新羅殊異伝』が小峯和明の訳註書刊行によって日本にも広く知られるようになった(30)。著者と推定される朴寅亮《バギルリャン》は、高麗の一〇九六年没とされるので一〇世紀後半から一一世紀にかけての作品と推定されている。朴寅亮は、宋人に尺《せき》牘《とく》(書簡)、表状、題咏が激賞された当代随一とも言ってよいほどの文人である。本章で論じた高麗前期における中国文化の浸透に強い影響力がある一方で、「郷」(国風)意識の高まった時代の産物と見ることによって、『新羅殊異伝』に収録された諸篇は、これまでとは異なる見方が可能ではないかと今後の研究に期待される。とりわけ、ここに収められた一篇「崔致遠(仙女紅袋)」は、表現やストーリーなどの類似点から『遊仙窟』との関係性が議論の対象となって久しい(31)。中国文学を深く受容しながらも、高麗独自の説話が誕生したことを『新羅殊異伝』所収の「崔致遠(仙女紅袋)」に認めることができる。

中国文明の深化と固有(国風)文化の自覚と昂揚とは矛盾するものではなく、両義的なものと捉える必要があるのではないだろうか。崔致遠に端緒がある「郷」字を冠する用語は、そのような固有の文化がどのような契機で自覚化されるかを物語る点で決して軽視できない。東アジアという歴史観は、これまで見落とされてきた日本と朝鮮半島における共通する文化現象を捉え直す方法となりうるのである。

注

第一章

(1) 古代日本の朝鮮支配と「任那日本府」の現在の研究状況については、本書第三章参照。
(2) 加耶史の最近の研究動向については、鈴木靖民他『伽耶はなぜほろんだか』(大和書房、一九九一年)、田中俊明『大加耶連盟の興亡と「任那」』(吉川弘文館、一九九二年)を参照。
(3) 白鳥庫吉「満洲地名談 附好太王の碑文に就いて」(『中央公論』二〇-八、一九〇五年八月、のち『白鳥庫吉全集』五、岩波書店、一九七〇年所収)四五四頁。
(4) 李成市「表象としての広開土王碑文」(『思想』八四二、一九九四年八月。本書第六章)。
(5) 朝鮮民主主義人民共和国科学院歴史研究所『朝鮮全史(上)』(科学院出版社、平壌、一九六二年)。
(6) 社会科学院歴史研究所『朝鮮全史』(一〔原始編〕、六〔中世編 高麗一〕科学、百科事典出版社、平壌、一九七九年)。
(7) 李成市「渤海史研究における国家と民族」(『朝鮮史研究会論文集』二五、一九八八年三月)。
(8) 小林一美「中国史における国家と民族――中華帝国の構造とその展開によせて」(中本信幸他『民族と国家』の諸問題』神奈川新聞社、一九九一年)。
(9) 村田雄二郎「中華ナショナリズムの現在」(『世界』五八八、一九九三年一一月)。
(10) 栗田元次『奈良時代の特性』(日本放送出版協会、一九四〇年)。
(11) 同右、六二頁。

(12)内海孝「近代西洋文明への『遣唐使』＝岩倉遣米欧使節団」(『歴史を読みなおす4 遣唐使船』(朝日百科日本の歴史別冊)、朝日新聞社、一九九四年)。

(13)遣隋使の外交姿勢をめぐる論争が一九六〇年代に始まることは、戦前の国家の物語がいかなる歴史状況で甦ったかを探る上で示唆的である。なお日隋外交をめぐる論争については、李成市「高句麗と日隋外交」(『思想』七九五、一九九〇年九月)参照。

(14)栗田元次、注(10)前掲書、四四頁。

(15)安田浩「近代日本における『民族』観念の形成」(『思想と現代』三一、一九九二年)。

(16)竹内実・西川長夫編『比較文化キーワード』(サイマル出版会、一九九四年)。

(17)岸田秀『ものぐさ精神分析』(青土社、一九七七年)。

(18)三品彰英『朝鮮史概説』(弘文堂、一九四〇年初版、一九五二年増補版)は、その典型として特筆されるべき文献である。序説の冒頭に掲げられた「朝鮮史の他律性」と題する文章中には、朝鮮の歴史、民族、文化の属性として、「付随性」「周辺性」「弁証法的歴史発展の跡の甚しく乏しい」「自由を持つこと真に少い歴史」「外来文化受容の歴史」「国外諸勢力の歴史の考察こそ、朝鮮史理解に対する不可欠の前件」「独立性の欠如」「党閥を結成することは朝鮮の著しい国民性」「同族依頼主義」「雷同性」「宿命論者」「逃避、幽鬱、刹那的享楽などの道を選ぶ」「朗かに笑ふことを忘れた国民」などが説かれるとともに、「極東諸族に魁して世界史的に成長した日本が朝鮮を同胞として共存」して「ここに始めて半島史的なるものを止揚するの時を得た」ことが指摘されている。

第二章

(1)北沢憲昭「『日本画』概念の形成にかんする試論」(青木茂編『明治日本画史料』中央公論美術出版、一九九一年）。

（2）北沢憲昭、注（1）前掲論文、五二二頁。高木博志「日本美術史の成立・試論——古代美術史の時代区分の成立」（『日本史研究』四〇〇、一九九五年一二月）七四頁。

（3）高木博志「日本の近代化と皇室儀礼——一八八〇年代の「旧慣」保存」（『日本史研究』三二〇、一九八九年四月）七五頁。

（4）北沢憲昭、注（1）前掲論文、四九一頁。

（5）高木博志、注（3）前掲論文。

（6）高木博志、注（3）前掲論文、九九頁。

（7）エリック・ホブズボウム、テレンス・レンジャー編『創られた伝統』（前川啓治他訳、紀伊國屋書店、一九九二年）一五頁。

（8）西川長夫「日本型国民国家の形成——比較史的観点から」（西川長夫・松宮秀治編『幕末・明治期の国民国家形成と文化変容』新曜社、一九九五年）二七頁。

（9）内海孝「近代西洋文明への『遣唐使』＝岩倉遣米欧使節団」（『歴史を読みなおす4　遣唐使船』（朝日百科日本の歴史別冊）、朝日新聞社、一九九四年）五四—五五頁。

（10）李成市「古代史にみる国民国家の物語——日本とアジアを隔てるもの」（『世界』六一一、一九九五年八月。本書第一章）一四一—一四二頁。

（11）竹本裕一「久米邦武と能楽復興」（注（8）前掲『幕末・明治期の国民国家形成と文化変容』）四九七頁。

（12）同右、四九八頁。

（13）同右、五〇五頁。

（14）酒井直樹「日本社会科学方法序説——日本思想という問題」（『岩波講座社会科学の方法』三、一九九三年）一三頁。

(15) 安田浩「近代日本における『民族』観念の形成」(『思想と現代』三一、一九九二年)七〇頁。
(16) 宮地正人「日本的国民国家の確立と日清戦争——帝国主義的世界体制成立との関連において」(『黒船と日清戦争』未来社、一九九六年)三三三頁。
(17) 小森陽一『漱石を読みなおす』(ちくま新書、一九九五年)二二頁。
(18) ベネディクト・アンダーソン『増補 想像の共同体』(白石さや・白石隆訳、NTT出版、一九九七年)。
(19) 小森陽一、注(17)前掲書、一一〇—一一三頁。
(20) 西嶋定生「序説——東アジア世界の形成」(『岩波講座世界歴史』四、一九七〇年。のち李成市編・西嶋定生『古代東アジア世界と日本』岩波現代文庫、二〇〇〇年所収)。
(21) 西嶋定生「六—八世紀の東アジア」(『岩波講座日本歴史』二、一九六二年。のち注(20)前掲『古代東アジア世界と日本』所収)。
(22) 東アジア世界論の構想過程と、歴史的背景については、李成市『東アジア文化圏の形成』(山川出版社、二〇〇〇年)。
(23) 西嶋定生『中国史を学ぶということ』(吉川弘文館、一九九五年)二〇頁。
(24) 同右、一九頁。
(25) ここでは酒井直樹(『死産される日本語・日本人』新曜社、一九九六年)の次のような指摘に留意したい。「古代以来、日本がつねに「中国」との対照によって自己措定を行なってきたという広く受け容れられている見解は、近代の、国民共同体が、対他かつ対自的に自己を構想する図式を非歴史的に、過去に投射したものであるにすぎない。この図式はこれから述べる種的同一性の論理のなかでしか働かないのである。日本人と中国人、あるいは、日本文化と中国文化の対照自体が、国民としての日本人や中国人を前提してしまっているのであって、ここには、国民という種的同一化の様式がいかに近代に限られたものであるか、という自覚がまったく欠けているのである。」

(26) 西嶋定生、注(23)前掲書、一六頁。
(27) 本章で述べたように、西嶋の東アジア世界論がはらむ一国史の限界はあるとしても、東アジア世界論がもつ射程と、その歴史理論としての意義については、本書第一二章・第一三章を参照のこと。

第三章

(1) 広開土王碑文の研究概要については、李成市「表象としての広開土王碑文」(『思想』八四二、一九九四年八月。本書第六章)参照。
(2) 直木孝次郎「神功皇后伝説の成立」(『歴史評論』一〇四、一九五九年四月)。
(3) 同右。
(4) 渡邊誠「日本古代の朝鮮観と三韓征伐伝説――朝貢・敵国・盟約」(勝部眞人『文化交流史比較プロジェクト研究センター報告書Ⅵ』広島大学大学院文学研究科、二〇〇九年)。
(5) 同右。
(6) 塚本明「神功皇后伝説と近世日本の朝鮮観」(『史林』七九―六、一九九六年一一月)。
(7) 同右。
(8) 同右。
(9) ロナルド・トビ「近世日本の庶民文化に現れる朝鮮通信使」(『韓』一一〇、一九八八年七月)。
(10) ロナルド・トビ「近世日本の朝鮮像――庶民の目と耳をかりて」(朝鮮史研究会第三二大会講演、一九九五年一〇月二一日)。
(11) 須田努「江戸時代民衆の朝鮮・朝鮮人観――浄瑠璃・歌舞伎というメディアを通じて」(『思想』一〇二九、二〇一〇年一月)。

(12) 錦絵は、姜徳相編著『カラー版 錦絵の中の朝鮮と中国――幕末・明治の日本人のまなざし』(岩波書店、二〇〇七年)、および東京経済大学朝鮮錦絵型録インデックス(http://www.tku.ac.jp/~library/korea/index02.zHTML)〔二〇一〇年一二月〕を参照した。
(13) 姜徳相、注(12)前掲書。
(14) 牧原憲夫「文明開化論」(『岩波講座日本通史』一六、一九九四年)二五二頁。
(15) 吉野誠『明治維新と征韓論――吉田松陰から西郷隆盛へ』(明石書店、二〇〇二年)。
(16) 多田井喜生『朝鮮銀行』(PHP研究所、二〇〇二年)七二―七五頁。
(17) 姜徳相、注(12)前掲書、一五頁。
(18) 多田井喜生、注(16)前掲書、七六頁。
(19) 同右、一一六頁。
(20) 同右、七六頁。
(21) 奥付によれば、編集所日本歴史地理学会、編輯人岡部精一、発行所三省堂書店となっている。
(22) 永原慶二『20世紀日本の歴史学』(吉川弘文館、二〇〇三年)一〇九頁。
(23) 岡部精一「『朝鮮号』発刊の辞」(『歴史地理』臨時増刊号、一九一〇年一一月)五―六頁。
(24) 幣原坦「日韓交通の概要」(注(23)前掲書)一一頁。
(25) 永原慶二、注(22)前掲書、六〇頁。
(26) 喜田貞吉「韓国併合と教育家の覚悟」(注(23)前掲書)一三六頁。
(27) 岡部精一「神功皇后の三韓退治」(注(23)前掲書)一七七頁。
(28) 朝日新聞社編『朝日日本歴史人物事典』(朝日新聞社、一九九四年)。
(29) 那珂通世「新羅古記の倭人」(注(23)前掲書)一四六頁。
(30) 同右、一五二頁。

(31) 永原慶二、注(22)前掲書、七八頁。
(32) 三浦周行「日韓の同化と分化」(注(23)前掲書)一七一―一七三頁。
(33) 永原慶二、注(22)前掲書、七八頁。
(34) 喜田貞吉、注(26)前掲論文、一三〇―一三一頁。
(35) 久米邦武「韓国併合と近江に神籠石の発見」(注(23)前掲書)五〇頁。
(36) 大森金五郎「任那日本府の興廃」(注(23)前掲書)一一二、一一八、一二九頁。
(37) 星野恒「歴史上より観たる日韓同域の復古と確定」(注(23)前掲書)三六、四〇頁。
(38) 時野谷勝編著『日本史の完全研究』(清水書院、一九六六年)三六頁。なお当該箇所は戦後日本の朝鮮古代史をリードした井上秀雄の執筆になる。
(39) 上野千鶴子「〈外部〉の分節――記紀の神話論理学」(桜井好朗編『大系 仏教と日本人 一 神と仏』春秋社、一九八五年)三〇四頁。
(40) 李成市「新たな現実と東アジア史」(『本郷』二五、二〇〇〇年一月)。
(41) 鈴木靖民『増補 古代国家史研究の歩み――邪馬台国から大和政権まで』(新人物往来社、一九八三年)四五頁。
(42) 金達寿『日本の中の朝鮮文化』のシリーズ(講談社)は、一九七〇年から九一年まで二一年間にわたって一二巻が刊行された。日本社会に広く受け入れられたと見てよいだろう。
(43) 李進熙の唱えた広開土王碑の改竄説は、現在では実証レベルにおいて全く否定されている。本書第六章参照。
(44) 鈴木靖民他「座談会『東アジアの古代文化』成果とゆくえ」(『東アジアの古代文化』一三七、二〇〇九年一月)。
(45) 近年の加耶史の成果の概要については、田中俊明『古代の日本と加耶』(山川出版社、二〇〇九年)で簡便に知ることができる。

(46) 村上陽一郎『科学のダイナミックス』(サイエンス社、一九八〇年)。同『歴史としての科学』(筑摩書房、一九八三年)。

第四章

(1) 小林一美「中国史における国家と民族――中華帝国の構造とその展開によせて」(中本信幸他『「民族と国家」の諸問題』神奈川新聞社、一九九一年)。

(2) 菊池俊彦「コリャーク民族区の成立とシベリアの少数民族問題」(『変革期アジアの法と経済』昭和六〇年度科研報告書、一九八六年三月)。

(3) 田中克彦『言語の思想――国家と民族のことば』(日本放送出版協会、一九七五年)。

(4) 李成市「渤海史研究における国家と民族」(『朝鮮史研究会論文集』二五、一九八八年三月)。

(5) ただし、二〇〇〇年代に入り中国学界では高句麗に対しても、本章で論じる渤海と同様に、「東北工程」の一環として、中国の地方政権とする見解を強調するようになっている。

(6) 李成市「東アジアの諸国と人口移動」(田村晃一・鈴木靖民編『新版 古代の日本』二、アジアからみた古代日本、角川書店、一九九二年、のちに『古代東アジアの民族と国家』岩波書店、一九九八年)。

(7) 権五重「靺鞨の種族系統に関する試論」(『震檀学報』四九、ソウル、一九八〇年六月)。

(8) 菊池俊彦「靺鞨の同仁文化の遺跡」(『北海道考古学』二四、一九八八年三月)。

(9) 平野健一郎他『アジアにおける国民統合――歴史・文化・国際関係』(東京大学出版会、一九八八年)。

(10) 河上洋「渤海の地方統治体制――一つの試論として」(『東洋史研究』四二―二、一九八三年九月)。

(11) 鈴木靖民「渤海の首領制に関する予備的考察」(『古代対外関係史の研究』吉川弘文館、一九八五年)。

(12) 武田幸男「広開土王碑からみた高句麗の領域支配」(『東洋文化研究所紀要』七八、一九七九年三月、のちに『高句麗史と東アジア――「広開土王碑」研究序説』岩波書店、一九八九年)。
(13) 李成市、注(4)前掲論文。
(14) 大隅晃弘「渤海の首領制――渤海国家と東アジア世界」(『新潟史学』一七、一九八四年一〇月)。
(15) 酒寄雅志「渤海国家の史的展開と国際関係」(『朝鮮史研究会論文集』一六、一九七九年三月)。
(16) 李成市「八世紀新羅・渤海関係の一視角――『新唐書』新羅伝長人記事の再検討」(『國學院雑誌』九二―四、一九九一年四月、のちに注(6)前掲『古代東アジアの民族と国家』)。
(17) 古畑徹「日渤交渉開始期の東アジア情勢――渤海対日通交開始要因の再検討」(『朝鮮史研究会論文集』二三、一九八六年三月)。
(18) 池内宏「高麗太祖の経略」(『満鮮史研究』吉川弘文館、一九七九年)、同「高麗朝に於ける東女真の海寇」(同上)。
(19) 武田幸男、注(12)前掲論文。
(20) 河上洋「渤海の交通路と五京」(『史林』七二―六、一九八九年一一月)。

第五章

(1) 李成市「コロニアリズムと近代歴史学――植民地統治下の朝鮮史編修と古蹟調査を中心に」(寺内威太郎他『植民地主義と歴史学』刀水書房、二〇〇四年。本書第八章)。
(2) 李成市「古代史にみる国民国家の物語――日本とアジアを隔てるもの」(『世界』六一一、一九九五年八月。本書第一章)、同「韓国古代史研究と植民地主義――その克服のための課題」(『韓国古代史研究』六一、ソウル、二〇一一年)。

(3) 佐伯有清『古代史演習 七支刀と広開土王碑』(吉川弘文館、一九七七年)、李進熙『広開土王碑と七支刀』(学生社、一九八〇年)。

(4) 古代日朝関係に決定的な影響を与えた「三韓征伐」と任那日本府の関係については、李成市「三韓征伐」(板垣竜太他著『東アジアの記憶の場』河出書房新社、二〇一一年。本書第三章)参照。

(5) 宮崎市定『謎の七支刀——五世紀の東アジアと日本』(中公新書、一九八三年)。引用箇所で宮崎がいうところの「これ」とは、原文では具体的には七支刀銘文の「奇生聖音」四字をさしている。なお、宮崎の同書は、科学的な調査を無視した釈文に基づく空想に近い論考であり、全く成り立つ余地はない。詳細は木村誠「百済史料としての七支刀銘文」(『古代朝鮮の国家と社会』吉川弘文館、二〇〇四年)参照。

(6) 木村誠、注(5)前掲書。木村の論文タイトル「百済史料としての七支刀銘文」には、七支刀銘文が従来、百済史料として論じられてこなかったことが示唆されている。

(7) 広開土王碑文研究の再検討は、日本近代史研究者である中塚明が着手、それを受けて李進熙が陸軍参謀本部改竄説を提起した(中塚「近代日本史学史における朝鮮問題——とくに「広開土王陵碑」をめぐって」『思想』五六一、一九七一年三月、のち『近代日本の朝鮮認識』研文出版、一九九三年所収。李進熙、注(3)前掲書)。陸軍参謀本部のスパイ活動が碑文研究に深く関わっていたことは、佐伯有清によって解明された(佐伯『研究史広開土王碑』吉川弘文館、一九七四年)。なお本書第六章参照。

(8) 辛卯年条の再解釈をめぐる問題点については、李成市「表象としての広開土王碑文」(『思想』八四二、一九九四年八月。本書第六章)参照。また、原石拓本に基づく改竄問題に対する批判については、武田幸男の研究(武田幸男『広開土王碑原石拓本集成』東京大学出版会、一九八八年、同『広開土王碑との対話』白帝社、二〇〇七年、同『広開土王碑墨本の研究』吉川弘文館、二〇〇九年)を参照。

(9) 朴時亨『広開土王陵碑』(全浩天訳、そしえて、一九八五年)。武田幸男、注(8)前掲書(一九八八年)。

(10) 浜田耕策「高句麗広開土王陵碑文の研究」(『朝鮮史研究会論文集』一一、一九七四年三月)。武田幸男、注

(8)前掲書(一九八八年)。李成市、注(8)前掲論文。

(11) 李成市「石刻文書としての広開土王碑文」(藤田勝久・松原弘宣編『東アジア出土資料と情報伝達』汲古書院、二〇一一年。本書第七章)。

(12) 孫仁傑「集安高句麗碑の発見の経緯と碑面の現状」(『プロジェクト研究』九、早稲田大学総合研究機構、二〇一三年)。耿鉄華「集安高句麗碑の立碑年代と発見の意義」(『プロジェクト研究』九、同上)。

(13) 武田幸男「集安・高句麗二碑の研究に寄せて」(前掲注(12)『プロジェクト研究』九)。

(14) 佐伯有清『牛と古代人の生活』(至文堂、一九六七年)。

(15) 李成市「蔚珍鳳坪新羅碑の基礎的研究」(『古代東アジアの民族と国家』一九九八年、岩波書店)。

(16) 橋本繁・李成市「朝鮮古代法制史研究の現状と課題」(『法制史研究』六五、二〇一五年)。

(17)「特集 木簡の世界」を掲載した『月刊しにか』(二―五―一四、一九九一年五月)は、東アジア諸地域(中国、韓国、チベット・中央アジアなど)の木簡を取り上げた初めての試みであった。

(18) 近藤一成「アジア地域文化学の構築――総論」(早稲田大学アジア地域文化エンハンシング研究センター編『アジア地域文化学の構築――21世紀COEプログラム研究集成』雄山閣、二〇〇六年)。

(19) 前者は、外村大、三ツ井崇、柳美那、鄭仁盛が担当し、後者は、平川南、三上喜孝、安部聡一郎、橋本繁、李成市が担当した。前者の成果については、早稲田大学朝鮮文化研究所編『21世紀COEプログラム関連シンポジウム コロニアリズムと「朝鮮文化」――朝鮮総督府「朝鮮古蹟調査事業」をめぐって』(二〇〇六年)参照。

(20) 国立昌原文化財研究所『韓国の古代木簡』(国立昌原文化財研究所、ソウル、二〇〇四年)。

(21) 朝鮮文化研究所編『韓国出土木簡の世界』(雄山閣、二〇〇七年)、早稲田大学朝鮮文化研究所・国立加耶文化財研究所編『日韓共同研究資料集 咸安城山山城木簡』(アジア研究機構叢書人文学篇第三巻、雄山閣、二〇〇九年)。

(22) 共同研究には、歴史研究者(日本史、朝鮮史、中国史)はもとより、考古学、美術史、言語学、日本文学、古文書学など多様な分野の研究者が参与した(国立歴史民俗博物館・平川南編『歴博国際シンポジウム　古代日本と古代朝鮮の文字文化交流』大修館書店、二〇一四年)。

(23)　韓国国立中央博物館「文字その後」(二〇一一年)、人間文化研究機構国立歴史民俗博物館「文字がつなぐ」(二〇一四年)。

(24)　朱甫暾「韓国木簡学会の出帆と展望」(『木簡研究』三〇、二〇〇八年)。

(25)　韓国木簡の概要については、李成市「東アジアの木簡文化」(木簡学会編『木簡から古代がみえる』岩波新書、二〇一〇年)参照。韓国古代木簡の図録も刊行されている。国立昌原文化財研究所、注(20)前掲書および同研究所『改訂版　韓国の古代木簡』(昌原、二〇〇六年)、国立扶余博物館『百済木簡——所蔵品調査資料集』(扶余、二〇〇八年)、国立扶余博物館・国立加耶文化財研究所『木の中の暗号　木簡』(ソウル、二〇〇九年)を参照。

近年までの研究成果については、朝鮮文化研究所編、注(21)前掲書、工藤元男・李成市編『東アジア古代出土文字資料の研究』(アジア研究機構叢書人文学篇第一巻、雄山閣、二〇〇九年)参照。

(26)　韓国木簡学会では、毎年、国際学術会議を開催しているが、そこには中国から出土文字資料研究者、日本からは木簡研究者が必ず招請されている。さらには欧米からも碑石研究者、言語学者が招かれることがある。韓国東北アジア歴史財団、成均館大学東アジア学術院でも、この一〇年間において、同様の主題の国際学術会議がたびたび開催されている。

(27)　李成市「韓国出土の木簡について」(木簡学会　第一八回木簡学会研究集会、一九九六年一二月)。

(28)　第一八回木簡研究集会においては、犬飼隆、平川南両氏から様々なご教示を頂いたことがその後の韓国木簡研究の深化に大きな力となった。当時の研究状況については、李成市「草創期韓国木簡研究の覚書」(『木簡と文字』四、ソウル、二〇〇九年)参照。

(29)　李成市「韓国出土木簡と東アジア世界論」(角谷常子編『東アジア木簡学のために』汲古書院、二〇一四年）。瀬間正之『記紀の表記と文字表現』（おうふう、二〇一五年）。

（30）朝鮮総督府の朝鮮史編纂事業に中心的役割を果たした稲葉岩吉は次のように述べている。「日本の文化は、昔朝鮮より遅くれてゐたから、事ごとに半島に師承したといふ歴史がある、つまり、日本文化の啓蒙は、鮮人によりてなされたといふのが多であるが、これ等は鮮人と半島にあつた支那のコロニーとを区別しない浅はかな見解であるといつてよい。日本は、半島の鮮人が部落時代を脱出せない際、早くも統一国家を組織してゐて、その派遣官は、南鮮にも出張してゐた。日本は、支那のコロニーなる楽浪帯方から文化を受入れた事実はあるといへるが、それすら軽微なものであり、多くは大陸への直接交通によりてなされてある」（稲葉岩吉『朝鮮文化史研究』雄山閣、一九二五年、一八二頁。傍点は原文）。

（31）李成市「古代朝鮮の文字文化――見えてきた文字の架け橋」（『古代日本　文字の来た道』大修館書店、二〇〇五年）。

（32）渡辺晃宏『平城京一三〇〇年「全検証」――奈良の都を木簡からよみ解く』（柏書房、二〇一〇年）。同「日本古代の都城木簡と羅州木簡」（『六～七世紀栄山江流域と百済』国立羅州文化財研究所開所五周年記念国際学術大会、二〇一〇年）。馬場基「木簡の作法と一〇〇年の理由」（『日韓文化財論集Ⅱ』奈良文化財研究所学報八七冊、二〇一一年）。羅州木簡については、李成市「羅州伏岩里百済木簡の基礎的研究」（鈴木靖民編『日本古代の王権と東アジア』吉川弘文館、二〇一二年）参照。

（33）李成市「日韓古代木簡から東アジア史に吹く風」（『史学雑誌』一二四―七、二〇一五年七月）。この点を大隅清陽は次のように表現している。「古代日本は一直線に七世紀初頭の遣隋使から八世紀初頭の大宝律令へと古代日本の中国的律令の受容過程（唐風化）を信じていた従来の認識体系を捨て去らなければならない」（大隅清陽「これからの律令制研究――その課題と展望」『九州史学』一五四、二〇一〇年一月）。

（34）市大樹『飛鳥の木簡』（中公新書、二〇一二年）。

（35）鐘江宏之「「日本の七世紀史」再考――遣隋使から大宝律令まで」（『学習院史学』四九、二〇一一年）。鐘江の「吾々はついつい『日本書紀』の編纂者の術中に陥ってしまって、七世紀を、かなり中国化を目指した時代というようなイメージで見てしまっている可能性がある」との指摘は、本章の趣旨に関わって軽視できない。

(36) 大隅清陽、注(33)前掲論文。

(37) 李成市「平壌楽浪地区出土『論語』竹簡の歴史的性格」(『国立歴史民俗博物館研究報告』一九四、二〇一五年三月)。

(38) 韓国における共同研究の具体的な調査方法については、橋本繁「韓国木簡のフィールド調査と古代史研究——咸安・城山山城木簡の共同調査より」(『史滴』三〇、二〇〇八年一二月)を参照。

(39) 西川長夫「グローバル化時代のナショナル・アイデンティティ」(『〈新〉植民地主義論——グローバル化時代の植民地主義を問う』平凡社、二〇〇六年)。

＊文献中、地方都市名が入っているものは韓国語文献。

第六章

(1) 碑文中には広開土王の諡を「国岡上広開土境平安好太王」と記しており、この諡の末尾の箇所を略称として用いて、しばしば好太王碑と呼ばれてきた。しかし、これは高句麗王に対する美称であって、むしろ広開土王を略称として用いるべきである。武田幸男「好太王の時代」(読売テレビ放送編『好太王碑と集安の壁画古墳』木耳社、一九八八年)参照。

(2) 本文中に引用する広開土王碑文の釈文は武田幸男『広開土王碑原石拓本集成』(東京大学出版会、一九八八年)に従った。

(3) 酒匂景信については佐伯有清『研究史広開土王碑』(吉川弘文館、一九七四年)一五九—一七二頁参照。

(4) 酒匂が将来した墨本は、これまで拓本、あるいは双鉤本と呼ばれてきたが、それが碑文を墨で書き写した

「墨水廓塡本」であることが明らかにされている。武田幸男、注(2)前掲書、二四三―二四六頁参照。
(5) 佐伯有清、注(3)前掲書、四―三八頁。
(6) 中塚明「近代日本史学史における朝鮮問題――とくに「広開土王陵碑」をめぐって」(『思想』五六一、一九七一年三月。のち『近代日本の朝鮮認識』研文出版、一九九三年所収)。
(7) 『会余録』が中国人の釈文にも少なからず影響を及ぼした点については、武田幸男他・座談会「広開土王陵碑と古代アジア」(朝鮮史研究会編『古代朝鮮と日本』龍渓書舎、一九七四年、三二二頁)において佐伯有清の簡略な指摘がある。
(8) 中塚明、注(6)前掲論文、一四七頁参照。
(9) 同右、一七二頁参照。
(10) 白鳥庫吉「満洲地名談 附好太王の碑文に就て」(『中央公論』二〇―八、一九〇五年八月、のち『白鳥庫吉全集』五、岩波書店、一九七〇年所収)四五四頁。
(11) 旗田巍「日本における東洋史学の伝統」(『歴史学研究』二七〇、一九六二年一一月)。
(12) 白鳥庫吉、注(10)前掲論文、四五四―四五五頁。
(13) 白鳥庫吉「戦捷に誇る勿れ」(『白鳥庫吉全集』一〇、岩波書店、一九七一年)三七頁。『白鳥庫吉全集』の編集者は、これを「明治三八年(一九〇五年)、講演筆記」としているが、佐伯有清(注(3)前掲書、一四七頁)は、一九〇七年頃の講演とみなければならないことを指摘している。
(14) 佐伯有清、注(3)前掲書、一四九頁。
(15) こうした碑文解読の図式はその後、『南淵書』なる偽書を生み出すことになった。すなわち、それは南淵《みなぶち》請安《しょうあん》が遣隋使の帰路に、碑石のある集安に立ち寄り、欠字のない全文を写し取ってきたものを収録した書であるという。その「全文」によれば、倭は半島において圧倒的な勝利を収めたことになる。歴史の中から南淵請安を駆り出してまで碑文の倭関係記事を偽造し、倭＝日本の朝鮮半島南部支配の永続性を証拠だてようとしたのであるが、こうした仕儀が生まれたることこそまさに碑文が近代のテクストとして解読された何よりの証となる。中塚明、注(6)前掲論文、一六七―一六九頁参照。

(16) 鄭寅普「広開土境平安好太王陵碑文釈略」(『白楽濬博士還甲紀年国学論叢』ソウル、一九五五年。日本語訳、井上秀雄・旗田巍編『古代日本と朝鮮の基本問題』学生社、一九七四年)。

(17) 鄭寅普の解釈の訳文については、武田幸男「その後の広開土王碑文研究」(『年報朝鮮学』三、一九九三年、七頁)を参照した。

(18) 金錫亨『初期朝日関係史』(社会科学院出版社、一九六六年。日本語訳『古代朝日関係史――大和政権と任那』勁草書房、一九六九年)。

(19) 朴時亨『広開土王陵碑』(社会科学院出版社、一九六六年。日本語訳、そしえて、一九八五年)。

(20) たとえば李亨求は、三二字中の「倭」字は、元来「後」であった文字を日本陸軍参謀本部が「倭」に改竄したとして、三二字から倭を消去してこの箇所を朝鮮半島内に限られた国際関係とみなそうとしている。李亨求・朴魯姫『広開土大王陵碑新研究』(同和出版公社、ソウル、一九八六年)。

(21) 金錫亨以降の近代朝鮮のテクストとしての様々な解釈の試みについては、武田幸男、注(17)前掲論文、七―八頁参照。

(22) 金錫亨、注(18)前掲書、四七〇頁。

(23) 近代以前の朝鮮諸国と倭国との関係は、近代における「日本人」「朝鮮人」とは直接関係のないことは言うまでもない。しかし、今日でも古代日朝関係史に関する日本、南北朝鮮の研究をみる限り、おおよそ近代におけるネーション・ステイトの「民族」と、それ以前の王朝国家のエスニックグループの集合体からなる「民族」とを自覚的に弁別して論じる研究者は決して多くはない。

(24) 喜田貞吉「日鮮両民族同源論」(『民族と歴史』六―一、一九二一年)。

(25) 中塚明、注(6)前掲論文、一七四―一七六頁。

(26) 佐伯有清、注(3)前掲書。同『広開土王碑と参謀本部』(吉川弘文館、一九七六年)。
(27) 李進熙『広開土王陵碑の研究』(吉川弘文館、一九七二年)。
(28) ここでいう「イデオロギー」とは、意識的な政治上の欺瞞という否定的な評価を含んだ意味で使用しているのではなく、カール・マンハイムが知識社会学における方法上の概念として措定した用法に従っている。
(29) 李進熙説の反響と問題点については、後藤孝典「広開土王陵碑――李進熙説に対するさまざまな反応について」(『東アジアの古代文化』創刊号、一九七四年一月)がその一面を浮き彫りにしている。
(30) 井上光貞「朝鮮史家の日本古代史批判」(「古代史講座(三刷)月報」一三、一九七三年、のち『井上光貞著作集』岩波書店、一九八五年所収)三八八頁。
(31) 井上光貞『わたくしの古代史学』(文芸春秋、一九八二年)二八一―二八二頁。
(32) 山尾幸久「戦後歴史学の古代東アジア史認識」(『戦後価値の再検討』有斐閣、一九八六年)一六三頁。
(33) 後藤孝典、注(29)前掲論文、一八頁。
(34) 李進熙、注(27)前掲書。武田幸男他、注(7)前掲座談会。
(35) 武田幸男「広開土王碑おぼえがき(上) 碑文解釈の鍵――「大前置文」説を提唱する」(『UP』一七一二、一九八八年二月)は、碑文中の独自の表記法に対する「発見」の経緯を詳細に論及しており、そこからは、あたかも科学史にみられるがごとき「同時発見(多重発見)」の様相を呈していたことが読みとれる。
(36) 武田幸男、注(35)前掲論文。
(37) 武田幸男、注(17)前掲論文。
(38) 王健群『好太王碑の研究』(雄渾社、一九八四年)は、王健群『好太王碑の研究』(長春、吉林人民出版社)の日本語版として同年に刊行された。
(39) 王健群、注(38)前掲書、三二頁によれば、一九六五年と一九七七年の二度にわたって「化学的密封保護」措置(樹脂加工)がなされたことが明らかにされている。現碑を参観した人々によれば、そうした措置によって石灰塗布以前の状況に回復させることは不可能のようである。
(40) 李進熙、注(27)前掲書、一四五―一六九頁。
(41) 王健群、注(38)前掲書、五二―五七頁。
(42) 水谷悌二郎「好太王碑考」(『書品』一〇〇、一九五九年六月。のちに『好太王碑考』開明書院、一九七七年として刊行)。
(43) 武田幸男、注(2)前掲書。
(44) 武田幸男「『碑文之由来記』考略――広開土王碑発見の実相」(『榎博士頌寿記念東洋史論叢』汲古書院、一九八八年)。
(45) 徐建新(中国社会科学院世界歴史研究所)は、北京図書館はじめ中国各地に残る原石拓本の調査を継続して行い、現在六本の原石拓本を確認したと報告している。『読売新聞』(東京本社、一九九四年四月二一日朝刊)、徐建新「北京にある好太王碑原石拓本とその意義について」(一九九五年五月一四日、明治大学、口頭発表)。
(46) 現碑の調査に基づく王健群の釈文と原石拓本の調査に武田幸男の釈文との差異は少なくない。両者の照合と釈文の再検討は今後の課題である。なお武田・王釈文の対照については、池田温「『広開土王碑原石拓本集成』武田幸男編著」(『書道研究』六、一九九八年)によってなされている。
(47) この点については、とりあえずキャロル・グラックによって「ナショナル・ヒストリー」と「パブリック・メモリー」の概念のもとに説かれている諸国家の「共同の歴史意識」を参照されたい(「外からみた戦後日本の歴史学」『日本史研究』三二八、一九八九年一二月)。
(48) 関野貞「支那碑碣の様式」(『支那の建築と芸術』岩波書店、一九三八年)、銭存訓(宇都木章他訳)『中国古代書籍史』(法政大学出版局、一九八〇年)、馬子雲『碑帖鑑定浅説』(紫禁城出版社、北京、一九八六年)参照。
(49) 銭存訓および馬子雲、注(48)前掲書。
(50) たとえば白崎昭一郎『広開土王碑文の研究』(吉川弘文館、一九九三年)は、立碑目的を従来の諸説に従って(一)紀功碑、(二)墓誌、(三)法令宣布の石刻文書、といった三機能を追認した上で、さらに加えて、高句麗国家の向後進むべき方向を宣言することを最大の目的とした「国策の宣言碑」であると指摘する。これでは立碑目的が判然としないことを告白しているも同然である。

(51) たとえば近年、中国吉林省において渤海の第三代文王の二人の王女(貞孝公女・貞恵公女)の墓誌が相次いで発見されたが、約七〇〇字にわたる全文は、名前や生年・没年とごく一部の字句以外は、同一の文章であることが確認されている。王承礼(古畑徹訳)「唐代渤海『貞恵公女墓志』と『貞孝公女墓志』の比較研究」(『朝鮮学報』一〇三、一九八二年四月)。

(52) 武田幸男「新領域の城――戸支配」(『高句麗史と東アジア』岩波書店、一九八九年)四〇頁。

(53) 同右、五四―五五頁。

(54) 武田幸男「四―五世紀の朝鮮諸国」(『公開シンポジウム　四、五世紀の東アジアと日本――好太王碑を中心に』レジュメ集、一九八五年一月)に基づき一部を改めている。

(55) 『資治通鑑』巻一一一、晋紀三四、巻一一三、晋紀三五。

(56) 武田幸男「長寿王の東アジア認識」(注(52)前掲書)二一七頁。

(57) 武田幸男「広開土王の領域拡大」(注(52)前掲書)二九―三二頁。

(58) 武田幸男、注(52)前掲論文、四四―五四頁。ただし、それらの一部には、高句麗が従前の「城」を解体し、あらたに徴発単位として改編されたものがあった事実が指摘されている。

(59) 同右、四四―五四頁。

(60) 碑文中における「朝貢」概念の高句麗的特色については、武田幸男「『朝貢』関係の基本性格」(注(52)前掲書)参照。

(61) 武田幸男「高句麗勢力圏の展開過程」(注(52)前掲書)一三一―一三七頁。

(62) 『史学志』(中原高句麗碑特輯号、一三、ソウル、一九七九年)。李基白「中原高句麗碑のいくつかの問題」

(『韓国文化』一、一九七九年一〇月)。

(63) こうした状況がいかに深刻な事態であったかは、たとえば、王家のみならず、高句麗の支配層がいかに死後の世界を重視していたかについて語っている『三国志』東夷伝高句麗条の記事が参照されるべきである。男女已に嫁娶すれば、便わち稍しく送終の衣(葬衣)を作る。厚く葬り、金銀財幣は、送死に尽くす。石を積み封と為し、松栢を列種す。すなわち、これによって高句麗社会が墳墓の護持にも並々ならぬ関心を抱いていたことが容易に推量され、それゆえ、王家の陵墓についてはなお一層のこととみなければならない。

(64) 高句麗五部の基本史料となる『三国志』東夷伝の分析については武田幸男「魏志東夷伝にみえる下戸問題」(『朝鮮史研究会論文集』三、一九六七年一〇月)を、また高句麗五部の性格については、同「六世紀における朝鮮三国の国家体制」(『東アジア世界における日本古代史講座』五、学生社、一九八一年)を参照。

(65) 李成市「高句麗泉蓋蘇文の政変について」(『古代東アジアの民族と国家』岩波書店、一九九八年三月)一一九—一二〇頁。

(66) 同右、一二〇—一二五頁参照。

(67) 高句麗の建国伝説が、高句麗王権と五部の相克の中で、王権の正統性、超越性を獲得する言説として誕生したことについては、李成市「高句麗の建国伝説と王権」(『史観』一二一、一九八九年九月)参照。

(68) カール・シュミット(田中浩・原田武雄訳)『政治的なものの概念』(未来社、一九七〇年)。

(69) レオ・シュトラウス(谷喬夫訳)「カール・シュミット『政治的なものの概念』への注解」(『みすず』三四一、一九八九年七月)四四頁。

(70) フロイトは、比較的小さな文化圏には、自分の文化圏に属さない人間を敵視することで攻撃欲動を発揮できるという利点があることを重視し、攻撃本能の対象になりうる人間が残存している限り、かなりの数の人間を相互に愛で結び付けることがつねに可能であることを指摘している。ジークムント・フロイト「文化への不満」(『フロイト著作集』三、浜川祥枝訳、人文書院、一九六九年)四七一頁。
(71) 自己の政治的正当性を主張するために対立する政治集団に対して某国の「傀儡」とプロパガンダするがごときを想起されたい。
(72) ロジェ・シャルチエ(『読書の文化史』福井憲彦訳、新曜社、一九九二年、一五九頁)は、「表象間の闘争を経ることで、社会的な環境や、社会集団のアイデンティティ、さらには社会集団の存在そのものすら、再組織」する可能性に言及している。
(73) ジョフレイ・バラクラフ(松村赳・金七紀男訳)『歴史学の現在』(岩波書店、一九八五年)一八九頁。
(74) この点については渤海史研究をその事例として論じたことがある。李成市「渤海史研究における国家と民族――「南北国時代」論の検討を中心に」(『朝鮮史研究会論文集』二五、一九八八年)、「渤海史をめぐる民族と国家――国民国家の境界をこえて」(『歴史学研究』六二六、一九九一年一一月。本書第四章)。

第七章

(1) 井上秀雄「古代朝鮮金石文としての好太王碑」(『書道研究』一―一、一九八七年六月)五六頁。
(2) 武田幸男「新領域の城――戸支配」(『高句麗史と東アジア』岩波書店、一九八九年)五四―五五頁。なお不十分ではあるが、広開土王碑文が石刻文書であり、法令宣布の媒体としての性格を備えている点を私見に基づいて述べたことがある。李成市「表象としての広開土王碑文」(『思想』八四二、一九九四年八月。本書第六章)参照。
(3) 広開土王の時代から約百年後の高句麗ではあるが、『隋書』高麗伝によれば、「死者殯於屋内、経三年択吉日而葬、居父母及夫之喪、服皆三年、兄弟三月」とある。
(4) 李成市、注(2)前掲論文。

(5) 稲葉蓉子「広開土王碑の文章構成の検討」(同氏が早稲田大学第一文学部在学中〔二〇〇四年〕に提出した学期末レポート)。

(6) 李成市、注(2)前掲論文。

(7) 武田幸男、注(2)前掲論文、四〇頁。

(8) 朴時亨『広開土王陵碑』(全浩天訳、そしえて、一九八五年、〔社会科学院出版社、平壌、一九六六年〕)二六五頁。

(9) 李成市、注(2)前掲論文、本書一四一頁。

(10) 確かに守墓人烟戸には、沙水城、豆比鴨岑韓、求底韓、炅古城、客賢韓、巴奴城、牟水城、須鄒城、農売城、味城、就咨城、比利城など、武勲記事には見られない城が実在する。しかしながら、武田幸男(注(2)前掲論文、四四―五四頁)に指摘されているように、それらの一部には、高句麗が従前の「城」を解体し、新たに徴発単位として改編されたものがあったという解釈に従う。

(11) 武田幸男、注(2)前掲論文、四四―五四頁。

(12) 李成市、注(2)前掲論文、三九頁、本書一三八―一三九頁。

(13) 浜田耕策「好太王碑文の一、二の問題」(『歴史公論』八―四、一九八二年四月)一一〇頁。

(14) 武田幸男「好太王の時代」(読売テレビ放送編『好太王碑と集安の壁画古墳』木耳社、一九八八年、三五頁)参照。ただし、『三国史記』によれば、第九代の高句麗王・故国川王もまた「国」の諡号をもつ王であるが、武田幸男は、故国川王が国内城遷都以前の王であり、国祖王と共に、「およそ四世紀末から五世紀初頭にかけて、つまり広開土王代のころに架空の二王が加上されたと推定できる」と指摘している。武田幸男「高句麗王系成立の諸段階」(注(2)前掲書、二八七頁)、同「丸都・国内城の史的位置」(注(2)前掲書、四二四頁)参照。

(15) 門田誠一「高句麗王陵域における広開土王碑の相対的位置――『墓上立碑』の再吟味を通して」(『古代東アジア地域相の考古学的研究』学生社、二〇〇六年、三一六頁)は、「諡号あるいは葬地に「国」字を含み、なおかつ実在した王の系譜は国内城を築いた故国原王に始まり広開土王にいたるのであって、国内城に王都が置かれていた時期のすべての王陵について、「墓守人・烟戸」条はこれらを対象とし、実行力の発現を期待されたものと考える」と述べており、ややもってまわった表現ではあるが、結果的には国内城時代の故国原王から広開土王までの四代の王陵を対象に守墓人を設定したと考えているようである。

(16) 武田幸男「高句麗王系成立の諸段階」(注(2)前掲書、二八七頁)。

(17) 同右、二八七頁。

(18) すでに金賢淑「広開土王碑を通してみた高句麗墓守人の社会的性格」(『韓国史研究』六五、ソウル、一九八九年)は、広開土王碑文に記される守墓人が広開土王陵を対象としたものではなく、集安(国内城)所在の全王陵に対する守墓役に関する内容と見ているが、具体的な王陵数や守墓人戸数についての検討はない。

(19) 朴時亨、注(8)前掲書、二六一―二六二頁。

(20) 武田幸男「丸都・国内城の史的位置」(注(2)前掲書、四二二頁)。

(21) もちろん、計算上、一一戸を一つのユニットとする三〇の集団に、三ないし四戸の旧民を別個に配合することは可能である。しかし、その全体数の規模と整合性から配合比が異なる方式はとりがたいと思われる。

(22) 武田幸男「高句麗王系成立の諸段階」(注(2)前掲書、二八七、三〇二頁)。ただし、故国川王が「実在せず、後代の王系整備の際に加上された」としながらも、それが加上された時期の下限は、広開土王時代、およそ五世紀初頭と推定している。

(23) 広開土王碑文中に記されている「諸王・先王」の諸王陵のほとりに立てられたという各碑には、三三家の守墓戸が記されていたことになる。私見によれば、国内城時代の一〇王の守墓役体制再編の歴史的な背景として、この頃には平壌への遷都(四二七年)が既定の方針となっており、それにともなって守墓役体制の整備が王室にとって急務の課題となっていたことが大きな要因として推測される。なお、韓国学界では山上王による国内城遷都(新国の建設)を認めない説もあるが、本章では、山上王による国内城遷都(伊夷模の新国建設)を前提にしている。遷都と高句麗王系については、武田幸男「高句麗王系成立の諸段階」（注（2）前掲書、二九五―二九八頁）参照。

（24）狩野行雄「広開土王碑文にみえる守墓役とその対象墓について」（『歴史民俗』四、（早稲田大学第二文学部歴史・民俗専修）、二〇〇六年）。

（25）李成市『東アジア文化圏の形成』（山川出版社、二〇〇〇年）、李成市「漢字受容と文字文化からみた楽浪地域文化」（早稲田大学アジア地域文化エンハンシング研究センター編『アジア地域文化学の構築』雄山閣、二〇〇六年）。

（26）冷水碑については、韓国古代史研究会編『韓国古代史研究』（三、迎日冷水里新羅碑特集号、ソウル、一九九〇年）、深津行徳「迎日冷水里新羅碑について」（『韓』一一六、一九九〇年）参照。

（27）李成市「蔚珍鳳坪新羅碑の基礎的研究」（『古代東アジアの民族と国家』岩波書店、一九九八年）。

（28）井上秀雄、注（1）前掲論文、五六頁。

（29）永田英正編『漢代石刻集成』（同朋舎出版、一九九四年）本文篇、七九―八二頁、図版・釈文編、一一四―一一五頁。

（30）大庭脩「漢代の制詔の形態」（『秦漢法制史の研究』創文社、一九八二年）二一一頁。

（31）冨谷至『木簡・竹簡の語る中国古代――書記の文化史』（岩波書店、二〇〇三年）三〇頁。

（32）角谷常子「秦漢時代の石刻資料」（『古代文化』四三―九、一九九一年）。

（33）この過程を述べるに際して碑文は、「是を以て教の如く」と記している。広開土王の王命を前提とした審議による改定の過程とみなしたい。

（34）李成市「東アジアからみた高句麗の文明史的位相」（早稲田大学アジア地域文化エンハンシング研究センター編『アジア地域文化学の発展』雄山閣、二〇〇六年一一月）。

（35）吉林省文物考古研究所・集安市博物館編著『集安高句麗王陵――一九九〇〜二〇〇三年集安高句麗王陵調

査報告』(文物出版社、北京、二〇〇四年)二五四―二五七頁。

(36) 中国学界では、太王陵から「太王陵」銘の塼や「辛卯年好太王□造鈴」との銘文のある銅鈴が出土した(注(35)報告書、二七二頁を参照)ことから、太王陵を、広開土王陵と見なしている。「太王」、「好太王」はともに高句麗王の美称であって普通名詞であるので、それをもって広開土王と同一視することはできない。

(37) 永島暉臣慎「集安の高句麗遺跡」(注(14)前掲書、二〇一頁)。

(38) 田村晃一「高句麗の積石塚の年代と被葬者をめぐる問題について」(『青山史学』八、一九八四年)、東潮「高句麗の王陵と王権――陵園制・戦争・支配形態」(西谷正編『韓半島考古学論叢』すずさわ書店、二〇〇二年)。

(39) 墓碑の理解については角谷常子「碑の誕生以前」(藤田勝久・松原弘宣編『古代東アジアの情報伝達』汲古書院、二〇〇八年)参照。

(40) 以上のような政策決定の過程自体は広開土王時代となり、それゆえ広開土王の勲績とされる。ただし碑文の法令宣布の主体は立碑者である長寿王となろう。

第八章

(1) 黒板勝美の一般的な業績とその評価については、黒板博士記念会編『古文化の保存と研究――黒板博士の業績を中心として』吉川弘文館、一九五三年)を参照。なお本章に関わる主要著作は『虚心文集』(全八巻、吉川弘文館、一九三九―四〇年)、黒板勝美先生生誕百年記念会編『黒板勝美先生遺文』(吉川弘文館、一九七四年)を参照した。

(2) たとえば、『国史大辞典』(第四巻、吉川弘文館)、『歴史学事典』(第五巻、歴史家とその作品、弘文堂、一九九七年)などに所収の「黒板勝美」を参照。

(3) 中村栄孝「朝鮮史の編修と朝鮮史料の蒐集」(『古文化の保存と研究』注(1)前掲書)三五九頁。さらに後年、中村は『朝鮮史』について田中健夫、北島万次の問いに次のように応えている。

田中　朝鮮史の編修という事業は朝鮮人からも期待され、歓迎された事業だったのでしょうか。(中略)『朝鮮史』は客観的な編年体の叙述方法をとっていて、私どもは非常な恩恵を受けていますが、現在、韓国でも大変高く評価されているようですね。

中村　それはそうです。それはよくわかってくれています。

北島　今日の韓国にも、あれがあるのとないのとでは、相当研究水準が違うのじゃないですか。

田中　違いますね。(中村栄孝・田中健夫・北島万次「朝鮮史と私」『日本歴史』四〇〇、一九八一年、五四–五五頁)

(4) 中村栄孝、注(3)前掲論文。

(5) 同右、四二三頁。

(6) 藤田亮策「朝鮮古蹟調査」(『古文化の保存と研究』注(1)前掲書)三四四頁。

(7) 『朝鮮史』の編修事業については、朝鮮総督府中枢院『朝鮮旧慣制度調査事業概要』(一九三八年)、朝鮮総督府朝鮮史編修会「朝鮮史編修会事業概要」(『朝鮮史』巻首「総目録・事業概要」所収、一九三八年)、中村栄孝、注(3)前掲論文、金性玟「朝鮮史編修会の組織と運用」(『韓国民族運動研究』三、ソウル、一九八九年五月)を参照。

(8) 朝鮮総督府中枢院、注(7)前掲書、一三九頁には、次のようにある。「今回歴史編纂の目的とする所は、現在の立場に顧み、冷静なる態度を持て虚心坦懐諛ることなく、貶することなく、苟《いやしく》も偏頗の筆を執らず、史上の事実を只善意に記述して、唯一の完全無欠なる朝鮮史を編纂するに在り。各位熱誠を以て之に当り、以て権威ある朝鮮歴史を編纂するの覚悟あらんことを望む」。

(9) 朝鮮総督府『朝鮮半島史編成ノ要旨及順序　朝鮮人名彙考編纂ノ要旨及順序』(一九一六年、四頁)の当該

部分には次のようにある。なお旧字は新字に改め句読点を付した。

「朝鮮人ハ他ノ殖民地ニ於ケル野蛮半開ノ民族ト異リテ、読書属文ニ於テ、敢テ文明人ニ劣ル所アルニ非ス。古来史書ノ存スルモノ多ク、亦新ニ著作ニ係ルモノ少シトセス。而シテ前者ハ独立時代ノ著述ニシテ、現代トノ関係ヲ欠キ、徒ニ独立国ノ旧夢ヲ追想セシムルノ弊アリ。後者ハ近代朝鮮ニ於ケル日清日露ノ勢力競争ヲ叙シテ、朝鮮ノ向背ヲ説キ、或ハ韓国痛史ト称スル在外朝鮮人ノ著書ノ如キ事ノ真相ヲ究メスシテ、漫ニ妄説ヲ逞ウス。此等ノ史籍カ人心ヲ蠱惑スルノ害毒、真ニ言フニ勝ヘサルモノアリ。然レトモ、之カ滅絶ノ策ヲ講スルハ、徒ニ労シテ功ナキノミナラス、或ハ其ノ伝播ヲ激励スルヤモ測ルヘカラス、寧ロ旧史ノ禁圧ニ代ワルニ、公明的確ナル史書ヲ以テスルノ捷径ニシテ、且効果ノ更ニ顕著ナルニ若カサルナリ。是レ朝鮮半島史ノ編纂ヲ必要トスル理由ノ主ナルモノトス。若シ此ノ書ノ編纂ナカラムカ、朝鮮人ハ漫然併合ト聯絡ナキ古史、又ハ併合ヲ呪咀セル書籍ヲ読ムニ止マルヘク、斯クテ荏苒年所ヲ経ハ、当面触目ノ現象ニ馴レ、今日ノ明世カ一ニ併合ノ恩恵ニ由ルコトヲ忘却シ、徒ニ旧態ヲ回想シ、却ツテ改新進ノ気力ヲ失フノ虞ナシトセス、斯ノ如クムハ、如何ニシテ朝鮮人同化ノ目的ヲ達スルヲ得ンヤ。朝鮮半島史ノ主眼トスル所ハ大体左ノ如シ。第一　日鮮人ノ同族タル事実ヲ明スルコト。第二　上古ヨリ李朝ニ至ル群雄ノ興亡起伏ト歴代ノ革命易姓トニ依リ衆民ノ漸次疲憊ニ趣キ貧弱ニ陥リタル実況ヲ叙シテ今代ニ及ホシ聖世ノ恵沢ニ倚リ始メテ人生ノ幸福ヲ完ウスルヲ得タル事実ヲ詳述スルコト。第三　編成ハ悉ク信頼スヘキ事実ヲ基礎トスルコト」。

(10)　この時の調査は、東京帝国大学からの出張の名目で行われた(黒板勝美「朝鮮史蹟遺物調査復命書」『黒板勝美先生遺文』注(1)前掲書)。なお、そこには、四月三〇日より七月二六日に至る調査の行程とその成果が記されており、総督府系韓国語新聞『毎日申報』(七月二九日－八月一七日)には、一五回にわたって、その間の調査の概要が黒板の談話として連載されている。

(11)　末松保和は、黒板が編修会の創設に先だって「大正四年ぐらいから」総督府の調査に関わっていたと回想している(末松保和・平野邦雄・田中健夫「朝鮮史の研究と私」『日本歴史』五六〇、一九九五年一月、二八頁)。当該部分には次のように述べられている。

平野　『朝鮮史』の最終巻の事業内容の議事録などを拝見しますと、編集方針は黒板先生、それと黒板先生の意向を一番よく体現なさったのは修史官の稲葉さんであるような感じを受けるのですけれども。黒板先生と内藤先生が顧問におなりになったのは大正十四年になってからですね。しかし黒板先生は編修会ができる前から総督府のそういう取り調べにはずっと関与なすっておられたわけですね。

末松　そうです。大正四年ぐらいから最初の朝鮮の学問的探検時代に、歴史学としては黒板先生、朝鮮史のほうでは関野貞先生、それから二〜三人のスタッフを持っておられた。

(12)黒板勝美「朝鮮の歴史的観察」(『朝鮮』七八、一九二一年八月)。

(13)朝鮮総督府中枢院、注(7)前掲書、一四一頁。

(14)中村栄孝「朝鮮史の編集と朝鮮史料の蒐集」(注(3)前掲論文、三六一―三六三頁)には「半島史編纂の事業は、大正七年一月になつて、中枢院の組織改正にともない、旧慣制度調査を行う調査課にならんで設けられた編纂課に属し、その促進がはかられた。(中略)しかし、資料の蒐集に予想をこえて困難を感じ、調査なかばにして予定の年限を経過したので、さらに計画を延長して、その仕事を継続することになつた。たまたま、朝鮮では、大正八年(一九一九年)三月の万歳事件(三・一運動)がおこつたが、これは、日本の朝鮮支配に対する大がかりな抵抗で、第一次世界大戦の後におこつた民族自決主義にもとづく独立運動である。この事件を契機として、朝鮮統治の方針は一大転換をとげざるを得なかった。半島史の編纂が、その後しばらくは続行されながら、ついに終を全うすることができなかつたゆえんも、ここにあつたであろう」とある。

(15)同右、三七一―三七二頁。旗田巍他「朝鮮研究の現状と課題」(『東洋文化』三六、一九六四年六月)。末松保和も、朝鮮史の編集方針決定に関しては黒板の意のままであったことを述べている(「朝鮮史の研究と私」注(11)前掲座談会、二八頁)。その内容は以下のとおりである。

平野　寺内正毅総督の時代から関野先生がご関与なさった…。
末松　そうです。
平野　黒板先生も大体…
末松　ええ、寺内総督と相並んで古墳の発掘をやられたですね。
平野　黒板先生は、こういう編集方針をお決めになる場合、総督府では絶大な影響力をお持ちでいらっしゃったわけですか。
末松　これはほとんど先生の意のままじゃないですか。そして内藤先生は黒板先生とならんで顧問でした。それに朝鮮人権重顕という顧問がおられましたけども、しかし実際的には黒板先生と内藤さんが顧問。内藤さんは意見を言うだけでいっぺんもこられなかった。だから黒板先生おひとりでした。
平野　委員会の発言の記録を見ますと、何か発表なさることは稲葉先生と非常に似ていらっしゃる。黒板先生の基本方針を稲葉さんが非常に上手に具体化なすったという感じがちょっとするわけですが。
末松　それはそうですね。前もっての打合わせは、黒板さんは非常にうまかった。稲葉さんの意見を立てるようにして、そして稲葉さんをして言わしめるという。その点では、今は国史の先生であいう偉い先生はもうちょっといませんね。政治家を動かすという。」

また、黒板勝美と有吉忠一については、稲葉岩吉の次のような回想が残されている。〔 〕内は筆者の補足。「大連のヤマトホテルに帰着したのは、恰《あたか》も〔一九二二年〕十一月中旬であつたと記憶するが、そこで、留置の内藤〔虎次郎〕先生の書簡に接した。開折したところ、図らずも朝鮮総督府に於いて朝鮮史編修の企てあり、君を推薦したいから、帰途に必ず京城を過ぎり、有吉忠一(政務総監)を訪うてくれ、そして、其の詳細を自分にも話されたいとのことであつた。やがて、わたくしは京城に入り直に有吉氏に訪ひ、会見の模様を先生に報告したのは、十一月末であつたと記憶するが、先生は、熱心にこの事業の担当を慫慂され、帰京後、黒板勝美博士(虚心)を見て、共に懇談すべしとのことであつた。わたしは、既に両博士の勧説もあり、むしろこの事業の開始をよろこんだ」(稲葉岩吉「予が満鮮史研究過程」稲葉博士還暦記念会編『稲葉博士還暦記念満鮮史論叢』一九三八年、二一頁)。

(16) 中村栄孝、注(3)前掲論文、三八一頁。

(17) 同右、三八〇—三八一頁。

(18) 岩井長三郎「新庁舎の計画に就て」(『朝鮮と建築』五—五、一九二六年)六頁。

(19) 朝鮮総督府朝鮮史編修会『朝鮮史』巻首「総目録・事業概要」一九三八年、一一四—一一九頁。

(20) 中村栄孝、注(3)前掲論文、三八五頁。

(21) 中村栄孝、注(3)前掲論文、三七五頁には「このたびの事業は、朝鮮全土に散在する幾多の資料を集大成し、学術的見地に立って、公平な編纂を行うことによって、貴重な資料が散逸しないうちに、古文化保存の措置を講ずると同時に、現代に適応する朝鮮史をつくりあげることが要請されたわけである。(中略)ここにいう現代に適応する朝鮮史とは、さきに述べたような当時の政情を思えば、一見、特殊な政治的意図がひそんでいるかのようであるが、これさえも、いわゆる学術的見地につらなることは、(下略)察しられる」とある。しかしながら、中村自身、後年、色々理屈付けしようとも結局、朝鮮史編修事業が、総督府による朝鮮統治のための政治的な使命を帯びていたことを述べている(中村栄孝・田中健夫・北島万次「朝鮮史と私」、注(3)前掲座談会、五〇頁)。当該部分は以下のとおりである。「うまいこと言って、いろいろ編纂の仕事が形を変えて、むし返すけれども、要するに朝鮮統治のためにする仕事ですからね。それだけは間違いない。その使命をになって作られてゆく。しかも、総督府自身の手によってね。まあ、白紙機関でつくるのじゃないですから」。

(22) 稲葉岩吉「朝鮮史研究の過程」(稲葉岩吉・天野仁一『世界歴史大系11 朝鮮・満洲史』平凡社、一九三五年、一九九頁)。当該部分は以下のとおり。
「半島を眺めると、檀君信仰が著しく擡頭して来た。従属性を発揮したところの箕子信仰の坐位は喪はれた形である。韓国末期よりして朝鮮史の大系を組織づけ、学部あたりからも出版されたが、金沢栄の二三著書のごときは、その代表的であった(中略)檀君信仰は、輓近、二三子の提唱によりて急速に発展し、かつて一顧だも酬いられざりし朝鮮史研究は不揃の足並ながら、鮮人間の一大潮勢をなした。今や日韓同源論などですまされなくなつたから、朝鮮総督府は、寧ろ進んで朝鮮史編纂を計画し、之が潮勢を正当に導き、錯覚なからしめぬやう努力するをもつて時宜を得たりとし、茲に朝鮮史編修会の勅令公布を見た。それは大正十四年夏のことである。該編修会は一面全鮮の史料を採訪し、一面、編史に従事してゐる。(中略)われらの最も愉悦を覚ゆることは、併合以来、われら日本人の半島の文化遺跡を捜索探求して、之を表明する一事でなければならない。然り、半島人は、今は、これすらも忘却し、その心境は空虚にならんとしつ丶あるのではないか」。

(23) 朝鮮総督府朝鮮史編修会、注(19)前掲書、一九―七一頁。

(24) 藤田亮策、注(6)前掲論文、三二七頁。梅原末治「日韓併合の期間に行なわれた半島の古蹟調査と保存事業にたずさわった一考古学徒の回想録」(『朝鮮学報』五一、一九六九年五月)は、藤田亮策と同じ立場から、解放後の朝鮮人による批判が全くの的はずれであると再批判している。

(25) 藤田亮策、注(6)前掲論文、三三〇頁。

(26) 同右、三三三頁。

(27) 同右、三三四頁。

(28) 朝鮮総督府博物館『博物館略案内』(朝鮮総督府、一九三六年三月)、藤田亮策、注(6)前掲論文、三三四頁。

(29) 藤田亮策、注(6)前掲論文、三四二頁。

(30) 黒板勝美「史蹟遺物保存に関する研究の概説」(『史蹟名勝天然記念物』一―三、一―六、一九一五年一・六月)。

(31) 藤田亮策、注(6)前掲論文、三三五頁。なお朝鮮総督府博物館については、李成市「朝鮮王朝の象徴空間と博物館」(本書第九章)参照。

(32) 黒板勝美「史蹟遺物保存に関する意見書」(『史学雑誌』二三―五、一九一二年五月)、同、注(30)前掲論文。
(33) 同右。
(34) 朝鮮総督府『大正五年度　朝鮮古蹟調査報告書』(朝鮮総督府、一九一七年一二月、三―五頁)によれば次のとおりである。

古蹟及遺物保存規則(大正五年七月四日朝鮮総督府令第五十二号)

第一条　本令ニ於テ古蹟ト称スルハ貝塚、石器骨角器類ヲ包有スル土地及竪穴等ノ先史遺蹟古墳並ニ都城、宮殿、城柵、関門、交通路、駅站、烽燧官府、祠宇、壇廟、寺刹、陶窯等ノ遺址及戦跡其ノ他史実ニ関係アル遺蹟ヲ謂ヒ遺物ト称スルハ年代ヲ経タル塔、碑、鍾、金石仏、幢竿、石燈等ニシテ歴史、工芸其ノ他考古ノ資料ト為ルヘキモノヲ謂フ。

第二条　朝鮮総督府ニ別記様式ノ古蹟及遺物台帳ヲ備ヘ前条ノ古蹟及遺物中保存ノ価値アルモノニ付左ノ事項ヲ調査シ之ヲ登録ス(下略)

第三条　古蹟又ハ遺物ヲ発見シタル者ハ其ノ現状ニ変更ヲ加フルコトナク三日以内ニ口頭又ハ書面ヲ以テ其ノ地ノ警察署(警察署ノ事務ヲ取扱フ憲兵分隊又ハ分遣所ノ長ヲ含ム以下同シ)長ニ届出ツヘシ。

第四条　古蹟又ハ遺物ニ付朝鮮総督府ニ於テ之ヲ古蹟及遺物台帳ニ登録シタルトキハ直ニ其ノ旨ヲ当該物件ノ所有者又ハ管理者ニ通知シ其ノ台帳ノ謄本ヲ当該警察署長ニ送附スヘシ。前条ノ届出アリタル古蹟又ハ遺物ニ付古蹟及遺物台帳ニ登録セサルモノハ速ニ当該警察署長ヲ経テ其ノ旨ヲ届出人ニ通知スヘシ。古蹟及遺物台帳ニ登録シタルモノニシテ其ノ登録ヲ取消シタルトキハ前項ニ準シ其ノ物件ノ所有者又ハ管理者に通知スヘシ。

第五条　古蹟及遺物台帳ニ登録シタル物件ノ現状ヲ変更シ、之ヲ移転シ、修繕シ若ハ処分セムトスルトキ又ハ其ノ保存ニ影響ヲ及ホスヘキ施設ヲ為サムトスルトキハ当該物件ノ所有者又ハ管理者ハ左ノ事項ヲ具シ警察署長ヲ経テ予メ朝鮮総督ノ許可ヲ受クヘシ。(下略)

第六条　古蹟又ハ遺物ニ付台帳ノ登録事項ニ変更ヲ生シタルトキハ警察署長ハ速ニ之ヲ朝鮮総督ニ報告スヘシ。
第七条　（省略）
第八条　第三条又ハ第五条ノ規定ニ違反シタル者ハ二百円以下ノ罰金又ハ科料ニ処ス。

（様式）
登録番号
名　称
種類及形状大小
所　在　地
所有者又ハ管理者ノ住所氏名若ハ名称
現　況
由来伝説等
管理保存ノ方法

(35) 黒板勝美「史蹟遺物保存に関する意見書」（注(32)前掲論文）第八章「保存法令と監督局及び博物館」参照。
(36) 黒板勝美「国立博物館について」（『新公論』三三―五、一九一八年五月）。
(37) 藤田亮策、注(6)前掲論文、三四四―三四五頁。
(38) 同右、三四九頁。
(39) 同右、三四九―三五二頁。慶州研究所の有光教一は、京都で黒板に会って後に、慶州に赴任したという。
(40) 朝鮮総督府、注(34)前掲書。
(41) 黒板勝美「大同江附近の史蹟」（『朝鮮彙報』一九一六年一一月）。
(42) 黒板勝美、注(12)前掲論文。

（43） 朝鮮総督府朝鮮史編修会、注（19）前掲書、一五頁。また、黒板は、「大同江附近の史蹟」（注（41）前掲論文）でも次のように述べている。「先づ最初に申上げたいのは朝鮮の歴史の出発点は何処であるかと云ふことである。昨年私は此席で申上げたと思ふが、凡そ各国の歴史を研究する場合には、第一に其国の歴史の出発点を考へなければならない。（中略）又檀君に関する伝説も九月山のあたりにあつて、之も極く新らしい伝説であり、新らしい国民の信仰であるけれども、之も平壌附近にもつて行つたと云ふことは矢張朝鮮の人の考へに、平壌附近は古く開けた地方であると云ふ考へがあつた為めだと思ふのである。（中略）先年来関野博士が古蹟調査をされて、平壌附近に於いては所謂楽浪郡時代の古墳が沢山あることを発見され、後漢時代の鏡其他の遺物を発見されたのは諸君も御承知のことであるが、総督府から御発行になつた「古蹟図譜」にも其結果が収められて居るのであるから、随つて平壌附近の平原が最も早く支那の文明を受けて居つたことは、疑ひない事実であらうと考へて居つたのである。そこで自分の今度の旅行に於いて傍ら研究したいと云ふ心を起したのは、第一に支那の文明を受けた大同江の平原に於いて、今日遺つて居る支那文明を、どれだけ広く受け入れたかと云ふことを研究して見たいと思ふたのである」。

（44） 稲葉岩吉「朝鮮史研究の過程」（注（22）前掲論文、一九六頁）には次のようにある。「わが国の朝鮮研究は順序よく発展してゐないとはいはれない、而も輓近考古学上の探究が行はれ、或は平壌に於ける楽浪及び高句麗の遺蹟に、或は慶州の新羅遺蹟等に継続的作業が行はれて、その結果は朝鮮史の体系を培養すること一段である」。

（45） 藤田亮策、注（6）前掲書、三四〇、三五七―三五八頁。

（46） この時の黒板勝美の欧米渡航は田中光顕伯爵のはからいによって直前になり宮内省の嘱託の辞令を得ることになり、そのために各国宮廷博物館、図書館などへ自由に出入できたという。その経緯については、黒板勝美「学芸の守護者」（富田幸次郎編『田中青山伯』青山書院、一九一七年）で自ら記している。この事実については朴煥珷氏のご教示を得た。

(47) 黒板勝美『西遊二年欧米文明記』(文会堂、一九一一年)、同「埃及に於ける発掘事業」(『考古学雑誌』一―六、二―五、一九一一年二月、一九一二年一月)。

(48) 黒板勝美、注(47)前掲論文。当該部分は次のように語られている。

「ロセッタ・ストーンは、幾ばくもなく英軍が仏軍を破つた戦勝の記念として、英国王の有に帰すること、なり、今日では倫敦のブリチシ・ミユーゼアムに陳列せられ、埃及品中にあつて異彩を放つて居る。(中略)仏軍は英軍に破られたけれど、十九世紀に入つても、埃及にはヤハリ仏国の勢力が多く加はつた、殊に仏人レセツプがスエズ運河を開鑿して以来は、一層仏人の勢力埃及に及んだのである、従つて古墳古蹟の発掘保存事業にも、仏人が一番多いのである、カイロにある国立博物館の創立者は仏人マリエツトで、この人は後パーシヤの称号を得た、今日でも古物局長は矢張り仏人で、埃及研究のアウソリチーたるマスペロ氏である。然るに英国が印度を保全する必要から、一方に於てスエズ運河の実権を収むると共に、遂に埃及全体をもその保護国としてからは、英国の勢力が此の古蹟発掘に於ても発展し、仏国を凌駕する有様になつて居る、それで現在の古物局長はマスペロ氏なるも、部長は皆英人と云ふも差支えない、特に上部埃及にワイゴール氏、下部埃及はクヰベル氏と斯学に錚々たる英人が部長となつて居るのである、そしてこの上下埃及の二部が古蹟中最も主要なる場所を占むるのである」。なお黒板のエジプト訪問の意義を考古学者の視点から論じたものに近藤二郎「黒板勝美のエジプト訪問の記録――近代日本のエジプト研究の先行者」(『別冊 生きる』安田火災海上保険株式会社、二〇〇二年二月)がある。

(49) 黒板勝美『西遊二年欧米文明記』(注(47)前掲書)「希臘の発掘事業と博物館」参照。

(50) ベネディクト・アンダーソン『増補 想像の共同体』(白石さや・白石隆訳、NTT出版、一九九七年)二九六頁。Benedict Anderson, *Imagined Communities-Reflecstions on the Origin and Spread of Nationalism*, London: Verso Editions, 1991, Revised Edition.

(51) 黒板勝美「南欧探古記」(『歴史地理』一六―一～一八―二、一九一〇年七月～一九一一年八月)、「古跡を

巡りて(上)——マカオからインドまで」(『大阪毎日新聞』一九二八年八月二八日—九月六日連載)、「古跡を巡りて(中)——ペルシャの旅」(『大阪毎日新聞』一九二八年一〇月一九日—二五日連載)、「古跡を巡りて(下)——上古文明の揺籃の地イラク・シリヤを歩くの記」(『大阪毎日新聞』一九二八年一〇月二六日、二七日連載)等を参照。

(52) ベネディクト・アンダーソン、注(50)前掲書、三〇六頁。

(53) ベネディクト・アンダーソン、注(50)前掲書、二九五頁。遺蹟の発掘調査が植民地被支配民に与えた衝撃については、『朝鮮史』編纂に対して徹底的に抵抗した崔南善の次のような語りが余すところなく伝えている。「しかし、憎い日本人は同時にありがたい日本人であると思わざるをえない。ただ一つ、そう確かに一つだけ日本人に向かって、ありがたいと言うことがある。それは他ならない古蹟調査事業だ。全てのことがみな気にいらない中で、ただ一つだけ賞賛してあげたいのが、古蹟の探求と遺物の保存について、近代的・学術的な努力を積み重ねていったことだ。我々自身としては、決まり悪いことであり、恥ずかしいことで、顔から火が出るようなことだが、朝鮮人がしない朝鮮のことを日本人がするところに、その功烈がさらに輝くのである。文化には国境がないと言うけれども、——学術には彼我がないと言うけれども、日本人の手ではじめて朝鮮人生命の痕跡が闡明されたことは、どれだけ大きな民族的羞恥であるかはこれ以上、言うまでもない。日本人の発見・闡明の功塔が一尺高くなるごとに、朝鮮人の破れ傷ついた恥辱が一丈ずつ加わることを考えると、体から鳥肌がたつのを禁じえない。

アッシリア学が誰の手で建設されようと、墨西哥(メキシコ)の古蹟考査が誰の力で経営されようと、これは種族と社会が無数の変遷を経た今日において、誰に多く栄華となり、誰に多く恥辱となるといったものではないと言えようが、あのエジプト学がエジプト以外の人の手で建設され、インドの古文化研究がインド以外の国民の力で経営されていくことが、エジプトとインド人のどのような状態の反映であるかを考えれば、文化圏内において、エジプトとインド人の踏みにじられた地位と泥に塗られた体面が他のどこより、ここに最もよく現れているとも言えよう。その文化の継承者である者がむしろ破滅者となり、その民族的財産の利殖者である者が、むしろ蕩負者となっているところに、彼らの過去の生命に栄光が滅じ、現在の生命に尊厳がなく、将来の生命に期待がありえないことは当然の報だ。受け取っていく他人がいるのは、捨てる私がいるからだ。

日本人の朝鮮古蹟考査事業は、恐らく世界の人類によって永遠の感謝をえる出来事かも知れず、また我々もそこに加わり、そのくらいの感謝を捧げるのが当然なのかもしれないが、自分がする仕事を他人がする――他人もしているのに自分は知らないふりをする――自分の家の所帯道具をくまなく探し出す他人がいるのに、自分が持ち主だと声も出せないことが、どんなに恥知らずで、面目ないことであるかを考えれば、――この恥ずかしさがいつまでも消えないであろうことを考えれば、感謝しようという勇気さえ出ないだろう。

我々が今、民族的一大覚醒をもったことは事実だ。しかしその覚醒はいまだ混沌だ。明瞭な自覚は当然、整った内容をもつはずだ。名前を求める前に実相を作るはずだ。名前も見つけられるであろうが、実相が伴うようにするはずだ。名前に大きな精神を備えた後には、もう一度実相に深い精神を整えるはずだ。精神から独立するはずだ。思想として独立するはずだ。学術で独立するはずだ。特別に自己を護持する精神、自己を発揮する思想、自己を究明する学術の上で絶対の自主、完全な独立を実現するはずだ。朝鮮人の手で「朝鮮学」をうち立てるはずだ。朝鮮の血が体内に巡り、朝鮮の気が表に立ちこもる、活発な大朝鮮の経典を我々のところで、我々の力で創り出すはずだ。恥ずかしいということを知るはずだ。発奮するはずだ。自分を自分が知っておくはずだ。我々の生命の泉を我々の手で清めるはずだ。我々の栄光の太鼓を我々の手でたたくはずだ。

朝鮮で実地の遺物・遺蹟をもって学術的査究を試みるのは、光武六年(一九〇二)に東京帝国大学の関野氏が建築調査に着手したのが始めだ。その結果がその翌々年に韓国建築調査報告として出された。隆熙三年(一九〇九)に大韓政府で古建築物及び古蹟調査を着手するようになり、その時の因縁で関野氏がその任にあたるようになった。その結果として『韓紅葉』『朝鮮芸術之研究』『同続編』などが出された。その後に、日本人に継承され、規模が漸次拡大され事業も大いに進捗した。これから先史・遺蹟・古墳・史蹟などの探査・研究・発掘・修補など諸方面で、各方面の専門学者の手で相当に見るべき成果が現れた。丙辰（一九一六）以来、年毎に出される調査報告書と、平安南道にある漢置郡及び高句麗の遺跡に関する特別報告書、シベリアの古民俗の遺蹟に関する特別報告書などは全て、その勤労の産物だ。その中でも『朝鮮古蹟図譜』既刊七冊は、純粋の学術的編纂として貴重な内容をもち、学界に不朽の建樹となった。しかし朝鮮での古蹟調査事業――さらに古墳考究はいまだ草創に属し、不備と無秩序が甚だしい。学的な検覈を経て、学的な体系をうち立てようとすれば、前途はむしろ茫然となるであろう。しかし、この「茫然」という満たされない間があることが、実際は我々において、恥辱の烙印を消すようにできる証なのだ。我々の奮発努力の如何――するかしないか、大か小か如何で、いくらでも過去を贖い、現在を改めて、将来を開拓することができる要諦となる。いまからでも遅くないので、これを出発点として、自己の真面目を如実に認識するようにならなければならないはずだ。これ一つを以てしても、十分に世界学界に向かって我々の知的機能、学的稟質を十分に現すことにもなるだろう。ともかく、我々が必ずしなければならないことは勿論だ。

人を羨むことのない素晴らしい古代史を山野の至る所にもっている我々は、一日も早くその論文を見分ける眼を取り戻すべきだ。その言葉を聞き分ける耳を研ぎ澄まさなければならない。そうして、ここから湧き出る民族的神秘の美酒で乾いた生命をたっぷり潤すはずである」。崔南善「朝鮮歴史通俗講話　開題」〈古墳〉（『週間東明』第一巻第三号―第二巻第一一号、原文漢韓混淆文、一九二二年九月一七日―一九二三年三月一一日）。

（54）　藤田亮策「朝鮮古蹟調査」（注（6）前掲論文、三三六―三三八頁）には次のように、述べられている。「李王家の昌徳宮東苑に設けられた博物館・動物園・植物園は、伊藤統監の示唆によると伝へられるが、明治四十年代のこの種施設としては東洋一を誇るものであり、陶窯址・壁画古墳・先史遺跡の発掘調査も行はれた。後に昌慶苑と総称して専ら社会教育と美術品保存に努力し、京城市民の唯一の遊楽地として李王家の開放が感謝されて居た。後に博物館のみは徳寿宮に移されて李王家美術館と改称し、純然たる美術博物館として再出発した。新美術館が徳寿宮の石造殿を改造して近代美術品を陳列し、明治初年以来の日本の絵画・彫刻・工芸のあらゆる優秀の作品を間近に見て近代感覚に接することができるに至つた。このことは京城人の幸福のみでなく日本にあつては最初の珍らしい試であり、朝鮮在住者の美術意識を高め、近代芸術に直接して豊かな生活へ誘引するといふのが目的であつた。文部省の美術展覧会・白馬会・美術院展以下各種公私の展覧会に展示された優秀品を網羅し、明治・大正・昭和を通ずる近代芸術作品は余すところなく陳列され、時代も派閥も系統も超越して入かへひきかへ陳列替をし、昭和八年春から十八年に至る迄十年余を継続したのである。文部省・帝室博物館・美術学校・宮内省の所蔵品は素より、公私の逸品を集め作家の私蔵からの出陳も少くなかつた。これ程の陳列は今日東京にあつても困難であらう。遠く海を渡つての運送荷造り保険と万全を期し、日本画の如きは毎日一回巻き返しをやり二十日毎に陳列替といふ慎重さであつた。こんな大胆な計画と周到の実行は実に黒板勝美先生にして始めて出来たことで、篠田李王職長官との談合によるものである。昭和六年以来黒板先生は朝鮮史編修会に古蹟保存委員会に又朝鮮古蹟研究会創立に連続渡鮮され、朝鮮に於ける文化事業に最も熱心の時であつた」。なお、黒板勝美が画策したこの展示については、李美那「李王家徳寿宮日本美術展示――植民地朝鮮における美術の役割」（『東アジア／絵画の近代――油画の誕生とその展開』静岡県立美術館、一九九九年）を参照。

(55) 藤田亮策、注(6)前掲論文、三三七頁。李王職編『李王家徳寿宮日本美術品図録』（李王職、一九三三年）の序（篠田治策）にも、これに対応する言葉が見られる。

(56) 李美那「李王家徳寿宮日本美術展示」（注(54)前掲論文）は、「展示」が実現される過程を明らかにすると共に、それがもつ政治性、当時における朝鮮側の反応、黒板の果たした役割などを明らかにしている。なお詳細は本書第九章参照。

(57) ベネディクト・アンダーソン、注(50)前掲書、二九七頁。

(58) 藤田亮策「ビリケン総督――朝鮮の思い出(1)」（『親和』五二、一九五八年二月）、同「朝鮮古蹟調査」（注(6)前掲論文）三二三頁。

(59) 旗田巍「日本における東洋史学の伝統」(『歴史学研究』二七〇、一九六二年一一月)。

(60) ゲオルク・イッガース『二〇世紀の歴史学』(早島瑛訳、晃洋書房、一九九六年)二四頁、Georg G. Iggers, *Geschichtswissenschaft im 20. Jahrhundert Ein kritischer Überblick im internationalen Zusammenhang*, Göttingen: Vandenhoech & Ruprecht GmbH & Co. KG, 1993. ジェラール・ノワリエル『歴史学の〈危機〉』(小田中直樹訳、木鐸社、一九九七年)一八六頁。

(61) イッガース、注(60)前掲書、二五頁。

(62) 黒板勝美がめざしていた国民教化の歴史の具体的事例として以下の発言に留意すべきであろう。「所謂《いわゆる》その史蹟なるものまた何等史学的価値なく、之が保存を講ずる要なきが如きも、若しその中社会人心に感化を及ぼせるものあらば、仮令《たとい》その事実が伝説的又は小説的なりといへ、また之を史蹟に加へざるべからず、何となれば、多年一般に国民の信ずるところとなり、従つてその史蹟と称せらるる地が、国民の間に偉大なる感化力を有すとせば、その事実こそ何等の史学的価値を有せざれ、その所謂史蹟の与へたる影響は、歴史の発展上至大の関係を有し、史学上より論ずるも、国民の風教道徳の方面に於ける研究資料として、既に一種の史蹟と認めらるべきものなればなり、その顕著なる一例として、吾人はこゝに桜井駅趾を挙ぐるに止めんとす、桜井駅を以て楠公父子訣別の処となすは、専門学者の間に論議の存するありとするも、この美談が後世に於ける感化力の偉大なるは争ふべからざる事実にして、その趾の保存せらるべき価値は、実にこゝに存すといはざるべからず。欧洲に於けるこの類の適例は、吾人之を瑞西国なるウイルヘルム・テル関係の遺蹟に観る、テルが実在の人物にあらず、従つてテル伝説の史実たらざるも、亦既に定論あり、然れどもテルは瑞西人が久しく愛国者の典型として欽仰措かざる所なり、その伝説の社会人心に及ぼせるもの大なるを以て、彼等は旧に仍《より》て之に関係ある地点を保存し、美なる瑞西の山河をして、一層詩趣に富ましむるにあらずや」(黒板勝美、注(32)前掲論文)。

「カイザー・フリードリツヒ博物館から程遠からぬところにホーヘンツオルレルン宮殿がある、幽邃な質撲な建築とに昔が偲ばれる心地がする、その一部をまた歴史博物館として普王歴代の宝物を陳列してあるが(中略)こゝに遊ぶものをして皇室を尊ぶ心を養はしむるのみならず、国家的観念を旺にせしむることを忘れざるところその用意のあるを察するべきである」(黒板勝美『西遊二年欧米文明記』「伯林の博物館 下」、注(47)前掲書)。

「オリムピヤに遊び、雷雨を衝いてゼウス神殿の廃墟に詣で、雑草蓁々たる演技場を徘徊して古希臘の文化が淵源するところこゝに存する者あるを想到したとき、余に天来の声があった『我が国民の崇敬し信仰する伊勢神宮に一大スツデイオンを建て、その大祭日に全国民の競技を演ぜしめよ』と」(黒板勝美『西遊二年欧米文明記』「オリンピヤの回顧」、注(47)前掲書)。

(63) 藤田亮策、注(6)前掲論文、三四二—三四六頁。

(64) エドワード・サイード『オリエンタリズム』(今沢紀子訳、平凡社、一九八六年)三二頁、Edward W. Said, *Orientalism*, New York: Georges Borchardt Inc., 1978.

(65) たとえば、一九五九年より本格的に発掘調査され、今日も継続されている平城京に対する次のような言説があるが、黒板の希求した理念の顕現と言えるかも知れない。「奈良・平城京に都が置かれたのは、八世紀はじめの和銅三年(七一〇)のことです。しかし、そこに都があったのはわずか七〇年余りでした。それにもかかわらず、二一世紀を前にした今日まで約一三〇〇年間、日本人の〝心のふるさと〟として生き続けているのはなぜでしょうか(奈良国立文化財研究所編『なら平城京展'98』奈良市、一九九八年)。

(66) 田中琢「ナショナリズム」、穴沢和光「世界考古学の系譜」(ともに『AERA Mook 考古学がわかる』朝日新聞社、一九九七年)。

（1） これまで植民地期の朝鮮における博物館を論じたものに、全京秀「韓国博物館の植民主義的経験と民族主義的経験および世界主義的展望――イデオロギー支配と文化表象の政治人類学」（松岘李光奎教授定年紀年論叢委員会編『韓国人類学の成果と展望』松岘李光奎教授定年紀年論叢委員会、ソウル、一九九八年）、宋起炯「昌慶宮博物館または李王家博物館の年代記」（『歴史教育』七二、ソウル、一九九九年）、睦秀炫「日帝下李王家博物館の植民地的性格」（『美術史研究』一二七、韓国美術史研究会、ソウル、二〇〇〇年九月）、伊藤純「李王家博物館開設前後の状況と初期の活動」（『考古学史研究』九、二〇〇一年五月）などがある。

（2） 李王家博物館の沿革に関しては、李王職編『李王家博物館所蔵品写真帖』（李王職、京城、一九一二年）、李王職編『李王家美術館要覧』（李王職、京城、一九三八年）、『ソウル六百年史』（第三巻、ソウル、一九七九年）、李蘭英『新版博物館学入門』（三和出版社、ソウル、一九九六年）などにその概要を見て取ることができるが、設立の詳細な経緯については、宋起炯「昌慶宮博物館または李王家博物館の年代記」（注（1）前掲論文）、睦秀炫「日帝下李王家博物館の植民地的性格」（注（1）前掲論文）の二つの論考によって、飛躍的に解明されることになった。本章は、宋起炯、睦秀炫の両氏による研究に多くを依拠している。

（3） 宋起炯「昌慶宮博物館または李王家博物館の年代記」（注（1）前掲論文）、睦秀炫「日帝下李王家博物館の植民地的性格」（注（1）前掲論文）によれば、韓国併合以前には、李王家博物館の公式的な呼称はなかったとする。近年、韓国国立中央博物館からの刊行物には、「帝室博物館」が用いられることがあるが、その典拠とみられる『大韓毎日新報』（一九〇八年一月九日）は、明らかに一般名詞として用いている。韓国併合後には、李王家私設博物館、李王家博物館、昌慶宮博物館、昌徳宮博物館などと様々に呼ばれていたが、本章では、植民地以前の時期を含めて、便宜的に「李王家博物館」を用いることにする。

（4） 関野貞は一九〇二年に朝鮮の古建築を調査し、その成果を『韓国建築調査報告』（東京帝国大学工科学術報告第六号、一九〇四年）としてまとめているが、これによれば、「京城内王宮ノ主要ナル者三アリ」として昌慶宮、昌徳宮、景福宮が挙げられ、その中でも昌慶宮が「当代初期」の建築形式を伝えるものであり、李朝五百年の建築を了解する上でも重要である点が強調されている。同書一二三―一二八頁。

（5）『李王家美術館要覧』（注（2）前掲書）の「李王家美術館沿革」に基づく。なお博物館設立の過程については、宋起炯（注（1）前掲論文）が諸資料の考証・検討をおこなって詳しい。

（6）この時に利用した殿閣には、明政殿、文政殿、崇文堂、歓慶殿、景春殿、通明殿、養和堂、迎春軒、涵仁亭、承華楼などが伝えられており、これらは正殿の明政殿の東北に位置する周辺に広がっている。宋起炯「昌慶宮博物館または李王家博物館の年代記」（注（1）前掲論文）参照。なお一九一一年一一月に本館が建立されると、本館には、仏像・高麗時代の土器・金属・木竹類・玉石器・新羅時代の金属・玉石器を、明政殿行閣には、朝鮮時代の土俗品・三国と新羅時代の石剣・石鏃・土器類・石器時代の石器類を、歓慶殿には、朝鮮時代の金属器及び土俗品類、景春殿には、朝鮮時代の土器・木竹類・玉石器類、通明殿には絵画類、養和堂には、平安南道江西郡の高句麗古墳壁画模写を、各々展示し、涵仁亭には、日本と中国で製作されたものが参考品名目として展示されたという。睦秀炫「日帝下李王家博物館の植民地的性格」（注（1）前掲論文）八七頁参照。

（7）李王家博物館については、注（1）でもふれたように、本格的な議論は全京秀「韓国博物館の植民主義的経験と民族主義的経験および世界主義的展望――イデオロギー支配と文化表象の政治人類学」（注（1）前掲論文）に始まる。

（8）末松熊彦「朝鮮の古美術保護と昌徳宮博物館」（『朝鮮及満州』六九、京城朝鮮雑誌社、一九一三年四月）。末松は、大韓帝国期に税関事務官であったが、博物館の開館準備が進められた一九〇八年五月に、博物館・動物園・植物園庶務及び会計を嘱託された。一九一一年二月一日に公布された李王職分掌規定によれば、昌慶宮の博物館・動物園・植物園は掌苑係の管轄であり、末松は博物館事務を統括する主任であった。

（9）李王職編『李王家博物館所蔵品写真帖』（注（2）前掲書）の小宮三保松の「緒言」による。

（10）日本博物館協会『博物館研究』（八―四、一九三五年四月）所載の「李王家昌慶苑」には、「昌慶苑は李王家経営の別項の如き博物館、動植物園の総称であって」「本苑は明治四十一年時の韓国総理大臣李完用の発起により計画され当初は李王殿下の御慰楽に供する目的であつた」とある。また、「朝鮮の博物館と陳列館（其一）」（『朝鮮』二七七、一九三八年六月）には「故李王殿下が徳寿宮より新に昌徳宮に移居さるるに当り、時の総理大臣故李完用侯並に宮内府大臣李允用男の発議に基き殿下の御慰楽に供する趣旨を以て動植物園と共に東部昌慶宮趾に設置された」とある。

（11）睦秀炫、注（1）前掲論文、八五頁。

（12）「総督府施設歴史調査書類 大正四年一一月」第一章 旧韓国皇室及宮内府ノ整理 第一節 制度及経費（山本四郎編『寺内正毅関係文書 首相以前』京都女子大学、一九八四年、所収）一九二―一九三頁。

（13）同右、一九三頁。

（14）東京国立博物館編『東京国立博物館百年史』（第一法規出版、一九七三年）一四四頁。

（15）同右、二四六頁、金子淳『博物館の政治学』（青弓社、二〇〇一年、一五頁）参照。

（16）東京国立博物館編、注（14）前掲書、二〇六頁。

（17）博物館の一環としての動物園設置については、一八七二年の博物館等の建設案にさかのぼり、博物館の上野移転に先だって、動物園建設地の調査が行われていた。文部省博物局の町田久成は、博物館と共に図書館や動植物園を包括した博物館構想を一八七三年に上申していたが、これはパリのジャルダン・デ・プランテを念頭に置いたものであったという。東京国立博物館編『東京国立博物館百年史』（注（14）前掲書、二〇六頁）、台東区史編纂専門委員会編『台東区史 通史編Ⅲ上巻』（東京都台東区、二〇〇二年、五七頁）。また、よく知られた一文であるが、一八七五年に政府に提出された佐野常民の「澳国博覧会報告書」には、次のようにある。「又館ノ周囲ヲ広壮清麗ノ公園トシ動物園ト植物園トヲ其中ニ開キ此ニ遊フ者ヲシテ啻ニ一時ノ快楽ヲ取リ其精神ヲ養ウノミナラス旁ラ眼目ノ教ヲ享ケ不識不知ノ域ニ進ミ其中ニ慣染薫陶セシメハ則チ博物館ヲ目シテ普通開化ノ学場トナスモ豈誣ルトセンヤ」。

(18) 東京国立博物館編、注(14)前掲書、二〇六頁。

(19) 同右、二四八頁。

(20) 東京国立博物館編、注(14)前掲書、二四六頁、金子淳、注(15)前掲書、二五頁、参照。

(21) 「総督府施設歴史調査書類 大正四年一一月」(注(12)前掲書)一九三頁。

(22) 同右、一九三頁。

(23) 藤田亮策は、「李王家の昌徳宮東苑に設けられた博物館・動物園・植物園は、伊藤統監の示唆によると伝へられる」と指摘している。藤田亮策「朝鮮古蹟調査」(黒板博士記念会編『古文化の保存と研究――黒板博士の業績を中心として』吉川弘文館、一九五三年)三三六頁。

(24) 「総督府施設歴史調査書類 大正四年一一月」(注(12)前掲書)一九四頁。

(25) 一九一五年三月には李王職事務分掌規定が改正され、一司(掌侍司)、六課(事務課、会計課、主殿課、祭司課、農事課、掌苑課)が設置され、博物館、動物園、植物園、庭園は掌苑課が管掌することになる。さらに翌年六月にも事務分掌規定が改正され、一司、七課(儀式課が加わる)が設置されるが、掌苑課がそのまま管掌していた。

(26) 『朝鮮日報』一九三八年三月二六日。

(27) 「李王家昌慶苑」(注(10)前掲論文、五八頁)には、「朝鮮はもとより内地でも容易に見られぬ一大楽園として知らるるに至つた」とある。下郡山誠一(「李王家博物館・昌慶苑開設回顧録」録音テープ、朝鮮問題研究所、一九六六年五月一九日〔学習院大学東洋文化研究所蔵〕)によれば、一日に五万人の夜桜見物客が昌慶苑に押し掛け、照明装置をこらした苑内の雰囲気は、上野公園も比較にならないほどであったという。

(28) 藤田亮策、注(23)前掲論文、三三四頁。

(29) 藤田亮策「ビリケン総督――朝鮮の思い出(1)」(『親和』五二、一九五八年二月、一二頁)によれば、共進会の美術館を博物館として常設することは、寺内総督の命令で最初から計画されていたもので、朝鮮ホテル設計のドイツ人技師により景福宮宮殿保存計画と共にその東側に大きな博物館建築設計図ができあがっていて、美術館はその正面玄関として考えられていたという。

（30）博物館本館の建物は、解放後、学術院・芸術院の所管施設として利用されたが、一九九七年、金泳三大統領によって総督府庁舎とともに撤去された。

（31）総督府博物館の展示方式やその内容については、朝鮮総督府博物館『博物館略案内』（朝鮮総督府、一九三六年）、小泉顕夫「朝鮮博物館見学旅日記」（『ドルメン』満鮮特集号、一九三三年四月）、編集部「朝鮮総督府博物館」（『博物館研究』八―四、一九三五年四月）、有光教一「私の朝鮮考古学」（姜在彦・李進煕編『朝鮮学事始め』青丘文化社、一九九七年）などを参照。

（32）藤田亮策、注（23）前掲論文、三三四頁。

（33）藤田亮策「朝鮮に於ける古蹟の調査及び保存の沿革」（『朝鮮』一九九、一九三一年一二月）九一頁。

（34）朝鮮総督府博物館『博物館略案内』（注（31）前掲書）一頁。

（35）博物館および古蹟調査の事務は、当初、総督府庶務局総務課に属したが、後に庶務部文書課に移して、中枢院書記官から兼任の博物館主任を代表として統一し、博物館嘱託以下の博物館員によって一切の事務を執行した。次いで一九二一年一〇月に、事務分掌規定が改正され、それまで庶務部文書課に属した博物館および古蹟調査事業と、学務局宗教課所管の古社および古建築保存補助に関する事務は、学務局古蹟調査課に置かれた。さらに、一九二四年に古蹟調査課の廃止によって、博物館と古蹟・古建築物・名勝天然記念物調査保存事業は、学務局宗教課に移管された。藤田亮策、注（33）前掲論文、九一頁。

（36）藤田亮策「朝鮮文化財の保存」（『朝鮮学報』一、一九五一年五月）。

（37）高木博志「日本美術史と朝鮮美術史の成立」（『国史の神話を越えて』ヒューマニスト社、ソウル、二〇〇四年）によれば、総督府博物館が「文化史的研究」に則り陳列するのに対して、李王家博物館は、高麗・李朝の「美術的鑑賞的」に配列する方針が、一九二五年一一月の湯浅政務総監ニ供閲書類(宗教課)(小川敬吉文書一二〇八、京都大学工学部所蔵)に見られるという。

(38) 黒板勝美「博物館に就て」(『東京朝日新聞』一九一二年秋、のち『虚心文集』四、吉川弘文館、一九三九年所収)四八一―四八七頁。このような黒板の提言どおり総督府博物館には、慶州分館、扶余分館が同一系統の下に設置され、さらに開城府立博物館、平壌府立博物館も「総督府博物館と十分な連絡をもって陳列に万全を期していた」という。斎藤忠「朝鮮に於ける古蹟保存と調査事業とに就いて」(『史蹟名勝天然記念物』一五―八、一九四〇年八月)四五頁。

(39) 黒板勝美「国立博物館について」(『新公論』三三―五、一九一八年五月、のち『虚心文集』四、吉川弘文館、一九三九年所収)五一六頁。

(40) 藤田亮策「朝鮮考古学略史」(『ドルメン』満鮮特集号、一九三三年四月)一三頁。藤田によれば、総督府博物館が「僅かな経費で而かも十人に足らぬ少い人件で、古社寺国宝保存会・史蹟名勝天然記念物保存会と帝室博物館との三大事業に比較すべき仕事を全鮮にわたって」要請されていたことが指摘されており、同論文を通して、総督府博物館が、黒板の「国立博物館」構想にそったものであったことが理解できる。

(41) 黒板勝美、注(39)前掲論文、五一六頁。一九〇〇年に帝国博物館は帝室博物館と改称された。「帝国」を「帝室」と改めたのは、帝国議会、帝国大学、帝国図書館などが政府の所管であるため、帝室所属の博物館とそれらを区別して、その所属を明瞭にさせるためであった。なお、このときの新官制によって、工芸部が廃止、天産部も整理され、歴史・美術・美術工芸の三部が中核となって、歴史美術館としての性格が強められることになる。東京国立博物館編『東京国立博物館百年史』(注(14)前掲書、三〇七―三一一頁)参照。

(42) 藤田亮策、注(40)前掲論文、一四頁。

(43) 小泉顕夫「朝鮮博物館見学旅日記」(注(31)前掲論文)。

(44) 朝鮮総督府博物館『博物館略案内』(注(31)前掲書)。

(45) 本書第八章注(9)参照。
(46) 同右。
(47) 黒板勝美「大同江附近の史蹟」(『朝鮮彙報』一九一六年一一月)。
(48) 藤田亮策、注(29)前掲論文。
(49) 崔南善「朝鮮歴史通俗講話 四 古墳=開題四」(『週間 東明』六、一九二二年一〇月、のち、高大亜細亜問題研究所編『六堂 崔南善全集』二、玄岩社、ソウル、一九七三年所収)。本書第八章注(53)参照。
(50) 小田省吾『徳寿宮史』(李王職、一九三八年)。
(51) 一九三三年に徳寿宮に設立された美術館は、しばしば李王家美術館とも呼ばれるが、それは李王家の美術館というにすぎず、固有名詞として用いられていたわけではない。しかも、そのような呼称は新たな制度として一九三八年に成立する「李王家美術館」との間に混乱をまねく恐れがある。一九三三年に徳寿宮石造殿で開催された日本美術品展示の第一輯図録の表題は『李王家徳寿宮陳列日本美術品図録』となっており、第五輯の図録(一九三九年)には「近代日本美術陳列館たる石造殿を併せ、新たに名称を李王家美術館」としたと明記され、図録の表題は、『李王家美術館陳列日本美術品図録』と改められている。また、黒板勝美を筆頭委員とする「作品借用依頼書」(一九三五年八月一八日)は「徳寿宮美術館」の名義で差し出されている。これを裏づけるように「朝鮮の博物館と陳列館(其二)」(『朝鮮』二七七、一九三八年六月、九二頁)には、李王家美術館となる以前の美術館を「李王家徳寿宮美術館」として、その設立の経緯、展示内容などを紹介している。したがって、一九三三年に徳寿宮に設立された美術館の正式な名称は、「李王家徳寿宮美術館」としなければならない。本章では便宜的に徳寿宮美術館とする。
(52) 小田省吾、注(50)前掲書、六九頁。
(53) 同右、七〇頁。
(54) この文書は、朝鮮総督斎藤實から内閣総理大臣原敬に宛てられた「京城ニ離宮設定ノ件」(一九一八年七月八日、国立公文書館、公文雑纂　巻二五)に添付された日本語「訳文」にある。上申書の趣旨は、李王職の財政を圧迫する昌徳宮を皇室に献納し、大正天皇の離宮にすることを建議したものである。文書の所在については朴煥斌氏のご教示を得た。

(55) 一九三三年以来開催され、そのたびに刊行された『李王家美術館陳列日本美術品図録』の冒頭には歴代李王職長官の序文が記されているが、そこには徳寿宮が純宗(李王殿下)の誕生の地であり、古来、由緒ある宮殿であることが繰り返し強調されている。

(56) 小田省吾、注(50)前掲書、四頁。

(57)「徳寿宮を府民に開放」(『朝鮮』二二一、一九三三年一〇月)。

(58)『朝鮮日報』一九三三年五月九日。

(59)『朝鮮日報』一九三三年五月九日。九月七日の『朝鮮日報』には、「李王職所蔵の古美術と現在の美術家たちの代表作」となっている。

(60) 李美那「李王家徳寿宮日本美術展示――植民地朝鮮における美術の役割」(『東アジア／絵画の近代――油画の誕生とその展開』静岡県立美術館、一九九九年)一二三―一二四頁。

(61) 同右。

(62) 藤田亮策、注(23)前掲論文、三三七頁。

(63) 同右、三三七頁。また「朝鮮の博物館と陳列館(其一)」(注(51)前掲論文)には、「主として日本近代大家の作品に係る絢爛たる美術品を陳列し一は以て斯る最高芸術品に接する機会の乏しき半島在住者の観賞に供し、一は以て半島に於ける斯道の啓発師表たらしめんことを期せられた」とある。

(64) 権九玄「徳寿宮石造殿の日本美術をみて(上)」(『東亜日報』一九三三年一一月九日)。

(65) 佐藤明道「李王家美術館成る」(『博物館研究』一一―七・八、一九三八年七月)。

(66) 李王家博物館は、李王家美術館と改められたことになるが、李王職長官李恒九は「李王家博物館は、時運の趨勢に順応し且つは朝鮮総督府博物館との併立を避け、博物館の名称を廃して李王家美術館と改め、昭和十三年六月五日より之を公開するに至った」と記している。『李王家美術館陳列日本美術品図録 第七輯』(李王職、一九四一年)。

(67) 東京国立博物館編、注(14)前掲書、四〇〇—四一〇頁。

(68) 同右、五二二—五三五頁。

(69) 佐藤明道、注(65)前掲論文。

(70) 寒松院は、家康恩顧の大名であった藤堂高虎が、寛永寺の子院として、かつ上野東照宮の別当寺として建立したもので、ここに高虎の墓もあった。上野東照宮の創設も高虎の建言による。その寒松院は動物園が開設された当時は、樹齢三百年を経た巨木がそびえて、おい茂っており、昼でも暗く、あたかも東照宮のある日光辺の風景を彷彿とさせる勝地であったという(東京都台東区役所編『台東区史 社会文化編』東京都台東区役所、一九六六年、一〇〇—一一〇頁)。こうした所に動物園が創設され今日に至るが、東照宮の建造物や付近の荒廃ぶりは目を覆うばかりである。

(71) P・F・コーニッキー「明治五年の和歌山博覧会とその周辺」(吉田光邦編『万国博覧会の研究』思文閣出版、一九八六年)。

(72) 村松伸「討伐支配の文法——大東亜共栄圏建築史序説」(『現代思想』二三—一〇、一九九五年一〇月)二〇頁。

(73) 高木博志「近代天皇制と古代文化——「国体の精華」としての正倉院・天皇陵」(『岩波講座 天皇と王権を考える』五、岩波書店、二〇〇二年)。

(74) 内田好昭「日本統治下の朝鮮半島における考古学的発掘調査」(『考古学史研究』九、二〇〇一年五月)五九頁。

第一〇章

（1）白南雲『朝鮮社会経済史』（改造社、一九三三年）。同『朝鮮封建社会経済史』上（改造社、一九三七年）。

（2）武田幸男「奴隷制と封建制」（朝鮮史研究会・旗田巍編『朝鮮史入門』太平出版社、一九六六年）一〇七頁。

（3）宮嶋博史「日本史・朝鮮史研究における「封建制」論――一九一〇―四五年」（宮嶋博史・金容徳編『近代交流史と相互認識Ⅱ　日帝支配期』日韓共同研究叢書12、慶應義塾大学出版会、二〇〇五年）。

（4）李基白「社会経済史学と実証史学の問題」（『文学と知性』一九七一年春号、のちに『民族と歴史　新版』一潮閣、一九九四年所収、三五頁）には、次のような指摘がある。「韓国史の体系化のための努力として、彼の業績が高く評価されていることはすでに述べたとおりであるが、彼の体系は具体的な研究に立脚した帰納的結論ではなく、法則を一方的に適用したものにすぎなかった。このような方法が高く評価されたために韓国史学が受けた傷は、深刻なものであった。今日、西欧から学んだ各種の理論が、韓国史ないし韓国社会を解釈するにあたってさながら乱舞しており、われわれの正しい認識を妨げている事実をもっても、これを推しはかることができるはずと信ずる。これ以後、よくわかりもしない理論を知ったかぶりをして唱える思想家たちが、歴史家と誤認されてきたのである。今日の韓国史学が経験している苦悶の一つが、このようなところから芽吹いたのである」。また、震檀学会編『歴史家の遺香――斗溪李丙燾先生追念文集』（一潮閣、ソウル、一九九一年）には、李丙燾と李基白との対談の中で、白南雲に対する否定的な評価が強調されている。

（5）宮嶋博史、注（3）前掲論文、二九八―三〇七頁。

（6）白南雲に即した研究については、方基中『韓国近現代思想史研究――一九三〇・四〇年代白南雲の学問と政治経済思想』（歴史批評社、ソウル、一九九三年）、また一九二〇・三〇年代における朝鮮人のマルクス主義思想の受容に対する東京留学生の果たした役割については、外村大「日本史・朝鮮史研究と在日朝鮮人史――国史からの排除をめぐって」（宮嶋博史・金容徳編『近代交流史と相互認識Ⅲ　一九四五年を前後して』日韓共

同研究叢書17、慶應義塾大学出版会、二〇〇六年）を参照。
（7）方基中『韓国近現代思想史研究――一九三〇・四〇年代白南雲の学問と政治経済思想』（注（6）前掲書）第二章「日帝下歴史思想と政治経済思想」には、広い視野から一九三〇年代の日本における研究動向との関係をあとづけようとする試みがある。
（8）アンドレ・シュミット（糟谷憲一他訳）『帝国のはざまで――朝鮮近代とナショナリズム』（名古屋大学出版会、二〇〇七年）、李成市「東アジアにおける古代史認識の分岐と連環」（檀国大学校開校六〇周年記念東洋学研究所国際学術会議「東アジア三国の歴史認識と領土問題」檀国大学校東洋学研究所、ソウル、二〇〇七年一〇月）。
（9）李基東「韓国時代区分論の反省と展望」（『転換期の韓国史学』一潮閣、ソウル、一九九九年）一五―一七頁。
（10）西嶋定生「古代史学の問題点」（『古代史講座』1、学生社、一九六一年、のち『西嶋定生東アジア史論集』5、岩波書店、二〇〇二年所収）一一六頁。
（11）木村誠「朝鮮前近代の時代区分」（『新朝鮮史入門』龍渓書舎、一九八一年）二八頁。
（12）同右。
（13）白南雲『朝鮮社会経済史』（注（1）前掲書）三頁。
（14）森谷克己『アジア的生産様式論』（育成社、一九三七年）。
（15）白南雲、注（13）前掲書、一頁。
（16）白南雲の歴史学とその実践性については、方基中、注（6）前掲書、一四七―一五二頁参照。
（17）方基中の注（6）前掲書は、こうした点に着目した最初の論考である。本章もまた方基中氏の著作に多くの示唆をえた。
（18）白南雲、注（13）前掲書、六―七頁。
（19）本書第八章。

(20) 白南雲、注(13)前掲書、四四六頁。
(21) 李基白、注(4)前掲論文、三五頁。
(22) たとえば、鶴園裕「近代朝鮮における国学の形成――『朝鮮学』を中心に」(『朝鮮史研究会論文集』三五、一九九七年一〇月)は、一九三四―三五年頃に「実証主義歴史学(李丙燾)や民族主義歴史学(鄭寅普)、社会経済史学(白南雲)などがそれぞれの立場を違えながらも、朝鮮学という国学運動の中で、少なくとも敵対的ではない形での三つの学派による最後の統一戦線的な学問運動が展開された」という。しかしながら後述のように、彼の著作に即してみれば、こうした類型化では、白南雲の果たそうとした試みが全く見落とされてしまう。また実際に、このような見方が成り立ちえないことは、李丙燾自身が、鄭寅普や白南雲と没交渉であり、彼らの学問に全く関心を寄せていなかったことを述懐しており、疑いの余地がない。震檀学会編、注(4)前掲書、二二四、二八二、二九八頁などを参照。
(23) アンドレ・シュミット、注(8)前掲書、七三―七六頁。
(24) 本書第八章。
(25) 稲葉岩吉「朝鮮史研究の過程」(稲葉岩吉・矢野仁一『世界歴史大系11 朝鮮・満洲史』平凡社、一九三五年)一九八―一九九頁。
(26) 今西龍は、一九二二年に「檀君考」を中核とする『朝鮮古史の研究』で学位を受けている。
(27) 李成市、注(8)前掲論文。たとえば、一九二五年九月一六日付の『東亜日報』には、「恥辱の一烙印『楽浪』遺蹟発掘隊」(崔南善による)「古朝鮮文化の偉大なる遺蹟……朝鮮人の宝珠であるものを、いま日本人は楽浪時代の遺物としてのみ認定」なる記事が掲載され、平壌における古蹟調査が檀君を否定し、古代朝鮮を中国文明とのみ関連づけることに崔南善は注意を喚起している。
(28) 李成市、注(8)前掲論文。
(29) 白南雲、注(13)前掲書、四四四―四四五頁。

(30) 白南雲「朝鮮自治運動に対する社会学的考察」(『現代評論』一―一、一九二七年、のち、河日植編『白南雲全集4 彙集』理論と実践、ソウル、一九九一年所収)三〇四頁。

(31) 柳時賢「『文化政治』下の国内民族解放運動の進展」(姜萬吉編著太田修・庵逧由香訳『朝鮮民族解放運動の歴史――平和的統一への模索』法政大学出版局、二〇〇五年)一〇四頁。なお自治論については、尹大遠「一九二〇年代知識人の植民地と近代認識――自治運動を中心に」(権泰檍他『韓国近代社会と文化』Ⅲ、ソウル大学出版部、ソウル、二〇〇七年)参照。

(32) 朴哲河「国内民族解放運動の活性化と新幹会運動」(『韓国近代社会と文化』、注(31)前掲書)一五一頁。

(33) 白南雲、注(30)前掲論文、三〇四頁。

(34) 同右、三〇五頁。

(35) 同右。「確実」と訳した語句は、原文には「確劃」となっている。

(36) 同右、三〇七頁。

(37) 同右、三一〇頁。

(38) その学識の一端は、猪谷善一「朝鮮に於ける産業革命」(『企業と社会』一九二八年一月号、のち『朝鮮経済史』大鐙閣、一九二八年所収)の書評である「猪谷教授の『朝鮮に於ける産業革命』を読む」(『企業と社会』一九二八年二月号、のち、猪谷善一『朝鮮経済史』所収)に遺憾なく発揮されている。

(39) 白南雲「朝鮮研究の気運に際して――朝鮮学をどのように規定するのか」(『東亜日報』一九三四年九月一一日、のち、河日植編、注(30)前掲書所収)四六四―四六七頁。

(40) 李成市「日本研究と朝鮮研究の間」(『歴博』一九九八年一月)。

(41) 子安宣邦「日本ナショナリズムの解読」(子安宣邦・崔文衡『歴史の共有体としての東アジア――日露戦争と日韓の歴史認識』藤原書店、二〇〇七年)四一頁。

(42) 同右、四四頁。

(43) 白南雲「『朝鮮社会経済史』出版に対する所感」(『中央』創刊号、京城、一九三三年一一月、のち、河日植編、注(30)前掲書所収）八六頁。
(44) 渡部義通述・ヒアリンググループ『思想と学問の自伝』(河出書房新社、一九七四年）一二四、一二五、一三一頁。
(45) 同右、一三〇頁には、「文献批判の眼を開かせてくれたのがさっきいったように津田博士であって、その研究は非常なはりつめた気持ちで精読した。最初のころは、津田博士を、これはひょっとしたら左翼思想の持ち主で、唯物史観などもいちおう研究していながら、それを表面には出さないかたちで、また表面にあらわせない条件のもとで、国体にかかわる歴史のタブーにいどんでいるのじゃなかろうか、とさえ思ったくらいなんだ」とあり、ここにも白南雲の言辞との呼応関係がみられる。
(46) 白南雲、注(13)前掲書、四四七頁。
(47) 白南雲、注(43)前掲論文、八六頁。
(48) 白南雲、注(13)前掲書、三九－八五頁。
(49) 郭沫若『支那古代社会史論』(藤枝丈夫訳、内外社、一九三一年）。
(50) 山部六郎「日本氏族制度に関する二、三の論点」(『プロレタリア科学』一九三〇年八月）。
(51) 渡部義通他、注(44)前掲書、一三四頁。
(52) 白南雲、注(13)前掲書、九頁。
(53) 同右、四四七頁。
(54) 渡部義通他、注(44)前掲書、一二四頁。
(55) 同右、一五八－一七三頁。なお「三七年テーゼ」前後の動向については小森陽一「(総説)マルクシズムとナショナリズム」(『岩波講座近代日本の文化史』五、編成されるナショナリズム、二〇〇二年）参照。

＊刊行地が「ソウル」とあるものは韓国語文献である。

第一一章

(1) 一九九〇年代以降の日本の歴史学については、大津透・桜井英治・藤井譲治・吉田裕・李成市編『岩波講座日本歴史』二二、歴史学の現在(二〇一六年)を参照のこと。

(2) その一端は、能川元一・早川タダノリ『憎悪の広告』(合同出版、二〇一五年)で見ることができる。

(3) 『津田左右吉全集』二六(岩波書店、一九六五年)。

(4) 旗田巍「「満鮮史」の虚像――日本の東洋史家の朝鮮観」(『日本人の朝鮮観』勁草書房、一九六九年)一八八頁。

(5) 家永三郎『津田左右吉の思想史的研究』(岩波書店、一九七二年)二〇八―二一九頁。増淵龍夫「歴史意識と国際感覚」上田正昭編『人と思想――津田左右吉』三一書房、一九七四年。同『歴史家の同時代史的考察について』岩波書店、一九八三年。山尾幸久「津田史学の批判的継承ということ」(『人と思想――津田左右吉』同上、三九六頁)は「時務的発言や日記に見る中国蔑視は正視するに耐えぬほどである。朝鮮に対しては中国のそれよりもさらにはなはだしく、つまらぬ中国文化を模倣した朝鮮文化は一層つまらなく、朝鮮人は強者に弱く弱者に強く、不理非道で悪質で、日本に併合されたのも朝鮮人の心理と行動の故である等々」と指摘する。

(6) 増淵龍夫、注(5)前掲論文、二四七頁。

(7) 小田中直樹「東アジアの西洋史学と『グローバル・ヒストリー』」(『思想』一〇九一、二〇一五年三月)二頁。

(8) 同右。

(9) 大室幹雄『アジアンタム頌――津田左右吉の生と情調』(新曜社、一九八三年)。

(10) 増淵龍夫、注(5)前掲論文、二四八頁。原文では「対象」となっている部分を「対称」と改めた。

(11) 大室幹雄、注(9)前掲書。
(12) 「年譜」『津田左右吉全集』補巻二(一九八九年)。
(13) 『津田左右吉全集』二七(一九六五年)二七〇頁。
(14) 増淵龍夫、注(5)前掲論文、二五〇頁。
(15) 丸山真男「ある日の津田博士と私」(『図書』一九六三年一〇月)。
(16) 津田左右吉『支那思想と日本』(岩波新書、一九三八年)の旧版「まへがき」のテクストは、『津田左右吉全集』(補巻二、一九八九年)を利用した。引用は三九三頁。
(17) 家永三郎、注(5)前掲書、三六二―三六五頁。
(18) 石母田正「歴史観について」(『社会科教育体系』三、三一書房、一九六三年、のちに『石母田正著作集』一五、岩波書店、一九九〇年)三〇七頁。
(19) 同右、三〇七―三一一頁。
(20) 津田左右吉、注(16)前掲書、三九五頁。
(21) 石母田正、注(18)前掲論文、三〇八頁。
(22) 津田左右吉「まへがき」(『シナ思想と日本』岩波新書、一九五九年)、テクストは『津田左右吉全集』二〇(一九六五年)一九九頁。
(23) 津田左右吉、注(16)前掲書、三九五頁。
(24) 同右、三九七頁。
(25) 同右、三九六―三九七頁。
(26) 同右、三九七頁。
(27) 同右、三九八頁。
(28) 同右、三九九―四〇〇頁。

(29)『津田左右吉全集』二一(一九六五年)三七五頁。
(30)津田左右吉、注(16)前掲書、四〇〇頁。
(31)十重田裕一・尾崎名津子・塩野加織「津田左右吉と岩波茂雄」(国際シンポジウム「人文学の再建とテクストの読み方――津田左右吉をめぐって」二〇一七年一月一四日、早稲田大学小野梓記念講堂)。当日の三氏の発表は、下記の三部で構成されている。十重田裕一「二つの言論統制と対峙して」、尾崎名津子「戦前・戦中期の津田左右吉と岩波茂雄――内務省検閲と津田事件」、塩野加織「占領期の津田左右吉――岩波新書『支那思想と日本』の検閲資料から」。本章に関わる引用は、当日の塩野氏のパワーポイント資料による。
(32)津田左右吉「まへがき」(『シナ思想と日本』岩波新書、一九四七年)i頁。
(33)同右、v頁。
(34)同右、v－vi頁。
(35)上田正昭編、注(5)前掲書、二〇五頁。
(36)家永三郎、注(5)前掲書、一七二－一七七頁。
(37)『津田左右吉全集』二七(一九六五年)四四二頁。
(38)同右、四四四－四四五頁。
(39)津田左右吉「シナの史といふもの」(『歴史学研究』一二二号、一九四六年六月、『津田左右吉全集』二〇)四一四頁。
(40)津田左右吉「日信」(『津田左右吉全集』二七)三二一－三二二頁。
(41)つださうきち「再び歴史教育について」(『中央公論』六八巻六号、一九五三年六月、『津田左右吉全集』二〇)四六四頁。
(42)石母田正、注(18)前掲論文、三一〇頁。
(43)磯前順一「津田左右吉の国民史構想――多民族帝国における単一民族国家論の役割」(『アリーナ』(中部大

学)一九号、二〇一六年)。

(44) 酒井直樹は、国民が成立するためには、個人が国民という全体に自己確定する空想的な通路を造らなければならず、親族や地縁の次元とは異なった、全体へと一気に種的に結びつくための回路を獲得する必要を論じ、小説、美術史、博物館、国家、国民教育などの感性=美学的な雑多な制度がなければ、個人を国民に作り替えることができないと指摘する(酒井『希望と憲法――日本国憲法の発話主体と応答』以文社、二〇〇八年、一〇七頁)。こうした国民形成に対する津田の奮闘を、大室幹雄(注(9)前掲書)は余すところなく伝えている。

(45) 酒井直樹、注(44)前掲書、一四六頁。

(46) イム・ジヒョン(小山哲訳)「国民史の布石としての世界史――日本と朝鮮における「愛国的世界史」と、その結果として生じるヨーロッパ中心主義について」(『思想』一〇九一、二〇一五年三月)一六頁。

(47) 松本三之介『近代日本の中国認識――徳川期儒学から東亜協同体論まで』(以文社、二〇一一年)二二六頁。

(48) 酒井直樹「パックス・アメリカーナの終焉とひきこもりの国民主義――西川長夫の〈新〉植民地主義論をめぐって」(『思想』一〇九五、二〇一五年七月)二五頁。

第一二章

(1) 李成市『東アジア文化圏の形成』(山川出版社、二〇〇〇年)、同「日本歴史学界の東アジア世界論に対する再検討」(『歴史学報』二一六、ソウル、二〇一二年一二月)。西嶋定生氏の東アジア世界論の主要な論文については、李成市編・西嶋定生『古代東アジア世界と日本』(岩波現代文庫、二〇〇〇年)を参照。

(2) 西嶋の東アジア世界論や、その前提となった上原専禄の世界史の構想が、現在に至るまで日本の世界史教科書の基本的な枠組をなしている点については、羽田正『新しい世界史へ――地球市民のための構想』(岩波新書、二〇一一年)が詳細な分析を行っている。

(3) トーマス・クーン(中山茂訳)『科学革命の構造』(みすず書房、一九七一年)。

(4) 西嶋定生「東アジア世界と日本史」(『歴史公論』創刊号―二巻一一号、一九七五年一二月―七六年一一月。西嶋『古代東アジア世界と日本』、注(1)前掲書)一一七頁。

(5) 西嶋定生、注(4)前掲論文、一一八―一一九頁。

(6) 西嶋定生「序説――東アジア世界の形成」(『岩波講座世界歴史』四、一九七〇年。西嶋『古代東アジア世界と日本』、注(1)前掲書)四頁。

(7) 同右、七―八頁。

(8) 同右、一二頁。

(9) 同右、一二一頁。

(10) 山内晋次「日本古代史研究からみた東アジア世界論――西嶋定生氏の東アジア世界論を中心に」(『新しい歴史学のために』二三〇・二三一合併号、一九九八年七月、一三頁)。なお、山内氏は「空間的な問題」と規定しているわけではないが、もう一つの疑義である「時代的な問題」と対にして地域を問題にしているので、あえて「空間的な問題」なる語をもちいた。

(11) 西嶋定生、注(6)前掲論文、四―五頁。

(12) 山内晋次、注(10)前掲論文、一三頁。

(13) 同右、一四頁。

(14) 山内晋次「「東アジア史」再考」(『歴史評論』七三三、二〇一一年五月)四一頁。

(15) 同右、五四頁。

(16) こうした批判が東アジア世界論の誤解に基づく点については本章二八四頁参照。

(17) 村井章介「〈地域〉と国家の視点」(『新しい歴史学のために』二三〇・二三一合併号、一九九八年七月)八頁。

(18) 同右、一〇頁。また山内は「つながり」という観点から、より広い「東部ユーラシア」という視野を積極的に提唱している。山内によれば、東部ユーラシアとは、東アジア（日中韓）＋東北アジア＋北アジア＋中央アジア＋東南アジアの範囲に相当するという。改めて板垣雄三の「n地域論」（歴史学研究別冊特集『歴史における民族と民主主義』青木書店、一九七三年）を引き合いに出すまでもなく、歴史における地域を設定する際に、地域は可変的であり、もろもろの地域レベルに対して置き換え可能であろう。しかし、まさにいかなる「n地域」を設定するのかが東アジア世界論の立場から歴史的に問題にされているのではなかろうか。後に詳述するように、西嶋は「東アジア世界」の文化圏を歴史的に問うことの意義を明確にしているが、そのような地域設定に対する問題意識を読み取らず、「硬直した枠組み」といった情緒的な批判をくり返し、ある限られた時代のヒトやモノの「つながり」から野放図に地域を拡大することによって、歴史からどのような解がえられるのだろうか。「つながり」の諸事実は、歴史上無限にあるだろうが、それらをいかにして世界史として構築することができるのか疑問とせざるをえない。

(19) 檀上寛「明清時代の天朝体制と華夷秩序」（『明代海禁＝朝貢システムと華夷秩序』京都大学学術出版会、二〇一三年）四二六頁。これに関わって、檀上は次のように指摘している。「西嶋氏は互市という用語を直接使用してはいないが、宋元時代の東アジアの経済的交易圏の形成に、中国と周辺諸国との活発な交易（互市）が与っていたことを論証し、国際関係方面での互市の重要性に注意を喚起したのである」。ここでいう「互市」と諸地域の関係については本章二九三頁を参照。ちなみに、西嶋は古代の「東アジア世界」が唐の滅亡を契機に崩壊し、それにかわって新しく経済的交易圏としての東アジアが形成されるとし、このような一〇世紀以後に展開する新たな「東アジア世界」の帰結として、明王朝を「東アジア世界」の再編者と位置づけている。山内が、「東アジア世界」が政治から経済へと一〇世紀以後に変貌した点について、「この時期における各地の王権と対外交易の密接な関係に注目することなく、この地域に活発に展開した対外交易をたんなる私貿易ととらえ、その交易を秩序化する機構なども存在しなかったとする理解にもとづいて描かれた東アジア世界像は当時のその世界の実態を正確に捉えていない」と批判し、この時代の政治性を明らかにしている点は、檀上が互市の礼制的な一面を明らかにしていることと併せて軽視できない。山内晋次「東アジア・東南アジア海域における海商と国家」(『奈良平安期の日本とアジア』吉川弘文館、二〇〇三年)。

(20) 西嶋定生、注(6)前掲論文、五頁。

(21) 西嶋定生「六—八世紀の東アジア」(『岩波講座日本歴史』二、一九六二年。西嶋、注(1)前掲書)。

(22) 山内晋次、注(10)前掲論文、一三頁。

(23) 堀敏一「近代以前の東アジア世界」(『歴史学研究』二八一、一九六三年一〇月。『律令制と東アジア世界』汲古書院、一九九四年)。

(24) 藤野月子『王昭君から文成公主へ——中国古代の国際結婚』(九州大学出版会、二〇一二年)。

(25) 檀上寛、注(19)前掲論文、四二五頁。

(26) 同右、四二二頁。

(27) 同右、四二〇頁。

(28) 同右、四二二頁。

(29) 同右、四二三—四二四頁。

(30) 檀上寛「明代朝貢体制下の冊封の意味——日本国王源道義と琉球国中山王察度の場合」(注(19)前掲書)二七八頁。

(31) 檀上寛「明朝の対外政策と東アジアの国際秩序」、同「明代中華帝国論」、同「明清時代の天朝体制と華夷秩序」、すべて注(19)前掲書。

(32) 岩井茂樹が唱える「互市体制」の所説については、檀上寛、注(19)前掲書を参照。

(33) 唐宋時代の互市は天朝の徳化に対する蕃商の慕化という図式で解釈されており、そこには国交面での朝貢制度と類似の構図が認められ、天朝体制下の礼治徳治に基づく天子と蕃商との個別・人格的な関係として位置づけられた。なお、檀上寛、注(19)前掲書(四三一—四四五頁)を参照。

(34) 広開土王碑文に記された朝貢については、武田幸男「「朝貢」関係の基本性格」(『高句麗史と東アジア』岩波書店、一九八九年)を参照。

(35) 李成市「六―八世紀の東アジアと東アジア世界論」(『岩波講座日本歴史』二、二〇一四年)二三一―二三四頁。

(36) 李成市「韓国出土木簡と東アジア世界論」(角谷常子編『東アジア木簡学のために』汲古書院、二〇一四年)。

(37) 李成市「古代東アジア世界論再考」(『歴史評論』六九七、二〇〇八年五月)四六―四九頁。

(38) 西嶋定生、注(4)前掲論文、一四七頁。

(39) 同右。

(40) 李成市、注(36)前掲論文。

(41) 李成市、注(1)前掲書。

(42) 李成市、注(36)前掲論文、一四二頁。

(43) 吉田一彦「古代国家論の展望――律令国家論批判」(『歴史評論』六九三、二〇〇八年)三八頁。

(44) 西嶋定生、注(4)前掲論文、一四八頁。

(45) 同右、二一九―二二〇頁。

(46) 同右、二二八頁。

(47) 桃木至朗「『中国化』と『脱中国化』」(大峯顕他編『地域のロゴス』世界思想社、一九九三年)。

(48) 夫馬進「一六〇九年、日本の琉球併合以降における中国・朝鮮の対琉球外交――東アジア四国における冊封、通信そして杜絶」(『朝鮮史研究会論文集』四六、二〇〇八年一〇月)二二頁。また、夫馬進「北学派を中心とした朝鮮知識人による琉球の国際的地位認識」(『歴史学研究』九〇七、二〇一三年七月)は「中国一国だけの理念ならともかく、東アジアの国際構造を説明する概念としてそれを何体制と呼ぶべきかわたしは知らない。

（中略）わたしはこの何々体制に代えて、とりあえず当時の国際構造をモザイク構造として理解している」（一二頁）と述べている。

(49) 夫馬進「一六〇九年、日本の琉球併合以降における中国・朝鮮の対琉球外交——東アジア四国における冊封、通信そして杜絶」（注(48)前掲論文）一頁。

(50) 同右、一二頁。

(51) 夫馬は、「日本という中国と国交をもたない国の存在を含めた国際秩序を新しく発想できなかったがゆえに、彼ら（朝鮮王朝知識人）はともに朝鮮と琉球との間になぜ国交がないのか、解釈することができなかったのである」と指摘するが（同右）、全く逆の解釈が可能である。

(52) 山内晋次、注(10)前掲論文、一五頁。

(53) こうした現象が東アジア世界の諸国（日本・朝鮮・ベトナム）に共通して見られる事実については、三谷博・李成市・桃木至朗「「周辺国」の世界像——日本・朝鮮・ベトナム」（『「世界史」の世界史（ミネルヴァ世界史叢書）』総論、ミネルヴァ書房、二〇一六年）を参照。

(54) 近世琉球の国際的な位置と、国内政治体制（王命の下し方、王命の決定過程、琉球島を始めとする地方や遠距離島の支配）のあり方については、豊見山和行「近世琉球の政治構造について——言上写・僉議・規模帳等を中心に」（西村昌也・篠原啓方・岡本弘道編『周縁と中心の概念で読み解く東アジアの「越・韓・琉」——歴史学・考古学研究からの視座』関西大学文化交渉学教育研究拠点、二〇一二年）を参照。

(55) 西嶋定生「世界史像について」（『岩波講座世界歴史』第二五巻月報、一九九七年。西嶋、注(1)前掲書）。

(56) 西嶋定生「八年間のゼミナール」（『図書』一九六〇年一〇月）。

(57) 上原専禄『民族の歴史的自覚』（創文社、一九五三年）、同『アジア人のこころ』（理論社、一九五五年）、同『世界史像の新形成』（創文社、一九五五年）、同『世界史における現代のアジア』（未来社、一九五六年）、同編『日本国民の世界史』（岩波書店、一九六〇年）など参照。

(58) 上原専禄「世界史像の新形成」(『世界史講座』月報一、東洋経済新報社、一九五四年)。
(59) 上原専禄「歴史研究の思想と実践」(『歴史地理教育』一〇二、一九六四年一一月)。
(60) 西嶋定生は、自らが説く「東アジア世界論」と上原専禄氏の世界史像の思想との関連については、エッセーという形式で「世界史像について」(注(55)前掲)において述べるのみで、それ以外には全く言及していない。
(61) 西嶋定生、注(4)前掲論文、二四〇―二四一頁。
(62) 同右、二四一頁。
(63) 同右、二四二頁。
(64) 同右、二四三頁。
(65) 村井章介、注(17)前掲論文、一頁。
(66) 李成市「近代国家の形成と『日本史』に関する覚え書き」(『現代思想』二四―九、一九九六年八月)。
(67) 歴史学研究会は、一九九一、九二年に連続して大会テーマに「国民国家を超えて」を掲げて開催した。一国史の克服を正面から掲げ国民国家論のさきがけとなった、西川長夫『国境の越え方』(筑摩書房)は一九九二年の刊行である。
(68) 東アジア地域の秩序構造の変化については、村田雄二郎「東アジアはどこにあるか?――冊封=朝貢体制論再考」(『アジア研究』五、二〇一〇年三月)を参照した。また、村田氏には本章に関わる貴重なご教示を頂いた。
(69) 西嶋は本章で引用したように、「東アジア世界」の消滅の過程に言及するが、その後の世界史に吸収された東アジアの「現在」を具体的には全く論じていない。一方、上原は、東アジアの現在を論じながらも、「東アジア世界」を破壊した後の日本を中心とした地域秩序については論じていない。ただ、上原には「世界史的考察の新課題」(『統制経済』四―三、一九四二年三月)なる論考が残されており、世界史学の一般的方法と人類発展の世界史像を確立し、そこに「大東亜戦争」を位置づけることを通じて世界史的意義の把握を試みようとしている。戦時体制下でなされた「世界史的考察」を具体的に発展させた論考は戦後にもないが、戦後の世界史像の構想がこの論考を学的契機としていると推測されるだけに、両者の間にいかなる関連があるかは慎重な検討を要する問題である。

(70) 中野聡「「東アジア」とアメリカ――広域概念をめぐる闘争」(『歴史学研究』九〇七、二〇一三年七月)二一頁。

(71) 同右、二三頁。

(72) 同右、二三頁。

(73) 加藤典洋『戦後入門』(筑摩書房、二〇一五年)五〇七頁。

(74) 中野聡、注(70)前掲論文、二三―二四頁。

(75) 陳光興「アジアにおける独立の問題」(『現代思想』三三―六、二〇〇五年六月)八九頁。

(76) 同右、八九頁。

第一三章

(1) 西嶋定生「焼酎の空瓶」(『石母田正著作集』六、月報七、岩波書店、一九八九年)一―三頁。

(2) 東アジア世界論については、李成市「東アジア世界論と日本史」(『岩波講座日本歴史』二二、二〇一六年、本書第一二章)を参照のこと。

(3) 小峯和明編『日本文学史』(吉川弘文館、二〇一四年)一六頁。

(4) 染谷智幸、ハルオ・シラネ、小峯和明「トランス・アジアの文学」(『文学』二〇一四年五、六月号)一七三頁。

(5) 西嶋定生「中国古代社会の構造的特質に関する問題点」(鈴木俊・西嶋定生編『中国史の時代区分』東京大

学出版会、一九五七年）。
（6）李成市編・西嶋定生『古代東アジア世界と日本』（岩波現代文庫、二〇〇〇年）。
（7）同右、一七〇頁。
（8）同右。
（9）同右、一七一頁。
（10）大津透「古代日本律令制の特質」（『思想』一〇六七、二〇一三年三月）。
（11）李成市「東アジアの木簡文化」（木簡学会編『木簡から古代がみえる』岩波新書、二〇一〇年）、李成市「日韓古代木簡から東アジア史に吹く風」（『史学雑誌』一二四―七、二〇一五年七月）。
（12）大隅清陽「大宝律令の歴史的位相」（大津透編『日唐律令比較研究の新段階』山川出版社、二〇〇八年）、大隅清陽「これからの律令制研究――その課題と展望」（『九州史学』一五四、二〇一〇年一月）、鐘江宏之「「日本の七世紀史」再考――遣隋使から大宝律令まで」（『学習院史学』四九、二〇一一年三月）。
（13）鐘江宏之、注（12）前掲論文、市大樹『飛鳥の木簡――古代史の新たな解明』（中公新書、二〇一二年）。
（14）吉田孝『律令国家と古代の社会』（岩波書店、一九八三年）、吉田一彦「古代国家の展望――律令国家論批判」（『歴史評論』六九三、二〇〇八年一月）。
（15）大隅清陽『律令官制と礼秩序の研究』（吉川弘文館、二〇一一年）、大津透『律令制とはなにか』（山川出版社、二〇一三年）。
（16）大津透『日本古代史を学ぶ』（岩波書店、二〇〇九年）二二八頁。
（17）同右。
（18）池内宏「高麗の学芸」（『満鮮史研究　近世編』中央公論美術出版、一九七二年）。
（19）藤田亮策「李子淵と其の家系」（『朝鮮学論考』藤田先生記念事業会、一九六三年）。
（20）浜田耕策「新羅の文人官僚崔致遠の〝生〟と〝思想〟」（浜田耕策編『古代東アジアの知識人　崔致遠の人と

作品』九州大学出版会、二〇一三年）一七頁。

(21) 周藤吉之『高麗朝官僚制の研究――宋制との関連において』（法政大学出版局、一九八〇年）。

(22) 武田幸男「高麗時代の郷職」（『東洋学報』四七、一九六五年四月）。ちなみに、モンゴルに制圧された一三世紀以降には、高麗独自の郷職的世界は失われていく。

(23) 金東旭『朝鮮文学史』（日本放送出版協会、一九七四年）。

(24) 鈴木靖民は、崔致遠が記す碑文冒頭に入唐僧の出自や経歴を「唐新羅国」等のように掲げることについて、新羅が唐の冊封の下で、文化的にも唐に学んだ新羅文化の進展があった一方で、「碑には『君子之郷』『槿華郷』『仁城』という表現がみられ、新羅を賛美で彩り、自国のアイデンティティを強く主張する。ここに事大主義と民族意識の交錯、併存を窺うことができる。これは恐らく中華化と連動するであろう」という示唆に富んだ指摘をしている。「東部ユーラシア世界と東アジア世界――日本古代と世界構造」（『文学・語学』二一四号、全国大学国語国文学会編、二〇一五年一二月）参照。

(25) 小峯和明「東アジアの漢文文化圏と日本の文学史」（注(3)前掲書）。

(26) 瀬間正之『記紀の表記と文字表現』（おうふう、二〇一五年）。

(27) 馬場基「木簡の作法と一〇〇年の理由」（『日韓文化財論集』Ⅱ、奈良文化財研究所学報八七、二〇一一年）。

(28) 小林芳規『角筆文献研究導論』上・下（汲古書院、二〇〇四年）。

(29) 李成市「文字文化交流の担い手」（国立歴史民俗博物館編『国際企画展示　文字がつなぐ――古代の日本列島と朝鮮半島』国立歴史民俗博物館振興会、二〇一四年）。

(30) 小峯和明・増尾伸一郎編訳『新羅殊異伝』（平凡社、二〇一一年）。

(31) 濱政博司「『遊仙窟』と『崔致遠』」（『水門――言葉と歴史』二一、勉誠出版、二〇〇九年）。

あとがき

本書をまとめるにあたって構想の核となったのは、一九九四年と九五年に『思想』『世界』各誌に掲載した二つの論文である（本書第六章および第一章）。この二つの論文は刊行されるとすぐに、吉田孝先生に献呈した。というのも、九一年に歴史学研究会大会で「渤海史をめぐる民族と国家」（本書第四章）の発表をした直後、当日の懇親会でたまたま隣に座られた吉田先生から、「あなたの発表を聞きながら、井上光貞さんと見た映画『アラビアのロレンス』を想起しました」というお話を伺ったからである。渤海建国の形成過程とオスマン帝国におけるアラブ諸民族の独立運動を重ね合わせて考えることの新鮮な知的刺激を与えて下さった。これが吉田先生と親しくお話しする機縁になった。

その後、学会で再会した際に、お送りした二つの論文に言及して下さり、「日本古代史は、煎じ詰めれば国民国家の物語なんですよね」と屈託のない笑顔で仰ったことが今も鮮明に記憶に残る。また、広開土王碑文の倭の解釈についても「大いに共感します」といったコメントを頂いた。これらのことは、当時人生の転機とも重なって色々と苦悶していた私にとり、大いに励みになる忘れがたい思い出である。

それ以前から、吉田先生とはなぜかご縁があり、卒業論文で悩んでいる折、例年、箱根で開催されていた唐代史研究会の合宿に、ある先生を訪ねた。その時に隣の席にいらした吉田先生が一介の学部生に対して懇切丁寧にご指導して下さったことがあった。もちろん、この当時のことは吉田先生のその後の記憶になかったに違いない。

若かりし頃、「就職とは縁遠い朝鮮古代史をなぜ専攻するのですか」、このような質問にあうたびに答えに窮してしまった。そのようなときに、心の奥で、いつも励みにしていたのは石母田正氏の「日本の古代史を学ぶ人に」(『戦後歴史学の思想』)であった。後年、『石母田正著作集』(第四巻「古代国家論」、一九八九年)に収められたときに、解説を担当されたのは吉田先生であった。私は刊行されてから随分と経た後に著作集を手に取ったのだが、当該論文の解説末尾には「私事にわたって恐縮だが、一人の学生としてその講演を聴いたときの感激を、私はいまもあざやかに思い出す」と記されていることに驚いた。吉田先生が解説を記されたのは、歴史学研究会の大会でお話をした二年前のことであった。

この間、なかなか本書をまとめる踏ん切りがつかなかったある日、史学史を考え直してみるために手に取ったのが『石母田正著作集』の第四巻であった。そこに収められている諸論文は、どれも半世紀以上も前のものだが、深く心を打つ語り口に大いに励まされた。なかでも「日本の古代史を学ぶ人に」の次の一節は、これまで私の心の支えでもあったことを再認識した。

古代はいつでも新しい思想と古い思想との闘う場所であり、ただなんとなく朝鮮史をやるのではなく、また日本史をやるのではなく、なんのためにやるか、どういう立場でやるかということをひっさげて、古い思想と闘う場所にわれわれの古代史をもどしていかなければならないと思うのです。

本書のタイトルは、石母田正氏と吉田先生との学恩に感謝を込めて『闘争の場としての古代史』とすることにした。

岩波書店編集部の入江仰氏と本書の刊行のお約束をしたのは、二〇〇九年三月のことであった。かなり詳細な打合せを行い、一年間の韓国滞在の期間に果たすとお約束をした。その後も、何度か所収論文の差し替えなどで打合せを重ね、序文を新たに書くことで、刊行の運びとしたいと約束したのだが、その序文を書くのに八年を要したことになる。しかしながら、今振り返ってみると、史学史の論文集として完結させるためには、この九年はなくてはならない月日であった。なによりも本書所収の論文の半数近くが二〇〇九年以降に発表されたものであるからである。全体の構成にとっても、それらの諸論文がなければ、本書の主題とする史学史の体をなさないことは歴然としている。

まずは、辛抱強く待ち続けて下さった入江氏に感謝申し上げたい。また、史学史の重要性を様々な機会を捉えて筆者に問いかけて下さった小島潔氏にこの場をかりてお礼を申し上げたい。そして、昨年一月に逝去され、本書をお見せできなかった吉田孝先生の霊前に本書を捧げたい。

二〇一八年六月

李　成　市

初出一覧（タイトルは初出時の原題）

第一章　古代史にみる国民国家の物語——日本とアジアを隔てるもの
（『世界』六一一、一九九五年八月）
第二章　近代国家の形成と「日本史」に関する覚え書き
（『現代思想』二四－九、一九九六年八月）
第三章　三韓征伐
（板垣竜太他編著『東アジアの記憶の場』河出書房新社、二〇一一年四月）
第四章　渤海史をめぐる民族と国家——国民国家の境界をこえて
（『歴史学研究』六二六、一九九一年一一月）
第五章　出土史料は境界を越えることができるのか
（歴史学研究会編『第四次　現代歴史学の成果と課題3　歴史実践の現在』績文堂出版、二〇一七年五月）
第六章　表象としての広開土王碑文
（『思想』八四二、一九九四年八月）
第七章　石刻文書としての広開土王碑文
（藤田勝久・松原弘宣編『東アジア出土資料と情報伝達』汲古書院、二〇一一年五月）
第八章　コロニアリズムと近代歴史学
——植民地統治下の朝鮮史編修と古蹟調査を中心に
（寺内威太郎他共著『植民地主義と歴史学』刀水書房、二〇〇四年三月）
第九章　朝鮮王朝の象徴空間と博物館

第一〇章　植民地期朝鮮におけるマルクス主義史学
――白南雲『朝鮮社会経済史』を中心に
（宮嶋博史他編『植民地近代の視座――朝鮮と日本』岩波書店、二〇〇四年一〇月）

第一一章　アジア認識――津田左右吉の事例を中心に
（磯前順一、ハリー・ハルトゥーニアン編『マルクス主義という経験』青木書店、二〇〇八年四月）

第一二章　東アジア世界論と日本史
（歴史科学協議会編『歴史学が挑んだ課題――継承と展開の50年』大月書店、二〇一七年六月）

第一三章　「東アジア」という歴史観――東アジア世界論からみた歴史と文学
（『岩波講座日本歴史』第二二巻、二〇一六年二月）
（鈴木靖民他共編『日本古代交流史入門』勉誠出版、二〇一七年六月）

＊本書への収録に際し、字句の補訂や加筆をおこなった箇所がある。
また第二章・第三章・第一一章については表題を改めた。

李 成 市

1952年生まれ．早稲田大学文学学術院教授．専門は古代東アジア史，朝鮮史．博士(文学)．東アジアの古代国家の形成過程，地域文化の研究に取り組む．

著書に，『東アジアの王権と交易』(青木書店)，『古代東アジアの民族と国家』(岩波書店)，『東アジア文化圏の形成』(山川出版社)，『植民地近代の視座』(共編著，岩波書店)，『東アジア古代出土文字資料の研究』(共編著，雄山閣)，『世界歴史大系 朝鮮史1・2』(共編著，山川出版社)など．

闘争の場としての古代史 — 東アジア史のゆくえ

2018年6月26日　第1刷発行

著 者　李《り》 成《そん》 市《し》

発行者　岡 本 厚

発行所　株式会社 岩波書店
〒101-8002 東京都千代田区一ツ橋2-5-5
電話案内 03-5210-4000
http://www.iwanami.co.jp/

印刷・法令印刷　カバー・半七印刷　製本・松岳社

ISBN 978-4-00-061276-0　　Printed in Japan

古代東アジアの民族と国家（岩波オンデマンドブックス）
李　成市
A5判四五八頁
本体一〇〇〇〇円

古代朝鮮　三国統一戦争史（岩波オンデマンドブックス）
盧　泰敦
橋本　繁訳
A5判三〇八頁
本体四七〇〇円

「韓国併合」一〇〇年を問う
―『思想』特集・関係資料―
趙　景達
宮嶋博史
李　成市
和田春樹　編
A5判三九四頁
本体三四〇〇円

倭国史の展開と東アジア
鈴木靖民
A5判四二八頁
本体一〇五〇〇円

カラー版　錦絵の中の朝鮮と中国
―幕末・明治の日本人のまなざし―
姜　徳相
B5判九六頁
本体二二〇〇円

岩波書店刊

定価は表示価格に消費税が加算されます
2018年6月現在